职业教育渗透实验教材

文化基础知识

WEN HUA JI CHU ZHI SHI

主 编◎罗荣幸 谭福龙　　副主编◎黄猛　陆德官

经济管理出版社

ECONOMY & MANAGEMENT PUBLISHING HOUSE

图书在版编目（CIP）数据

文化基础知识/罗荣幸，谭福龙主编．—北京：经济管理出版社，2016.12
ISBN - 978 - 7 - 5096 - 4664 - 9

Ⅰ．①文…　Ⅱ．①罗…②谭…　Ⅲ．①文化课—中等专业学校—教材　Ⅳ．①G718.3

中国版本图书馆 CIP 数据核字（2016）第 241836 号

组稿编辑：魏晨红
责任编辑：魏晨红
责任印制：黄章平
责任校对：雨　千

出版发行：经济管理出版社
　　　　　（北京市海淀区北蜂窝 8 号中雅大厦 A 座 11 层　100038）
网　　址：www. E - mp. com. cn
电　　话：(010) 51915602
印　　刷：北京市海淀区唐家岭福利印刷厂
经　　销：新华书店
开　　本：787mm×1092mm/16
印　　张：20
字　　数：495 千字
版　　次：2016 年 12 月第 1 版　　2016 年 12 月第 1 次印刷
书　　号：ISBN 978 - 7 - 5096 - 4664 - 9
定　　价：42.00 元

编　委　会

前　言

　　为贯彻落实国务院《关于加快发展现代职业教育的决定》的精神，全面推动县级中专综合改革工作，实现职业教育与普通教育相互渗透、相互融通，在普通初中三年级第二学期，对不想升高中的学生，在完成九年义务教育初中阶段课程的基础上，实行半年的职业教育渗透，开设职业教育指导课程，提供基本的就业知识和技术技能方面的训练，引导学生了解社会现状、经济结构、产业结构、职业岗位和技术发展态势，指导学生进行适合自身特点的职业选择和职业发展定位，为学生的终身发展奠定良好的基础，为经济社会发展培养大量高素质劳动者和大批高水平优秀人才。

　　根据学校的办学特色、社会的人才需求以及学生的学习兴趣，充分利用现有的校内外教育资源，编写的农村初中三年级职业教育渗透校本课程，从农村初中三年级学生实际能力以及从培养学生认识专业、选择专业、热爱专业的角度出发，结合职校专业特色选择教材内容，从专业认识、专业基础知识、专业基本技能三部分着手，各部分分别加入相应的知识点和实用技能，力求降低难度，增加实际操作，采用图文并茂的方法，由浅入深，用通俗易懂的语言阐述了各专业的发展前景和专业技术，体现职教特色，增强职教的吸引力，降低初中学生的辍学率，实现职教与普教和谐发展。

　　这套教材包括《文化基础知识》、《理科专业基础》、《文科专业基础》三个读本，读本注重实用性，突出职教特色，体现时代精神，可作为农村初中三年级学生开展职业教育渗透的培训教材，也可为广西县级中专综合改革试点工作的实践与探索提供借鉴经验。

　　《文化基础知识》是由田东职业技术学校文化课教师编写的，其遵循初三学生的年龄特点、知识结构和接受能力，选择初三第六册课本知识为主，设有数学、语文、英语、政史、物理、化学六部分，每一节课后均布置练习，便于学生学习、教师指导。由于时间仓促，编写水平有限，读本难免有不足、不妥之处，真诚地希望广大师生提出意见和建议。

目　录

文化基础知识

第一部分

语　文

乡 愁 ◎余光中

 课文导读

　　《乡愁》是诗人余光中漂泊异乡，游弋于海外回归中国后所作的一首现代诗。诗歌表达对故乡，对祖国恋恋不舍的一份情怀。诗歌中更体现了诗人余光中期待中华民族早日统一的美好愿望。

小时候
乡愁是一枚小小的邮票
我在这头
母亲在那头
长大后
乡愁是一张窄窄的船票
我在这头
新娘在那头
后来啊
乡愁是一方矮矮的坟墓
我在外头
母亲在里头
而现在
乡愁是一湾浅浅的海峡
我在这头
大陆在那头

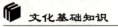

 思考与练习

（1）背诵这首诗。理解"乡愁"的含义。

（2）乡愁是一种抽象的感情，作者通过哪些具体的意象来表达乡愁？

（3）远离家乡求学，你也有乡愁吗？说说你的乡愁是怎样的？

再别康桥 ◎徐志摩

 课文导读

　　《再别康桥》是脍炙人口的诗篇，是新月派诗歌的代表作品。全诗以离别康桥时感情起伏为线索，抒发了对康桥依依惜别的深情。语言轻盈柔和，形式精巧圆熟，诗人用虚实相间的手法，描绘了一幅幅流动的画面，构成了一处处美妙的意境，细致入微地将诗人对康桥的爱恋，对往昔生活的憧憬，对眼前无可奈何的离愁，表现得真挚、浓郁、隽永，是徐志摩诗作中的绝唱。

　　　　轻轻的我走了，
　　　　正如我轻轻的来；
　　　　我轻轻的招手，
　　　　作别西天的云彩。

　　　　那河畔的金柳，
　　　　是夕阳中的新娘；
　　　　波光里的艳影，
　　　　在我的心头荡漾。

　　　　软泥上的青荇，
　　　　油油的在水底招摇；
　　　　在康河的柔波里，
　　　　我甘心做一条水草！

　　　　那榆荫下的一潭，
　　　　不是清泉，
　　　　是天上虹；
　　　　揉碎在浮藻间，
　　　　沉淀着彩虹似的梦。

寻梦？撑一支长篙，
向青草更青处漫溯；
满载一船星辉，
在星辉斑斓里放歌。

但我不能放歌，
悄悄是别离的笙箫；
夏虫也为我沉默，
沉默是今晚的康桥！

悄悄的我走了，
正如我悄悄的来；
我挥一挥衣袖，
不带走一片云彩。

 思考与练习

（1）背诵这首诗。
（2）朗读这首诗，体会诗中的音乐美、建筑美、绘画美。
（3）《再别康桥》是一首写景的抒情诗，抒发了诗人怎样的情感？

致橡树 ◎舒婷

 课文导读

《致橡树》写于1977年，一般把它看作爱情诗。在诗中，诗人没有流于狭小的爱情圈子，而是以新颖的方式表达了自己的爱情观，为当时新诗中的爱情描写吹进了一股新风。

我如果爱你——
绝不像攀援的凌霄花，
借你的高枝炫耀自己；
我如果爱你——
绝不学痴情的鸟儿，
为绿荫重复单调的歌曲；
也不止像泉源，
常年送来清凉的慰藉；
也不止像险峰，
增加你的高度，衬托你的威仪。
甚至日光，
甚至春雨。

不，这些都还不够！
我必须是你近旁的一株木棉，
作为树的形象和你站在一起。
根，紧握在地下，
叶，相触在云里。
每一阵风过，
我们都互相致意，
但没有人，
听懂我们的言语。

你有你的铜枝铁干，
像刀，像剑，也像戟；
我有我红硕的花朵，
像沉重的叹息，
又像英勇的火炬。

我们分担寒潮、风雷、霹雳；
我们共享雾霭、流岚、虹霓。
仿佛永远分离，
却又终身相依。
这才是伟大的爱情，
坚贞就在这里：
爱——
不仅爱你伟岸的身躯，
也爱你坚持的位置，
足下的土地。

 思考与练习

（1）背诵这首诗。

（2）"我们分担寒潮、风雷、霹雳；我们共享雾霭、流岚、虹霓"中的"寒潮、风雷、霹雳"和"雾霭、流岚、虹霓"各比喻什么？

（3）诗人的爱情观具体又体现在哪里？找出有关的诗句。

世界上最远的距离

◎泰戈尔

课文导读

距离原本可以产生美，但这样一种世界上最遥远的距离却是痛苦的。全诗以爱为主线，诗人敏感的字里行间，流露着痛苦而无奈的情感，不能不令人动容。

世界上最远的距离
不是生与死的距离
而是我站在你的面前
你却不知道我爱你
世界上最远的距离
不是我站在你面前
你却不知道我爱你
而是爱到痴迷
却不能说我爱你
世界上最远的距离
不是我不能说我爱你
而是想你痛彻心脾
却只能深埋心底
世界上最远的距离
不是我不能说我想你
而是彼此相爱
却不能够在一起
世界上最远的距离
不是彼此相爱
却不能够在一起
而是明知道真爱无敌
却装作毫不在意
世界上最远的距离
不是树与树的距离

而是同根生长的树枝
却无法在风中相依
世界上最远的距离
不是树枝无法相依
而是相互了望的星星
却没有交汇的轨迹
世界上最远的距离
不是星星之间的轨迹
而是纵然轨迹交汇
却在转瞬间无处寻觅
世界上最远的距离
不是瞬间便无处寻觅
而是尚未相遇
便注定无法相聚
世界上最远的距离
是鱼与飞鸟的距离
一个在天
一个却深潜海底

思考与练习

（1）这首诗写了几幅图？你最喜欢哪一幅？
（2）作者认为"世界上最远的距离"是什么？
（3）背诵这首诗。

写作（请假条）

　　请假条根据请假的原因，可以分为请病假和请事假两种。从小学、初中、高中到大学乃至参加工作，你都可以用到这种文体。

　　请假条的写法，有标题、称呼、正文、祝颂语、落款五个部分。

　　第一行居中写"请假条"三个字，这是所有应用文的通用要求，用来表明此文是用来请假的条子。然后另起一行顶格写请假对象的称呼，往往是老师、领导等，这个地方要尊称，如"敬爱的"、"亲爱的"等。正文前空两格，包括请假的缘由，这个地方要实事求是；请假起止时间，这个非常重要，必须写清楚。祝颂语是所有应用文里表示对对方的友好。落款包括请假人和写这张请假条的时间。

范文

请　假　条

敬爱的李老师：

　　因父亲病重，我应该回家探望，要求请假一星期，从本月 4 日至 10 日。这期间所缺功课，返校后我一定努力补上，请予批准。

　　此致

敬礼！

学生　孙一凡

2014 年 3 月 3 日

 练习

　　黄慧因打球摔倒致骨折住院，不能来校学习，想请一个星期假，请你替他向班主任写一张请假条。

我叫山果

◎黄兴蓉

 课文导读

　　课文讲述作者自己在云南元谋县川滇界沙窝站的火车上的经历,一个卖核桃的小女孩的感人故事,对贫穷和善良的感悟,一个平凡而感人的故事,感人至深,催人泪下。也许大山深处还有很多我们不知道的孩子,不知道他(她)们在想着什么?在做着什么?但是当你用心品读了这篇文章,你会深深的被它触动,触动到你灵魂的深处……

　　这是一篇平凡但又很感人的故事,这故事让我们认知当今中国还有很多贫穷的人,他们贫穷得让人心颤,但又很庆幸,庆幸我们身边还有更多善良的人,善良得也叫人落泪……

　　我常常抱怨日子过得不称心。我知道这么想没有什么可指责之处,人朝高处走,水往低处流嘛。但是怎么算过得好?应该和谁比?我不能说不模糊。前些日子我出了一趟远门,对这个问题好像有了一点儿感悟。

　　我从北京出发到云南元谋县,进入川滇边界,车窗外目之所及都是荒山野岭。火车在沙窝站只停两分钟,窗外一群约十二三岁破衣烂衫的男孩和女孩,都背着背篓拼命朝车上挤,身上那巨大的背篓妨碍着他们。

　　我所在的车厢里挤上来一个女孩,很瘦,背篓里是满满一篓核桃。她好不容易把背篓放下来,然后用巴掌擦着脸上的汗水,把散乱的头发抹到后面,露出俊俏的脸蛋儿,却带着菜色。半袖的土布小褂,前后都是补丁,破裤子裤脚一长一短,也满是补丁,显然是山里的一个穷苦女娃。

　　车上人很多,女孩不好意思挤着我,一只手扶住椅背,努力支开自己的身子。我想让她坐下,但三个人的座位再挤上一个人是不可能的。我使劲儿让让身子,想让她站得舒服些,帮她拉了拉背篓,以免影响人们过路。她向我表露着感激的笑容,打开背篓的盖,一把一把抓起核桃朝我的口袋里装。我使劲儿拒绝,可是没用,她很执拗。

　　慢慢的,小姑娘对我已不太拘束了。从她那很难懂的话里我终于听明白,小姑娘十四岁了,家离刚才的沙窝站还有几十里。家里的核桃树收了很多核桃,但汽车进不了山,要卖就得背到很远的地方。现在妈妈病着,要钱治病,爸爸才叫她出来卖核桃。她是半夜起身,一直走到天黑才赶到这里的,在一个山洞里住了一夜,天不亮就背起篓子走,才赶上了这趟车。卖完核桃赶回来还要走一天一夜才能回到家。

“出这么远的门，你不害怕吗？”我问。

“我有伴儿，一上车都挤散了，下车就见到了。”她很有信心地说。

“走出这么远，卖一筐核桃能赚多少钱？”

“刨除来回车票钱，能剩下十五六块吧。”小姑娘微微一笑，显然，这个数字给她以鼓舞。

“还不够路上吃顿饭的呢！”我身边一位乘客插话说。

小姑娘马上说：“我们带的有干粮。”

那位乘客真有点多话：“你带的什么干粮？”

“我已经吃过一次了，还有一包在核桃底下，爸爸要我卖完核桃再吃那些。”

“你带的什么干粮？”那位乘客追问。

“红薯面饼子。”

周围的旅客闻之一时凄然。

就在这时，车厢广播要晚点半小时，火车停在了半道中间。我赶忙利用这个机会，对车厢里的旅客说：“这个女孩带来的山核桃挺好吃的，希望大家都能买一点儿。”

有人问：“多少钱一斤？”

女孩说：“阿妈告诉我，十个核桃卖两角五分钱，不能再少了。”

我跟着说：“真够便宜的，我们那里卖八块钱一斤呢。”

旅客纷纷来买了。我帮着小姑娘数着核桃，她收钱。那种核桃是薄皮核桃，把两个攥在手里一挤就破了，生着吃也很香。一会儿，那一篓核桃就卖去了多半篓。那女孩儿仔细地把收到的零碎钱打理好，一脸的欣喜。

很快到了站，姑娘要下车了，我帮她把背篓背在肩上。然后取出一套红豆色的衣裤，放进她的背篓。对她说：“这是我买来要送我侄女的衣服，送你一套，回家穿。”她高兴地侧身看那身衣服，笑容中对我表示着谢意。此时，一直在旁边玩扑克的四个农民工也急忙站起来，一人捏着五十元钱，远远伸着手把钱塞给小姑娘：“小妹妹，我们因为实在带不了，没法买你的核桃，这点儿钱拿回去给你妈妈买点药。”小姑娘哭了，她很着急自己不会表达心里的感谢，脸憋得通红。

小姑娘在拥挤中下车了，却没有走，转回来站到高高的车窗跟前对那几位给他钱的农民工大声喊着：“大爷！大爷们！”感激的泪水纷挂在小脸上，不知道说什么好。

那几位农民工都很年轻，“大爷”这称呼显然是不合适的。她又走到我的车窗前喊：“阿婆啊，你送我的衣服我先不穿，我要留着嫁人时穿。阿婆……”声音是哽咽的，“阿婆，我叫山果，山——果——”

灿烂阳光下的这个车站，很快移出了我们的视线。我心里久久回荡着这名字：山果！眼里也有泪水流出来。车上一阵混乱之后又平静了，车窗外那一簇簇漫山遍野的野百合，静静地从灌木丛中探出素白的倩影倏尔而过，连同那个小小的沙窝站，那个瘦弱的面容姣好的山果姑娘，那些衣衫不整的农民工，那份心灵深处的慈爱消隐在莽莽群山中……

思考与练习

（1）"我心里久久回荡着这名字：山果！眼里也有泪水流出来。""山果"这一名字为何久久回荡在作者心中，作者为何而流泪？

（2）如果你也在这车厢中，目睹这一情景的发生，你有怎样的感想，会有怎么样的收获？

（3）读了这篇文章，了解同龄其他孩子的生活，你还抱怨日子过得不称心吗？今后你有何打算？

半本书里读人生 ◎隋明照

 课文导读

半本书，写出了妈妈小时候虽贫穷但却极爱读书，书给了她极大的鼓舞，"给了妈妈与命运抗争的极大勇气。"而妈妈的半本书"给予我极大的心灵震撼，让我对生活存有一份感恩之心，令我对书本有格外的惜念之情"。

我喜爱读书，对文字产生兴趣，从半本书开始。

很小的时候，看到妈妈的柜子里有个红绸布包裹，我一直好奇那里收藏着什么珍贵的东西。上小学三年级的时候，我终于看到了那是一本书，粉红色的封面上，两个孩子手拿小壶给一棵树浇水。书缺边少角，破损得厉害，字里行间圈圈点点的标记都有些模糊，而且后半部分残缺，是半本书。

半本书中每一篇文章前插有一张黑白照片，文章叙说的是照片人物的童年故事。开篇老舍的故事着实打动了我，我也因此对这半本书爱不释手。从暗淡发黄的纸页里，我了解到老舍一岁半的时候父亲就在抵抗八国联军的战斗中阵亡，母亲靠为人洗衣服做针线活供养他和哥哥姐姐，老舍在苦难中体味人间冷暖，养成坚韧向上的性格，从小刻苦读书，后来成为人民艺术家。

我还看到杨沫反对封建家庭包办婚姻，奋力逃出牢笼，投身革命，最后写出《青春之歌》等优秀作品，成为著名女作家……这本由茅盾题写书名，讲述作家童年故事的书，从目录里可知还包括郭沫若、丁玲、冰心、臧克家等的人生故事，可惜书读到一半无以为继了。

一天，妈妈给我讲了这书的故事。

妈妈的老家在塞北一个深山里，她在与我一样大的时候，因为贫困无法读书，可妈妈喜欢读书，天天惦记书本。一天，她看到村里卖日用百货的小商店里摆放了几本小书，其中一本叫《我的童年》，妈妈喜欢极了。此后的日子里，她天天到大山里采摘玫瑰花瓣，晒干了卖钱。在野玫瑰的针刺丛中妈妈采了半个月的花，终于有钱买下这本书，如获至宝。可在那个秋天，寒霜来得早，还不到中秋，山冈上的庄稼就快被冻死了。村民把麦秸草背到山上，深夜在庄稼地边点着麦秸抗霜，妈妈则在火光前看书。夜太深，疲惫的妈妈睡着了，书掉到火堆边烧起来。等她发现，书已经被烧掉了大半。

《我的童年》是妈妈平生买的第一本书，从书里，她看到那些后来成为大作家的人们，生活中遭遇到坎坷和不幸，却从未向命运低头。他们不被苦难打倒的精神，给了妈妈与命运抗争的极大勇气，她下决心回到校园，课余时间上山刨草药，自己供自己读书。妈妈的半本书，给予我极大的心灵震撼，让我对生活存有一份感恩之心，令我对书本有格外的惜念之情。

我从半本书开始读起，从小学读到大学，从家庭藏书读到小学中学的阅览室，再读到大学的图书馆，如饥似渴地在书本中汲取着养分。读书，似乎给了我另一双眼睛，让我能够从粗糙芜杂的生活中看到动人的细节；读书，也赋予我表述的能力，我把生活中所见所闻的美好，写成一篇篇文章发表，并荣获多项创作奖。

大学毕业，我努力考上了一所有百年历史的名校研究生。妈妈送我入学那天，仰望着巍峨的图书馆大楼，她真想走进去看一看啊。因为图书馆不对外开放，无奈的她只好在楼前留影纪念。镜头里，我看到她的眼里有泪花，我从那目光里，又看到了那半本《我的童年》……而后，每当我走进图书馆，总会想到那半本残书，它映现着妈妈那代人的苦涩，也给予妈妈挑战人生的能量；它更让我永远以感恩的情怀，面对今天所拥有的一切，激励我在书山学海不懈登攀……

（选自《光明日报》2015 年 8 月 18 日 11 版，有改动）

思考与练习

（1）本文的线索是什么？

（2）课文第一段有什么作用，请简要分析。

（3）从文章内容看，"半本书"对我人生有着怎样的影响？

成 长

◎拉索尔·贝克

课文导读

成长是青春颂歌的主旋律，每一个人的成长经历都值得回味。课文写的就是一个值得回味的励志故事。

"我"的成长与母亲分不开。母亲发现"我"缺乏闯劲，在"我"八岁的时候就让"我"街头卖报，这是母亲对"我"进行的强化训练，因为她始终认为"我"应该是一位"有所建树"的人才。"一次不行试两次，两次不行试三次"，"我"竭尽全力"挣扎"着。后来，母亲终于明白了卖报非"我"所长，而写作似乎更合适"我"，于是，她高兴的称呼"我"为"老弟"，认为"我""可以当个作家"。这句话表明母亲真正理解了"我"，而"我"也没有辜负她的期望，经过不懈努力，"我"终于成为了一位作家。

我八岁时便进入了新闻界，那是我母亲的意思。她希望我这个儿"有所建树"，于是在对我的能力做了冷静的估量后，便认为我若想在竞争中不被落下的话，还是早点起步好。

母亲早就看出我性格中的不足之处是缺乏"闯劲"。在我看来，一个最惬意的下午应是躺在收音机前，重读我所喜爱的了不起的小书系列《迪克·特蕾茜遇见史杜基·维拉》。母亲对无所事事深恶痛绝。看到我一副优哉游哉自得其乐的样子，她难以掩饰她的厌恶。"你一点进取心也没有，像个木头人，"她说道，"到厨房帮多丽丝洗碗碟去。"

我妹妹多丽丝虽比我小两岁，她那充沛无比的精力足能抵上一打人。她十分热衷于洗碗、铺床和清理房间。才七岁，她就能拿着缺了秤的奶酪赶回小杂货店，威胁老板说要告他，然后兴高采烈地带回补足分量的四分之一磅奶酪，老板为求宽恕还另加几盎司。要不是个子，多丽丝一定会有出息。就因为这一缺憾，她能指望的最好出路无非是当个护士或教师。在那个年代，一般认为有能力的女性也只能从事那些工作。

这肯定让我的母亲感到沮丧，命运就这样阴差阳错地赋予她女儿进取心，而留给她一个只满足于读读《迪克·特蕾茜遇见史杜基·维拉》的儿子。尽管失望，然而她却毫不自怨自艾。不管我愿不愿意，她决定要使我有所出息。"自助者天助，"她是这么说的，也正是这样想的。

对于困难她很现实。估量了这块上帝交给她并让她去塑造的"料子"后，对其能否成才她不抱奢望，她从未强求我长大后当美国总统。

五十年前，做父母的依然会问儿子长大后想不想当总统。他们绝不是开玩笑，而是相当一本正经。不少出身贫寒的父母依旧相信他们的儿子能做总统。亚伯拉罕·林肯就当上了。我们距林肯只有六十五年。我们中间有许多祖父辈的人依然记着林肯时代。也就是这辈人最爱问你长大后要不要当总统。做肯定回答的小男孩出乎意料的多，而且他们还当真这么想。

我就被人问过好多次。我总是回答说，不，我长大了不想当总统。有一天，别人这么问我时母亲也在场。一个上了年纪的伯伯提出了这个老话题，当了解到我对总统宝座毫无兴趣后，他问道："那么你长大后想干什么？"

我爱到垃圾堆中翻捡贴着漂亮标签的罐头和空瓶，还喜欢翻阅人家丢弃的杂志。当时，这个世界上最可怕的工作马上跳进我的脑中，"我要当个垃圾工。"我说道。老伯笑了，而母亲则第一次痛苦的注意到我越来越不成器了。"你给我有点长进，拉索尔。"她说。叫拉索尔是她不愉快的一个信号。当她赞成我的想法的时候，总叫我"老弟"。

到我八岁时，母亲认准了让我起步走向成才之道已迫在眉睫。"老弟，"有一天她说，"我要你今天一放学就回家。有客人要来，我想让你见见他。"

那天下午当我冲进屋里的时候，她正在客厅与柯蒂斯出版公司的一位管理人员交谈。她介绍了我。他弯下身子与我握手。母亲说，我渴望得到征服商界的机遇。他问道："这是真的吗？"

母亲回答说，我生来就具有一种想出人头地的可贵信念。

"是的。"我小声答道。

"可你有没有生意场上获取成功所必需的那种勇气、个性和绝不退缩的意志？"

母亲说当然有。

"是的。"我说道。

他默默地注视着我良久，像是在掂量我是否可以委以重任，然后就坦然地说开了。在迈出关键性一步前，他说，他要提醒我，为柯蒂斯出版公司工作对年轻人来说是份很重的担子。这是美国大公司之一，甚至可能是世界上最了不起的出版社。不用问，我肯定听说过《星期六晚邮报》吧？

岂止是听说，母亲说家里的每个成员都知道《星期六晚邮报》，而我呢，事实上是带着宗教般的虔诚来阅读它的。

那么，毫无疑问，他说，我们一定也熟悉刊物天地中的两大支柱《妇女杂志》和《乡村绅士》杂志吧。

我们确实知道，母亲说。

能成为《星期六晚邮报》的一名代理在商界堪称最大荣耀，他说道。他本人便深为自己系这家大公司的一分子而无比自豪。

母亲说他这样想是理所当然的。

他又端详起我来，简直就像是在盘算我是否可以被授勋封爵似的。末了，问道"你靠得住吗？"

母亲说我诚实到极点。

"是的。"我说。

来访者第一次露出了微笑。他告诉我说，我是一个幸运儿。他欣赏我的胆量。大多数年轻人视生活如儿戏。这些人在一生中不会有太多的发展。只有勤于工作，肯节俭，且能保持脸面整洁、头发光亮的年轻人，方能指望在如今的世道出人头地。他还问我，是不是真心实意的认为自己就是这样的一个年轻人。

"他当然是这样认为的。"母亲说道。

"是的。"我说道。

他说他对我留下深刻印象，打算栽培我做柯蒂斯出版公司的一名代理。他说下周二会有三十份新印出的《星期六晚邮报》送到我家门口。我得把这些油墨未干透的杂志装进一个漂亮的帆布包里，再将包挎到肩上，随后串街走巷，将这些集新闻、小说以及漫画的精华于一处的最高典范带给美国大众。

那个帆布包他正带在身上，他对其毕恭毕敬宛如对待神父穿的十字褡一样，他向我示范如何把背带绕过胸前挂到左肩上，右手便能轻而易举的伸进包内，将这些新闻、小说和漫画的最佳之作迅速取出并销售给大众。人们的快乐和保障就靠我们这些新闻自由的卫士了。

到了下周二，我从学校跑回家，背上帆布包，把杂志全部装进去，并将身子向左倾斜着以平衡左边臀部上的杂志的重量，就这样我踏上了新闻事业的大道。

我们住在新泽西州的贝利维尔，那是一个位于纽瓦克北部边缘的市郊小镇。时值1932年，正是大萧条最甚之际。我父亲两年前去世，遗留给我们的除了几件西尔斯—罗伯克家具外，别无他物。母亲便带着我和多丽丝投奔她的一个弟弟，也就是我的艾伦舅舅。到1932年时，艾伦舅舅在事业上已经有所成就。他在纽瓦克给一个饮料商做推销，每周挣三十美金，穿灰色鞋罩，戴活动衣领，有三套西装；他婚姻美满，肯收留一文不名的亲戚。

满载杂志的我向贝利维尔街走去。那儿人多，在与联合街交叉的路口有两个加油站、一个小杂货店，还有水果摊、面包房、理发店、苏卡瑞里药房以及一个火车餐车式的小饭馆。好几个小时下来我设法让自己引人注目，不断地更换位置，从一个角落移至另一个角落，从这个橱窗移到那个橱窗，以做到人人都能看清我那帆布包上《星期六晚邮报》这几个既粗又黑的字样。一缕斜阳表明晚饭时刻已到，我便走回家去。

"卖了多少份？老弟？"母亲问道。

"一份也没卖掉。"

"天哪，拉索尔！"

艾伦舅舅来干预了。"这事儿我想好久了，"他说，"我正打算定期买《星期六晚邮报》呢。把我算作一个主顾吧。"我递给他一本杂志，他付了我一个子儿。这是我挣的第一个镍币。

然后母亲就向我传授推销员的技巧。我该去按门铃，与大人们说话既要带着几分自信又要让人爱听，若遭拒绝就要用推销员惯用的口吻告诉对方，不管多穷，家中没有《星期六晚邮报》活得准会不开心。

我告诉母亲说，我已改变了靠做刊物生意发财致富的主意。

"如果你以为我会养个光吃饭不干活的家伙的话，"她答道，"你可就大错特错了。"她叫我第二天一放学就背着帆布包上街去挨家挨户按门铃。当我抗议说我觉得自己没有推销员的天赋时，她问我是不是想把我的皮带借给她，用它在我身上抽几下好让我清醒清醒。我屈服于长辈的意志，心情沉重地踏入新闻界。

母亲和我的这场战斗几乎自我能记事起就开始了。甚至还在此之前，当我还是北弗吉尼亚的一个乡下孩子时，母亲因不满父亲清贫的工匠生涯，便已决意不让我长成像他和他的伙伴们那样的人：手上满是老茧，背上套着工装裤，脑子里只有小学四年级的学问。她对未来可能出现的生活有着种种丰富的设想。她之所以把我介绍给《星期六晚邮报》，就是想让我尽早摆脱父亲的那种生活。过着那种生活的人总是带着饭盒日出而作，靠着双手干活直到每一个毛孔都沾满污垢，死后留下的就是那么几件早年邮购来的可怜巴巴的家具。母亲想象中更好的生活该是有办公桌和白衣领，熨烫笔挺的西装，晚上则该读书以及轻松地谈天，要是可能——假如一个人特别特别运气，真个发迹了——年薪应高达五千美元，可以拥有一栋大宅第，一辆带折叠座的毕克汽车，还可以去大西洋城度假。

就这样我背着一袋子杂志又出发了。我怕那些在可能的买主家门后龇牙吠叫的狗。按陌生人家的门铃令我胆战心惊，没有人应门我便松一口气，有人来了我就惊慌失措。虽说经过母亲指教，我仍学不会推销员的伶牙俐齿。人家门一开我就只会问："想买《星期六晚邮报》吗？"在贝利维尔是很少会有人要的。这是个有三万人口的小镇，好几个星期我按遍了镇上大多数的门铃，可还是卖不完我那 30 份杂志。有几个星期，我连续六天在镇上到处兜揽生意，但到了周一晚上仍然有四五本没卖掉。我于是最担心周二早晨的到来，那时门口又会有 30 本崭新的《星期六晚邮报》。

"最好今晚出去把剩下的杂志卖了。"母亲往往说道。

于是我通常就站在一个繁忙的路口，那儿的交通灯控制着来自纽瓦克的人流。红灯亮时，我就站在路边对驾车的人高声叫卖：

"要买《星期六晚邮报》吗？"

有一个雨夜，车窗都紧闭着，我浑身湿透地回到家，毫无出售记录可以汇报。我母亲向多丽丝示意道："同老弟再去那儿，让他瞧瞧怎么卖掉这些杂志。"

多丽丝那时才 7 岁，她兴致勃勃地与我回到了那个街角。她从袋子里拿出杂志，红灯一亮就跑到最近的一辆车的车旁，用小拳头敲着紧闭的车窗。开车人或许还以为有个侏儒要袭击他的车子，吃惊地摇低了车窗探视，多丽丝就塞给他一份《星期六晚邮报》。

……

在我 11 岁那年的一个晚上，我带回家一篇小作文，写的是我的暑假生活，老师给批了个 A。母亲以她教师的眼光读了这篇作文，赞同说这是篇七年级高才生才写得出的散文，并夸奖了我。当时对这事没再多说，然而一个新的念头却在母亲心里萌生了。晚饭吃到一半时，她突然打断了话题。

"老弟，"她说，"大概你可以当个作家。"

这个想法正中我的下怀。我从没遇见过作家，以前不曾有过写作的念头，对于怎样能当上作家也一无所知。但我爱读故事，而且觉得编故事一定和读故事一样的有趣。但最要紧的，也就是真正让我心花怒放的，却是作家生涯的轻松自在。作家不用步履艰难地背着包沿街叫卖，既要防御恶狗，又要遭到粗鲁的陌生人的拒绝。作家不必去按人家的门铃。凭我的理解，作家所干的甚至算不上是工作。

我陶醉了。作家根本不需要什么进取心。这事我对谁都没敢说，怕在学校里叫人笑话，但我已暗自决心长大后当一名作家。

思考与练习

（1）整体感知课文并思考，“我”的母亲是一个怎样的人？

（2）你是怎么看待母亲为“我”所做的种种“设计”的？

（3）学了这篇课文，你觉得你现在学的专业“正中下怀”了吗？你会为此而不懈努力吗？

一碗清汤荞麦面

◎栗良平

 课文导读

这是一篇以情动人、激人奋发的作品。它叙述了母子三人遭受厄运之后团结拼搏而苦尽甘来的故事，同时表现了老板夫妇和众多顾客对母子三人的同情、尊重与关爱。作品洋溢着浓浓的人情味，赞美了团结互助的精神。

作品以"一碗清汤荞麦面"为线索，通过描写母子三人先后四次吃荞麦面的经历，表现了作者刻画人物的娴熟技巧；以北海亭面馆的二号桌为特定的场景，通过从"预约席"到"幸福的桌子"的过程演变，推动了故事情节的发展。

对于面馆来说，最忙的时候，要算是大年夜了。北海亭面馆的这一天，也是从早就忙得不亦乐乎。

平时直到深夜 12 点还很热闹的大街，大年夜晚上一过 10 点，就很宁静了。北海亭面馆的顾客，此时也像是突然都失踪了似的。

就在最后一位顾客出了门，店主要说关门打烊的时候，店门被咯吱咯吱地拉开了。一个女人带着两个孩子走了进来。6 岁和 10 岁左右的两个男孩子，一身崭新的运动服。女人却穿着不合时令的斜格子短大衣。

"欢迎光临！"老板娘上前去招呼。

"啊……清汤荞麦面……一碗……可以吗？"女人怯生生地问。

那两个小男孩躲在妈妈的身后，也怯生生地望着老板娘。

"行啊，请，请这边坐。"老板娘说着，领他们母子三人坐到靠近暖气的二号桌，一边向柜台里面喊着，"清汤荞麦面一碗！"

听到喊声的老板，抬头瞥了他们三人一眼，应声回答道："好咧！清汤荞麦面一碗——"

案板上早就准备好了面条，一堆堆像小山，一堆是一人份。老板抓起一堆面，继而又加了半堆，一起放进锅里。老板娘立刻领悟到，这是丈夫特意多给这母子三人的。

热腾腾香喷喷的清汤荞麦面一上桌，母子三人立即围着这碗面，头碰头地吃了起来。

"真好吃啊！"哥哥说。

"妈妈也吃呀！"弟弟夹了一筷子面，送到妈妈口中。

不一会儿，面吃完了，付了 150 元钱。

"承蒙款待。"母子三人一起点头谢过，出了店门。

"谢谢，祝你们过个好年！"老板和老板娘应声答道。

过了新年的北海亭面馆，每天照样忙忙碌碌。一年很快过去了，转眼又是大年夜。

和以前的大年夜一样，忙得不亦乐乎的这一天就要结束了。过了晚上10点，正想打烊，店门又被拉开了，一个女人带着两个男孩走了进来。

老板娘看那女人身上那件不合时令的斜格子短大衣，就想起去年大年夜最后那三位顾客。

"……这个……清汤荞麦面一碗……可以吗？"

"请，请到里边坐，"老板娘又将他们带到去年的那张二号桌，"清汤荞麦面一碗——""好咧，清汤荞麦面一碗——"老板应声回答着，并将已经熄灭的炉火重新点燃起来。

"喂，孩子他爹，给他们下三碗，好吗？"老板娘在老板耳边轻声说道。

"不行，如果这样的话，他们也许会尴尬的。"老板说着，抓了一份半的面下了锅。

桌上放着一碗清汤荞麦面，母子三人边吃边谈着，柜台里的老板和老板娘也能听到他们的声音。

"真好吃……"

"今年又能吃到北海亭的清汤荞麦面了。"

"明年还能来吃就好了……"

吃完后，付了150元钱。老板娘对着他们的背影说道："谢谢，祝你们过个好年！"

这一天，被这句说过几十遍乃至几百遍的祝福送走了。

生意日渐兴隆的北海亭面馆，又迎来了第三个大年夜。

从九点半开始，老板和老板娘虽然谁都没说什么，但都显得有点心神不定。十点刚过，雇工们下班走了，老板和老板娘立刻把墙上挂着的各种面的价格牌一一翻了过来，赶紧写好"清汤荞麦面150元"。其实，从当年夏天起，随着物价的上涨，清汤荞麦面的价格已经是200元一碗了。

二号桌上，在30分钟以前，老板娘就已经摆好了"预约"的牌子。

到十点半，店里已经没有客人了，但老板和老板娘还在等候着那母子三人的到来。他们来了。哥哥穿着中学生的制服，弟弟穿着去年哥哥穿的那件略有些大的旧衣服，兄弟二人都长大了，有点认不出来了。母亲还是穿着那件不合时令的有些褪色的短大衣。

"欢迎光临。"老板娘笑着迎上前去。

"……啊……清汤荞麦面两碗……可以吗？"母亲怯生生地问。

"行，请，请里边坐！"

老板娘把他们领到二号桌，顺手将桌上那块预约牌藏了起来，对柜台喊道：

"清汤荞麦面两碗！"

"好咧，清汤荞麦面两碗——"

老板应声答道，把三碗面的分量放进锅里。

母子三人吃着两碗清汤荞麦面，说着，笑着。

"大儿，淳儿，今天，妈妈我想要向你们道谢。"

"道谢？向我们？……为什么？"

"你们也知道，你们的父亲死于交通事故，生前欠下了八个人的钱。我把抚恤金全部还了债，还不够的部分，就每月五万元分期偿还。"

"是呀，这些我们都知道。"

老板和老板娘在柜台里，一动不动地凝神听着。

"剩下的债，本来约定到明年三月还清，可实际上，今天就可以全部还清了。"

"啊，这是真的吗，妈妈？"

"是真的。大儿每天送报支持我，淳儿每天买菜烧饭帮我忙，所以我能够安心工作。因为我努力工作，得到了公司的特别津贴，所以现在能够全部还清债款。"

"好啊！妈妈，哥哥，从现在起，每天烧饭的事还是包给我了！"

"我也继续送报。弟弟，我们一起努力吧！"

"谢谢，真是谢……谢……"

"我和弟弟也有一件事瞒着妈妈，今天可以说了。那是在十一月的一个星期天，我到弟弟学校去参加家长会。那时，弟弟已经藏了一封老师给他的信……弟弟写的作文如果被选为北海道的代表，就能参加全国的作文比赛。正因为这样，家长会的那天，老师要弟弟自己朗读这篇作文。老师的信如果给妈妈看了，妈妈一定会向公司请假，去听弟弟朗读作文，于是，弟弟就没有把这封信交给妈妈。这事，我还是从弟弟的朋友那里听来的。所以，家长会那天，是我去了。"

"哦，是这样……那后来呢？"

"老师出的作文题目是，'你将来想成为怎样的人'。全体学生都写了，弟弟的题目是《一碗清汤荞麦面》，一听这题目，我就知道写的是北海亭面馆的事。当时我就想，弟弟这家伙，怎么把这种难为情的事都写出来了。"

"作文写的是，父亲死于交通事故，留下一大笔债。妈妈每天从早到晚拼命工作，我去送早报和晚报……弟弟全写了出来。接着又写，十二月三十一日的晚上，母子三人吃一碗清汤荞麦面，非常好吃……三个人只买一碗清汤荞麦面，面馆的叔叔阿姨还是很热情地接待我们，谢谢我们，还祝福我们过个好年。在弟弟听来，那祝福的声音分明是在对他说：不要低头！加油啊！要好好活着！因此，弟弟长大成人后，想开一家日本第一的面馆，也要对顾客说：'加油啊！''祝你幸福！''谢谢！'弟弟大声地朗读着作文……"

此刻，柜台里竖着耳朵，全神贯注听母子三人说话的老板和老板娘不见了。在柜台后面，只见他们两人面对面地蹲着，一条毛巾，各执一端，正在擦着夺眶而出的眼泪。

"作文朗读完后，老师说：'今天淳君的哥哥代替他母亲来参加我们的家长会，现在我们请他来说几句话……'"

"这时哥哥都说了些什么？"

"因为突然被叫上去发言，一开始，我什么也说不出……'大家一直和我弟弟很要好，在此，我谢谢大家。弟弟每天要做晚饭，只能放弃兴趣小组的活动，中途回家，我做哥哥的，感到很难为情。刚才，弟弟刚开始朗读《一碗清汤荞麦面》的时候，我感到很丢脸，但是，当我看到弟弟激动地大声朗读的样子，我心里更感到羞愧。这时我想，决不能忘记妈妈买一碗清汤荞麦面的勇气。我们兄弟二人一定要齐心协力，照顾好我们的妈妈！希望大家以后也能够和我弟弟做好朋友。'我就说了这些……"

母子三人，静静地，互相握着手，良久。继而又欢快地笑了起来。和去年相比，像是完全变了个模样。

作为年夜饭的清汤荞麦面吃完了，付了300元。

"承蒙款待。"母子三人深深地低头道谢，走出了店门。

"谢谢，祝你们过个好年！"

老板和老板娘大声向他们祝福，目送他们远去……

又是一年的大年夜降临了。北海亭面馆里，晚上九点一过，二号桌上又摆上了"预约席"的牌子，等待着母子三人的到来。可是，没看到那三人的身影。

一年，又是一年，二号桌始终默默地等待着。可母子三人还是没有出现。北海亭面馆因为生意越来越兴隆，店内重又进行了装修。桌子、椅子都有换了机关报的。可二号桌却依然如故。老板夫妇不但没感到不协调，反而把二号桌安放在店堂中央。

"为什么把这张旧桌子放在店堂中央？"有的顾客感到奇怪。

于是，老板夫妇就把"一碗清汤荞麦面"的故事告诉他们。并说，看到这张桌子，就是对自己的激励。而且说不定哪天那母子三人还会来，这个时候，想用这张桌子来迎接他们。

就这样，关于二号桌的故事，使二号桌成了"幸福的桌子"。顾客们到处传诵着。有人特意从远方赶来。有女学生，也有年轻的情侣，都要到二号桌上吃一碗阳春面。二号桌也因此而名声大振。

时光流逝，年复一年。这一年的大年夜又来到了。

这时，北海亭面馆已经是同一条街的商店会的主要成员。大年夜这天，亲如家人的朋友、近邻、同行，结束了一天的工作后，都来到了北海亭。在北海亭吃了过年面，听着除夕夜的钟声，然后亲朋好友聚集起来，一起到附近的神社去烧香磕头，以求神明保佑在新的一年里万事如意，厄除运开。这种情形，已经有五六年的历史了。

今年的大年夜当然也不例外。九点半一过，以鱼店老板夫妇双手捧着装满生鱼片的大盆子进来为信号，平时亲如家人的朋友们大约三十多人，也都带着酒菜，陆陆续续地会集到北海亭，店里的气氛，一下子热闹起来。

知道二号桌由来的朋友们，嘴里虽然没说什么，可心里都在想着，今年二号桌也许又要空等了吧。那块"预约席"的牌子，早已悄悄地站在二号桌上。

狭窄的座席之间，客人们一点一点地移动着身子坐下，有人还招呼着迟到的朋友。吃着面，喝着酒，互相夹着菜。有人到柜台里去帮忙，有人随意拉开冰箱拿来东西。什么廉价出售的生意啦，海水浴的艳闻轶事啦，什么添了孙子的事啦。十点半时，北海亭里的热闹气氛到达了顶点。就在这时，店门被略吱略吱地拉开了。人们都向门口望去，屋子里突然静了下来。

两位西装笔挺，手臂上搭着大衣的青年走了进来。这时，大伙都松了口气，随着轻轻的叹息声，店里又恢复了刚才的热闹。

"真不凑巧，店里已经坐满了。"老板娘面带着歉意说。

就在她拒绝两位青年的时候，一位身穿和服的妇人，深深低着头走了进来，站在两位青年的中间。店里的人们，一下子都屏住了呼吸，耳朵也竖起来了。

"唔……三碗清汤荞麦面，可以吗？"穿和服的妇人平静地说。

听了这话，老板娘的脸色一下子变了。十几年前留在脑海中的母子三人的印象，和眼前这三人的形象重叠起来了。

老板娘指着三位来客，目光和正在柜台里找韭菜的丈夫的目光撞到一处。

"啊！啊……孩子他爹！"

面对不知所措的老板娘，青年中的一位开口了。

"我们就是 14 年前的大年夜，母子三人共吃一碗阳春面的顾客。那时，就是这一碗阳春面的鼓励，使我们三人同心合力，度过了艰难的岁月。这以后，我们搬到母亲的亲家滋贺县去了。"

"我今年通过了医生的国家考试，现在京都的大学医院里当实习医生。明年四月，我将到札幌的综合医院工作。还没有开面馆的弟弟，现在京都银行里工作。我和弟弟商谈，计划了这生平第一次的奢侈的行动。就这样，今天我们母子三人，特意来拜访，想要麻烦你们烧三碗阳春面。"

边听边点头的老板夫妇，泪珠一串串地掉下来。

坐在靠近门口桌上的蔬菜店老板，嘴里含着一口面听着，直到这时，才把面咽下去，站起身来。

"喂喂！老板娘，你呆站着干什么！这十年的每一个大年夜，你都为等待他们的到来而准备着，这十年后的预约席，不是吗？快！请他们上座，快！"

被蔬菜店老板用肩一撞，老板娘这才清醒过来。

"欢……欢迎，请，请坐……孩子他爹，二号桌阳春面三碗——"

"好咧——阳春面三碗——"可泪流满面的丈夫却应不出声来。

店里，突然爆发出一阵欢呼声和鼓掌声。

店外，刚才还在纷纷扬扬的飘着的雪，此刻也停了。皑皑白雪映着明净的窗子，那写着"北海亭"的布帘子，在正月的清风中，摇曳着，飘着……

 思考与练习

（1）课文主要写母子三人四次吃面的情景，母子三人为什么坚持在同一个面馆吃面？

（2）文中最能打动人的细节是什么？用笔把它画出来，说说为什么令人感动。

（3）有人说老板夫妇对待母子三人的态度，表明他们经商有道。你同意这种说法吗？请结合课文谈谈自己的看法。

写作（借据）

借据是你借对方物品的时候，写给对方的一个书面凭证。你再把物品归还对方的时候，借条就同时作废了。

借据的格式包括标题、正文、落款等几个部分，其中正文要详细记录谁、什么时候，向谁借了什么物品，计划什么时候归还，等等。落款为借物品人的签名和借的时间。

范文

借　据

今天借到学校体育器材室一个足球，用于下午课外活动的比赛。比赛结束马上归还。

一年级（2）班：周涛

2014 年 3 月 3 日

 练习

张善壮叔叔因买摩托车的钱不够，向你父亲（周将）借 1000 元现金，计划在 2016 年 9 月前还清，请你替他写一份借据。

谈生命

◎冰心

 课文导读

生命是什么？生命是奔腾不息的一江春水，是顽强生长的一棵小树……读着这篇文章，你也许会感到生命正在"流动"，正在"生长"。

《谈生命》是一篇富有深刻哲理的散文，品读这篇散文，如同饮一杯作家用自己的人生经验酿成的酒，作者把抽象的"生命"理念化为具体的物象，描绘出一幅幅生命的图画，让我们从这些可视可感的画面中去领悟，认识生命的真谛。

我不敢说生命是什么，我只能说生命像什么。

生命像向东流的一江春水，他从最高处发源，冰雪是他的前身。他聚集起许多细流，合成一股有力的洪涛，向下奔注，他曲折的穿过了悬崖峭壁，冲倒了层沙积土，挟卷着滚滚的沙石，快乐勇敢地流走，一路上他享受着他所遭遇的一切：有时候他遇到巉岩前阻，他愤激地奔腾了起来，怒吼着，回旋着，前波后浪地起伏催逼，直到冲倒了这危崖，他才心平气和地一泻千里。有时候他经过了细细的平沙，斜阳芳草里，看见了夹岸红艳的桃花，他快乐而又羞怯，静静地流着，低低地吟唱着，轻轻地度过这一段浪漫的行程。有时候他遇到暴风雨，这激电，这迅雷，使他心魂惊骇，疾风吹卷起他，大雨击打着他，他暂时浑浊了，扰乱了，而雨过天晴，只加给他许多新生的力量。

有时候他遇到了晚霞和新月，向他照耀，向他投影，清冷中带些幽幽的温暖：这时他只想憩息，只想睡眠，而那股前进的力量，仍催逼着他向前走……终于有一天，他远远地望见了大海，呵！他已到了行程的终结，这大海，使他屏息，使他低头，她多么辽阔，多么伟大！多么光明，又多么黑暗！大海庄严的伸出臂儿来接引他，他一声不响地流入她的怀里。他消融了，归化了，说不上快乐，也没有悲哀！也许有一天，他再从海上蓬蓬地雨点中升起，飞向西来，再形成一道江流，再冲倒两旁的石壁，再来寻夹岸的桃花。然而我不敢说来生，也不敢相信来生！生命又像一棵小树，他从地底聚集起许多生力，在冰雪下欠伸，在早春润湿的泥土中，勇敢快乐的破壳出来。他也许长在平原上，岩石上，城墙上，只要他抬头看见了天，呵！看见了天！他便伸出嫩叶来吸收空气，承受阳光，在雨中吟唱，在风中跳舞。他也许受着大树的荫遮，也许受着大树的覆压，而他青春生长的力量，终使他穿枝拂叶地挣脱了出来，在烈日下挺立抬头！他遇着骄奢的春天，他也许开出满树的繁花，蜂蝶围绕着他飘翔喧闹，小鸟在他枝头欣赏唱歌，他会听见黄莺清吟，杜鹃啼血，也许还听见枭鸟的怪鸣。他长到最茂盛的中年，他伸展出他如盖的浓荫，来荫庇树下的幽花芳草，他结出累累的果实，来呈现大地无尽的甜美与芳馨。秋风起了，将他叶子，由浓绿吹到绯红，秋阳下他再有一番的庄严灿烂，不是开花的骄傲，也不是结果的快乐，而是成功后的宁静和怡悦！终于有一天，冬天的朔风把他的黄叶干枝，卷落吹抖，他无力的在空中旋舞，在根下呻吟，大地庄严地伸出臂儿来接引他，他一声不响的落在她的怀里。他消融了，归化了，他说不上快乐，也没有悲哀！也许有一天，他再从地下的果仁中，破裂了出来。又长成一棵小树，再穿过丛莽的严遮，再来听黄莺的歌唱，然而我不敢说来生，也不敢信来生。宇宙是个大生命，我们是宇宙大气中之一息。江流入海，叶落归根，我们是大生命中之一叶，大生命中之一滴。在宇宙的大生命中，我们是多么卑微，多么渺小，而一滴一叶的活动生长合成了整个宇宙的进化运行。要记住：不是每一道江流都能入海，不流动的便成了死湖；不是每一粒种子都能成树，不生长的便成了空壳！生命中不是永远快乐，也不是永远痛苦，快乐和痛苦是相生相成的。等于水道要经过不同的两岸，树木要经过常变的四时。在快乐中我们要感谢生命，在痛苦中我们也要感谢生命。快乐固然兴奋，苦痛又何尝不美丽？我曾读到一个警句，它说"愿你生命中有够多的云翳，来造成一个美丽的黄昏"。

 思考与练习

（1）反复朗读课文，品味关键语句，说说作者对生命的本质有怎样的认识。

（2）在全文中，冰心把生命比作一江春水，一棵小树，你还可以把生命和人生比作什么？写出两个形象的比喻句来。

提醒幸福

◎毕淑敏

 课文导读

人们渴望幸福，却往往在幸福之中，感受不到幸福，发现不了幸福，更不会珍惜幸福。毕淑敏在《提醒幸福》这一篇文章中，通过讲述一些生活中最平凡的事件来提醒我们什么是幸福，告诉我们怎样去享受幸福。让你在轻轻松松的阅读中真真切切地感受幸福，读后如沐和煦的春风、如沐明媚的阳光。

我们从小就习惯了在提醒中过日子。天气刚有一丝风吹草动，妈妈就说，别忘了多穿衣服。才相识了一个朋友，爸爸就说，小心他是个骗子。你取得了一点成功，还没容得乐出声来，所有关切着你的人一起说，别骄傲！你沉浸在欢快中的时候，自己不停地对自己说："千万不可太高兴，苦难也许马上就要降临……"我们已经习惯了在提醒中过日子。看得见的恐惧和看不见的恐惧始终像乌鸦盘旋在头顶。

在皓月当空的良宵，提醒会走出来对你说：注意风暴。于是我们忽略了皎洁的月光，急急忙忙做好风暴来临前的一切准备。当我们大睁着眼睛枕戈待旦之时，风暴却像迟归的羊群，不知在哪里徘徊。当我们实在忍受不了等待灾难的煎熬时，我们甚至会恶意地祈盼风暴早些到来。

风暴终于姗姗地来了。我们怅然发现，所做的准备多半是没有用的。事先能够抵御的风险毕竟有限，世上无法预计的灾难却是无限的。战胜灾难靠的更多的是临门一脚，先前的惴惴不安帮不上忙。当风暴的尾巴终于远去，我们守住零乱的家园。气还没有喘匀，新的提醒又智慧地响起来，我们又开始对未来充满恐惧的期待。

人生总是有灾难。其实大多数人早已练就了对灾难的从容，我们只是还没有学会灾难间隙的快活。我们太多注重了自己警觉苦难，我们太忽视提醒幸福。请从此注意幸福！幸福也需要提醒吗？

提醒注意跌倒……提醒注意路滑……提醒受骗上当……提醒荣辱不惊……先哲们提醒了我们一万零一次，却不提醒我们幸福。

也许他们认为幸福不提醒也跑不了的。也许他们以为好的东西你自会珍惜，犯不上谆谆告诫。也许他们太崇尚血与火，觉得幸福无足挂齿。他们总是站在危崖上，指点我们逃离未来的苦难。但避去苦难之后的时间是什么？

那就是幸福啊！

享受幸福是需要学习的，当幸福即将来临的时刻需要提醒。人可以自然而然地学会感官的享乐，人却无法天生地掌握幸福的韵律。灵魂的快意同器官的舒适像一对孪生兄弟，时而相傍相依，时而南辕北辙。

幸福是一种心灵的震颤。它像会倾听音乐的耳朵一样，需要不断地训练。

简言之，幸福就是没有痛苦的时刻。它出现的频率并不像我们想象的那样少。

人们常常只是在幸福的金马车已经驶过去很远，捡起地上的金鬃毛说，原来我见过它。

人们喜爱回味幸福的标本，却忽略幸福披着露水散发清香的时刻。那时候我们往往步履匆匆，瞻前顾后不知在忙着什么。

世上有预报台风的，有预报蝗虫的，有预报瘟疫的，有预报地震的。没有人预报幸福。其实幸福和世界万物一样，有它的征兆。

幸福常常是朦胧的，很有节制地向我们喷洒甘霖。你不要总希冀轰轰烈烈的幸福，它多半只是悄悄地扑面而来。你也不要企图把水龙头拧得更大，使幸福很快地流失。而需静静地以平和之心，体验幸福的真谛。

幸福绝大多数是朴素的。它不会像信号弹似的，在很高的天际闪烁红色的光芒。它披着本色外衣，亲切温暖地包裹起我们。

幸福不喜欢喧嚣浮华，常常在暗淡中降临。贫困中相濡以沫的一块糕饼，患难中心心相印的一个眼神，父亲一次粗糙的抚摸，女友一个温馨的字条……这都是千金难买的幸福啊。像一粒粒缀在旧绸子上的红宝石，在凄凉中愈发熠熠夺目。

幸福有时会同我们开一个玩笑，乔装打扮而来。机遇、友情、成功、团圆……

它们都酷似幸福，但它们并不等同于幸福。幸福会借了它们的衣裙，袅袅婷婷而来，走得近了，揭去帷幔，才发觉它有钢铁般的内核。幸福有时会很短暂，不像苦难似的笼罩天空。如果把人生的苦难和幸福分置天平两端，苦难体积庞大，幸福可能只是一块小小的矿石。但指针一定要向幸福这一侧倾斜，因为它有生命的黄金。

幸福有梯形的切面，它可以扩大也可以缩小，就看你是否珍惜。

我们要提高对于幸福的警惕，当它到来的时刻，激情地享受每一分钟。据科学家研究，有意注意的结果比无意要好得多。

当春天来临的时候，我们要对自己说，这是春天啦！心里就会泛起茸茸的绿意。

幸福的时候，我们要对自己说，请记住这一刻！幸福就会长久地伴随我们。那我们岂不是拥有了更多的幸福！

所以，丰收的季节，先不要去想可能的灾年，我们还有漫长的冬季来得及考虑这件事。我们要和朋友们跳舞唱歌，渲染喜悦。既然种子已经回报了汗水，我们就有权沉浸幸福。不要管以后的风霜雨雪，让我们先把麦子磨成面粉，烘一个香喷喷的面包。

所以，当我们从天涯海角相聚在一起的时候，请不要踌躇片刻后的别离。在今后漫长的岁月里，有无数孤寂的夜晚可以独自品尝愁绪。现在的每一分钟，都让它像纯净的酒精，燃烧幸福的淡蓝色火焰，不留一丝渣滓。让我们一起举杯，说：我们幸福。

所以，当我们守候在年迈的父母膝下时，哪怕他们鬓发苍苍，哪怕他们垂垂老矣，你都要有勇气对自己说：我很幸福。因为天地无常，总有一天你会失去他们，会无限追悔此刻的时光。

幸福并不与财富地位声望婚姻同步，这只是你心灵的感觉。

所以，当我们一无所有的时候，我们也能够说：我很幸福。因为我们还有健康的身体。当我们不再享有健康的时候，那些最勇敢的人可以依然微笑着说：我很幸福。因为我还有一颗健康的心。甚至当我们连心也不再存在的时候，那些人类最优秀的分子仍旧可以对宇宙大声说：我很幸福。因为我曾经生活过。

常常提醒自己注意幸福，就像在寒冷的日子里经常看看太阳，心就不知不觉暖洋洋亮光光。

 思考与练习

（1）作者在文中不止一次提到"幸福"，作者笔下"幸福"的含义是什么？

（2）仿照横线前的例句，再各写一个句子。

幸福是贫困中相濡以沫的一块糕饼，幸福是患难中心心相印的一个眼神，幸福是＿＿＿＿＿＿＿＿＿＿；幸福是父亲一次粗糙的抚摸，幸福是朋友一个温馨的字条，幸福是＿＿＿＿＿＿＿＿＿＿。

我的信念

◎玛丽·居里（波兰）

 课文导读

　　这篇课文是玛丽·居里通过写自己的理想、兴趣和情操，表现了她作为科学家的性格特点和人格力量。她用切身的体会告诉我们：人做事要有信心，要有坚忍不拔的精神，要淡泊名利，集中目标，勤奋工作才能有所成就。本文语言朴实、真诚，就像一位老人向我们讲她一生所走过的艰辛坎坷而又充满幸福的成功之路，使人受到感染。

　　生活对于任何人都非易事，我们必须有坚韧不拔的精神。最要紧的，还是我们自己要有信心。我们必须相信，我们对每一件事情都有天赋的才能，并且，无论付出任何代价，都要把这件事情完成。当事情结束的时候，你要能问心无愧地说："我已经尽我所能了。"

　　有一年的春天里，我因病被迫在家里休息数周。我注视着我的女儿们所养的蚕结着茧子，这使我感兴趣。望着这些蚕固执地、勤奋地工作着，我感到我和它们非常相似。像它们一样，我总是耐心地集中在一个目标上，我之所以如此，或许是因为某种力量在鞭策着我——正如蚕被鞭策着去结它的茧子一般。

　　近五十年来，我致力于科学的研究，而研究是对真理的探讨。我有许多美好快乐的记忆。少女时期，我在巴黎大学，孤独地过着求学的岁月。在那整个时期中，我丈夫和我专心致志地，像在梦幻之中一般，艰辛地坐在简陋的书房里研究，后来，我们就在那儿发现了镭。

　　我在生活中，永远是追求安静的工作和简单的家庭生活。为了实现这个理想，我竭力保持宁静的环境，以免受人事的干扰和盛名的渲染。我深信在科学方面我们有对事而不是对人的兴趣。当皮埃尔·居里和我考虑应否在我们的发现上取得经济利益时，我们都认为不能违反我们的纯粹研究观念。因而我们没有申请镭的专利，也就抛弃了一笔财富。我坚信我们是对的。诚然，人类需要寻求现实的人，他们在工作中获得很大的报酬。但是，人类也需要梦想家——他们受了事业的强烈的吸引，使他们没有闲暇，也无热情去谋求物质上的利益。我的唯一奢望，是在一个自由国家中以一个自由学者的身份从事研究工作。我从没有视这种利益为理所当然的，因为我在 24 岁以前，我一直居住在被占领和蹂躏的波兰。我估量过法国自由的代价。

　　我并非生来就是一个性情温和的人，我很早就知道，许多像我一样敏感的人，甚至受一言半语的苛责，便会过分懊恼，他们尽量隐藏自己的敏感。从我丈夫的温和沉静的性格中，我受益匪浅。当他猝然长逝后，我便学会了逆来顺受。我年纪渐渐老了，我愈会欣赏生活中的种种琐事，如栽花、植树、建筑，对诗歌朗诵和眺望星辰也有一点兴趣。

我一直沉醉于世界的优美之中，我所热爱的科学也不断增加它崭新的远景。我认定科学本身就具有伟大的美。一位从事研究工作的科学家，不仅是一个技术人员，而且是一个小孩儿，在大自然的景色中，好像迷神话故事一般。这种魅力，就是使我终生能够在实验室里埋头工作的主要原因。

 思考与练习

（1）作者认为，做事要有怎样的精神？

（2）居里夫人的人格美表现在哪些地方？

（3）居里夫人放弃了镭的专利却两次成为诺贝尔奖金的获得者，对此你怎么看？

那一年，面包飘香 ◎李家同

 课文导读

　　读书很重要，学得一技之长并贡献给社会也很重要。课文中的面包师傅因为家境不好而辍学，但他没有因此而放弃学习，而是在老师的鼓励下努力钻研技术，成为一名远近闻名的面包师傅：他用他的一技之长赢得了社会的尊重，实现了自身的价值。面包师傅的经历告诉我们：职业没有贵贱之分，尊重内心的意愿，喜欢并努力付出，就能从工作中收获快乐和满足。

　　我一直很喜欢好吃的面包，清大门口有好几家面包店，我每家都去过，哪一家哪一种好吃的面包，我都知道。

　　最近几个月来，有不知名的人送面包给我。送的人是一位年轻人，我住的公寓管理员问他是谁，他不肯说，他说他的老板是李老师的忠实读者，听说李老师喜欢吃面包，所以就送来了。这些面包果真高级，我在全台湾各个面包店去找，都没有找到这种面包。

　　有一天我回家，看到那一位年轻人正要离开，我偷偷地尾随其后，居然找到了那家面包店。

　　进了门，迎面就是扑鼻而来的法国面包的香味。大师傅注意到了我。他问我是不是李老师，我说是的，他说老板关照，如果李老师来，就要接受特别照顾。

　　我坐在小圆桌旁边，看到外面一棵树的影子，正好斜斜地洒在窗子上，这扇窗是有格子的那一种，窗帘是瑞士白纱，看来这家店的老板很有品位。

　　大师傅拿了一个银盘子进来了，原来他准备了一套下午茶来招待我。大师傅陪我一起享受，因为这些食物才出炉，吃起来当然是满口留香，但是大师傅说，还有更精彩的在后面。精彩的是什么呢？

　　是一种烤过的薄饼，卷起来的，里面有馅，我一口咬下去，发现薄饼里有馅的汁进去了，馅已经很好吃，因为馅汁进入了薄饼里，饼本身也好吃得不得了，当我在又吃又喝的时候，我听到外面人声嘈杂，原来大批食客也在享受每天出炉一次的烤卷饼。

　　大师傅告诉他们，每天只出炉一次，现烤现卖，也不外带，因为这种饼冷了就不好吃了，每人只能买两块，但是老板免费招待咖啡或红茶，我都不敢问价钱，我想凡是免费招待茶或咖啡的食物，一定不会便宜。我看了一下这些食客，都是新竹科学园区工程师样子的人，有一位还告诉别人，他吃了以后要赶回去加班，这些食客也很合作，吃了以后自动将店里恢复得干干净净。

　　我对这家店的老板感到十分好奇，就问大师傅能不能见到他，大师傅说他一定会来，叫我在一张沙发上休息一下，他去找老板来。

　　老板还没有来，却来了一个小伙子，他拿了一个大信封进来，说老板要我看一下。我拆开信封，里面全是算数的考卷，考的全是心算的题目，比方说 15×19，答案就写在后面，学生不可以经过一般的乘法过程，而必须经由心算，直接算出答案来。

　　我想起来了，十年前，我教过一个小学生，每一次教完了，他就要做心算习题，一开始他不太厉害，后来越来越厉害，数学成绩也一直保持在 95 分左右，可惜得很，他小学毕业以后，就离开了新竹，我再也教不到他了。他家境十分不好，我也陆陆续续地听到他不用功念书的消息。我虽然心急如焚，但鞭长莫及，毫无办法。

　　我曾经去看过他一次，还请他到一家饭馆去饱餐一顿，那时他初一下学期。我劝他好好念书，至少不可以抽烟，不可以打架，不可以喝酒，不可以嚼槟榔。他都点点头，说实话，我只记得他当时叛逆得很厉害，一副对我不理不睬的模样。

　　这个孩子后来没有升学，我听到消息以后，曾经写过一封信给他，第一劝他无论如何不要去 KTV 做事，第二劝他一定要学一种技术，这样将来才能在社会立足。我虽然写了好几封信给他，他却都没回。

　　就在我回忆往事的时候，老板走进来了，原来一进门时看到的大师傅就是老板，也就是我当年教过的学生。他说他进入中学以后，因为家境非常不好，不仅没有钱补习，有时连学杂费和营养午餐费用都交不起，他知道他绝对考不上公立中学，也绝对念不起私立高中，只好放弃升学了。

　　他很坦白地告诉我，他是很想念书的，但是家境不好，使他无法安心念书，有一次他跑进清华大学去玩，看见那些大学生，心里好生羡慕，回家梦见自己成了大学生，醒来大哭一场。

　　就在这个时候，他收到我的信，他以为我会责备他放弃升学的，没有想到我一句责备的话都没有，我只是鼓励他要有一技之长，他想起我曾带他去一家饭馆吃饭，吃完以后在架子上买了一大批面包送他，他到现在还记得那批面包有多好吃。

　　初中还没有毕业，他就跑去那家餐厅找工作。也是运气好，他一下子就找到工作了，从此以后，他就一心一意地学做面包。两年前，他自己创业，开了这家面包店。

　　我的学生虽然从来没有回过我的信，却始终对我未能忘情。我当年劝他要学得一技随身，他现在岂止一技随身，他应该是绝技随身了。

　　在我要离开以前，我又考了他几题心算的题目，他都答对了。他送我上车的时候问我："李老师，你有好多博士学生，我可只有初中毕业，你肯不肯承认我也是你的学生呢?"我告诉他，他当然是我的学生，而且将永远是我的得意高徒，我只担心他不把我当老师，毕竟我只是他的家教老师而已。

　　他知道我将他看成我的学生，露出一脸灿烂的笑容。这个笑容带给了我无比的温暖。我其实什么也没有教他，只教了他两件事，"不要学坏，总要有一技随身"，没有想到这两句话如此有用。

思考与练习

（1）面包师傅是一个怎样的人？他的创业经历给我们怎样的启示？

（2）"他当然是我的学生，而且将永远是我的得意高徒，"作者有很多徒弟而且学历很高，他为何将这初中生称为"得意高徒"？

（3）解释下列词语：心急如焚、鞭长莫及。

写作（收条）

收条是你收到对方物品的时候，写给对方的一个书面凭证，来证明某个物品已经由对方交到了你的手里。

收条的格式和借条类似，正文要写清楚什么时候收到了谁送来的什么物品。如果该物品有什么计划中的用途，也要一并写清楚。落款要由收物品的人签名。

范文

收　条

今天收到了六年级（2）班生活委员柳杨同学送来的款项 765.8 元，是该班全体同学为玉树地震捐献的。等我们班捐款活动结束后，我会将两个班的款项合在一起交给教导处。

一年级（1）班生活委员：宋超
2014 年 3 月 3 日

 练习

> 今天你所在的公司（迈康科技）收到科联公司送来一笔货物结款 156807 元，请你替你公司写一份收条。

第十六课

李白诗二首

 课文导读

《将进酒》属汉乐府旧题，内容多写宴饮游乐。这首诗作于诗人离开长安以后，从表面上看，这首诗传达的是人生当及时行乐的消极情绪，但深入其中，就会发现诗人不是真正的消极颓废，而是胸怀伟大的抱负却不能施展，便借酒发泄，以排解怀才不遇的苦闷，表现对权贵和世俗的蔑视，抒发豪放不羁的旷达的情怀。全诗情感大起大落，由悲转喜，由喜而愤，由愤转狂，纵横捭阖，深沉浑厚。诗中洋溢着豪情逸兴，情极悲愤狂放，语极豪纵飞扬，全篇诗句长短参差，气象不凡，节奏急缓多变，一泻千里，充分反映了诗人狂放不羁的性格与文风。

将进酒

　　君不见，黄河之水天上来，奔流到海不复回。君不见，高堂明镜悲白发，朝如青丝暮成雪。人生得意须尽欢，莫使金樽空对月。天生我材必有用，千金散尽还复来。烹羊宰牛且为乐，会须一饮三百杯。

　　岑夫子，丹丘生，将进酒，杯莫停。与君歌一曲，请君为我倾耳听。钟鼓馔玉不足贵，但愿长醉不复醒。古来圣贤皆寂寞，惟有饮者留其名。陈王昔时宴平乐，斗酒十千恣欢谑。主人何为言少钱，径须沽取对君酌。五花马，千金裘，呼儿将出换美酒，与尔同销万古愁。

译　文

　　你没见那黄河之水从天上奔腾而来，波涛翻滚直奔东海，再也没有回来。你没见那年迈的父母，对着明镜感叹自己的白发，年轻时候的满头青丝如今已是雪白一片。人生得意之时应当纵情欢乐，莫要让这金杯无酒空对明月。每个人只要生下来就必有用处，黄金千两一挥而尽还能够再来。我们烹羊宰牛姑且作乐，一次痛饮三百杯也不为多！

　　岑夫子和丹丘生啊！快喝吧！别停下杯子。我为你们高歌一曲，请你们都来侧耳倾听：钟鸣馔食的豪华生活有何珍贵，只希望长驻醉乡不再清醒。自古以来圣贤无不是寂寞的，只有那喝酒的人才能够留传美名。陈王曹植当年宴设乐平观你可知道，斗酒万钱也豪饮宾主尽情欢乐。主人呀，你为何说我的钱不多？快快去买酒来让我们一起喝个够。牵来名贵的五花马，取出价钱昂贵的千金裘，统统用来换美酒，让我们共同来消融这无穷无尽的万古长愁！

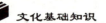 课文导读

《送友人》是一首充满诗情画意的送别诗，诗人与友人策马辞行，情意绵绵，动人肺腑。这首送别诗写得新颖别致，不落俗套。诗中青翠的山岭，清澈的流水，火红的落日，洁白的浮云，相互映衬，色彩璀璨。班马长鸣，形象新鲜活泼。自然美与人情美交织在一起，写得有声有色，气韵生动。诗的节奏明快，感情真挚热诚而又豁达乐观，毫无缠绵悱恻的哀伤情调。这正是评家深为赞赏的李白送别诗的特色。

送友人

青山横北郭，白水绕东城。
此地一为别，孤蓬万里征。
浮云游子意，落日故人情。
挥手自兹去，萧萧班马鸣。

译 文

青翠的山峦横卧在城墙的北面，波光粼粼的流水围绕着城的东边。
在此地我们相互道别，你就像孤蓬那样随风飘荡，到万里之外远行去了。
浮云像游子一样行踪不定，夕阳徐徐下山，似乎有所留恋。
挥挥手从此分离，友人骑的那匹将要载他远行的马萧萧长鸣，似乎不忍离去。

 思考与练习

（1）朗读并背诵这两首诗。
（2）李白好用夸张手法，这同他的浪漫气质和狂放性格有关。试从《将进酒》这首诗中举个例子并说明其特色。
（3）《送友人》表达了诗人怎样的思想感情？

词二首

 课文导读

苏轼的《念奴娇　赤壁怀古》被誉为"千古绝唱"，是豪放词中的杰出代表。词作感慨古今，在赤壁壮丽如画奇伟雄浑的景色和深邃凝重的历史沉思中，充溢渴望。全诗意境开阔，雄浑苍凉，大气磅礴，融眼前之景、世事感慨、人生哲理于一体，可唤起人们对人生的无限感叹和思索，具有撼魂荡魄的力量。

念奴娇　赤壁怀古

大江东去，浪淘尽，千古风流人物。故垒西边，人道是，三国周郎赤壁。乱石穿空，惊涛拍岸，卷起千堆雪。江山如画，一时多少豪杰。

遥想公瑾当年，小乔初嫁了，雄姿英发。羽扇纶巾，谈笑间，樯橹灰飞烟灭。故国神游，多情应笑我，早生华发。人生如梦，一樽还酹江月。

译　文

长江朝东流去，千百年来，所有才华横溢的英雄豪杰，都被长江滚滚的波浪冲洗掉了。那旧营垒的西边，人们说：那是三国时周郎大破曹兵的赤壁。陡峭不平的石壁插入天空，惊人的巨浪拍打着江岸，卷起千堆雪似的层层浪花。祖国的江山啊，那一时期该有多少英雄豪杰！

遥想当年周公瑾，小乔刚刚嫁了过来，周公瑾姿态雄峻。

手里拿着羽毛扇，头上戴着青丝帛的头巾，谈笑之间，曹操的无数战船在浓烟烈火中烧成灰烬。神游于故国（三国）战场，该笑我太多愁伤感了，以致过早地生出白发。人的一生就像做了一场大梦，还是把一杯酒献给江上的明月，和我同饮共醉吧！

 课文导读

《青玉案　元夕》是豪放派词人辛弃疾的作品，该词风格婉约，是辛词的另一种意境，历来多有美评。词中极力渲染元宵节观灯的盛况，满城张灯结彩，火树银花，车水马龙，游人如织。而在倾城狂欢之中，词人却着意于观灯之夜，与意中人密约会晤，久望不至，猛见那人却在"灯火阑珊处"。借"那人"的孤高淡泊，表明作者不肯与世俗同流合污的高洁品格。全词构思新颖，语言工巧，曲折含蓄，余味无穷。

青玉案　元夕

　　东风夜放花千树。更吹落、星如雨。宝马雕车香满路。凤箫声动，玉壶光转，一夜鱼龙舞。

　　蛾儿雪柳黄金缕。笑语盈盈暗香去。众里寻他千百度。蓦然回首，那人却在，灯火阑珊处。

译　文

　　东风仿佛吹开了盛开鲜花的千棵树，又如将空中的繁星吹落，像阵阵星雨。华丽的香车宝马在路上来来往往，各式各样的醉人香气弥漫着大街。悦耳的音乐之声四处回荡，犹如凤箫和玉壶在空中流光飞舞，热闹的夜晚鱼龙形的彩灯在翻腾。美人的头上都戴着亮丽的饰物，晶莹多彩的装扮在人群中晃动。她们面容微笑，带着淡淡的香气从人面前经过。我寻找那人千百次，都没看见她，不经意间一回头，却看见了她立在灯火零落稀疏的地方。

 思考与练习

　　（1）《念奴娇　赤壁怀古》这首词塑造了词人自身怎样的形象？创造了怎样的意境？抒发了怎样的感情？

　　（2）《青玉案　元夕》这首词描写的是我国哪一个传统节日？

　　（3）《青玉案　元夕》主要运用了哪种表现手法？表达了作者怎样的感情？

孟子二章

 课文导读

战国时期，各国诸侯之间的兼并战争日益激烈。为了求得生存，乃至建立霸业，各国君主不约而同的崇尚武力，而不体恤百姓。面对这种现实，孟子提出了他的治国理想。

得道多助　失道寡助

天时不如地利，地利不如人和。

三里之城，七里之郭，环而攻之而不胜。夫环而攻之，必有得天时者矣，然而不胜者，是天时不如地利也。

城非不高也，池非不深也，兵革非不坚利也，米粟非不多也，委而去之，是地利不如人和也。

故曰：域民不以封疆之界，固国不以山溪之险，威天下不以兵革之利。得道者多助，失道者寡助。寡助之至，亲戚畔之多助之至，天下顺之。以天下之所顺，攻亲戚之所畔，故君子有不战，战必胜矣。

译　文

有利于作战的天气、时令，比不上有利于作战的地理形势；有利于作战的地理形势，比不上作战中的人心所向、内部团结。

（比如一座）方圆三里的小城，只有方圆七里的外城，四面包围起来攻打它，却不能取胜。采用四面包围的方式攻城，一定是得到有利于作战的天气、时令了，可是不能取胜，这是因为有利于作战的天气、时令比不上有利于作战的地理形势呀。

城墙并不是不高啊，护城河并不是不深呀，武器装备也并不是不精良呀，粮食供给也并不是不充足啊，但是，守城一方还是弃城而逃，这是因为作战的地理形势（再好），也比不上人心向背、内部团结啊。

所以说，管理百姓不能只靠划定的疆域的界限，巩固国防不能靠山川的险阻，征服天下不能靠武力的强大。能施行"仁政"的君主，帮助支持他的人就多，不行"仁政"的君主，支持帮助他的人就少。帮助他的人少到了极点，兄弟骨肉也会背叛他；帮助他的人多到了极点，天下的人都会归顺他。凭着天下人都归顺他的条件，去攻打那连亲戚都反对的寡助之君，所以，（能行"仁政"的）君主不战则已，战就一定胜利。

生于忧患　死于安乐

　　舜发于畎亩之中，傅说举于版筑之间，胶鬲举于鱼盐之中，管夷吾举于士，孙叔敖举于海，百里奚举于市。

　　故天将降大任于是人也，必先苦其心志，劳其筋骨，饿其体肤，空乏其身，行拂乱其所为，所以动心忍性，曾益其所不能。

　　人恒过，然后能改；困于心，衡于虑，而后作；征于色，发于声，而后喻。入则无法家拂士，出则无敌国外患者，国恒亡。

　　然后知生于忧患，而死于安乐也。

译　文

　　舜从田野中被起用，傅说从筑墙的泥水匠中被推举出来，胶鬲从卖鱼盐的商贩中被举用，管夷吾从狱官（手中获释）被录用为相，孙叔敖从隐居海边被任用，百里奚从奴隶市场上被赎回并登上相位。

　　因此，上天要下达重要使命给这种人，必须要先使他的内心痛苦，使他的筋骨劳累，使他经受饥饿，使他受到贫困之苦，使他做事不顺。用（这样的途径）使他内心惊动，性格坚韧起来，增加他所不具有的才干。

　　一个人经常犯错误，这样以后才能改正，内心困扰，思绪阻塞，然后才能有所作为。憔悴枯槁表现在脸色上，吟咏叹息表现在声音上，然后才能被人们了解。一个国家内部如果没有坚守法度的大臣和足以辅佐君主的贤士，在国外如果没有实力相当的国家的外来祸患，这个国家常常会导致灭亡。

　　这样以后，才会知道忧愁患害可以使人生存，而安逸享乐使人萎靡，导致死亡。

 思考与练习

　　（1）朗读并背诵课文。
　　（2）这两篇短文的论点分别是什么？
　　（3）以两篇短文中你感受最深的语气为话题，发表简短的演讲。

师说 ◎韩愈

 课文导读

这是韩愈散文中一篇重要的论说文。文章论述了从师表学习的必要性和原则，批判了当时社会上"耻学于师"的陋习，表现出非凡的勇气和斗争精神，也表现出作者不顾世俗独抒己见的精神。

古之学者必有师。师者，所以传道受业解惑也。人非生而知之者，孰能无惑？惑而不从师，其为惑也，终不解矣。生乎吾前，其闻道也固先乎吾，吾从而师之；生乎吾后，其闻道也亦先乎吾，吾从而师之。吾师道也，夫庸知其年之先后生于吾乎？是故无贵无贱，无长无少，道之所存，师之所存也。

嗟乎！师道之不传也久矣！欲人之无惑也难矣！古之圣人，其出人也远矣，犹且从师而问焉；今之众人，其下圣人也亦远矣，而耻学于师。是故圣益圣，愚益愚。圣人之所以为圣，愚人之所以为愚，其皆出于此乎？爱其子，择师而教之；于其身也，则耻师焉，惑矣。彼童子之师，授之书而习其句读者，非吾所谓传其道解其惑者也。句读之不知，惑之不解，或师焉，或不焉，小学而大遗，吾未见其明也。巫医乐师百工之人，不耻相师。士大夫之族，曰师曰弟子云者，则群聚而笑之。问之，则曰："彼与彼年相若也，道相似也。位卑则足羞，官盛则近谀。"呜呼！师道之不复可知矣。巫医乐师百工之人，君子不齿，今其智乃反不能及，其可怪也欤！

圣人无常师。孔子师郯子、苌弘、师襄、老聃。郯子之徒，其贤不及孔子。孔子曰：三人行，则必有我师。是故弟子不必不如师，师不必贤于弟子，闻道有先后，术业有专攻，如是而已。

李氏子蟠，年十七，好古文，六艺经传皆通习之，不拘于时，学于余。余嘉其能行古道，作师说以贻之。

译 文

古代求学的人一定有老师。老师，是用来传授道理，讲授学业，解答疑难问题的。人不是一生下来就懂得知识和道理的，谁能没有疑惑？有疑惑却不求老师指教，那成为疑难的问题，终究不能解决。在我之前出生的人，他懂得知识和道理本来就比我早，我跟从他并以他为师；在我之后出生的人，（如果）他懂得知识和道理也比我早，我也跟从他学习并以他为师。我学习的是知识，哪管他的年龄比我大还是比我小呢？因此，无论地位显贵或是低下，无论年长年少，知识所存在的地方，就是老师所存在的地方。

唉！从师求学的传统已经失传很久了，想要人们没有疑惑很难呐！古代的圣人，他们超出一般人很远了，尚且跟从老师向老师请教学问道理；现在的一般人，他们跟圣人相比相差很远了，却以向老师学习为羞耻。所以圣人就更加圣明，愚人就更加愚昧。圣人能成为圣人的原因，愚人能成为愚人的原因，大概就是出于这个缘故吧？爱自己的孩子，选择老师来教他。（但是）对于他自己，却以跟从老师学习为可耻，糊涂啊！那些教他读书，学习句子的停顿的老师，不是我所说的传授道理、解答疑难问题的老师。不知道断句要问老师，有疑惑不能解决却不愿问老师，小的方面（句读）要学习，大的方面（解惑）却丢弃，我没见到他聪明在哪。巫医、乐师及各种工匠，不以互相学习为耻。士大夫这类人中，说起老师、弟子的时候，这些人就聚集在一起嘲笑他。问那些嘲笑者（嘲笑他的原因），他们就说："那个人与某人年龄相近，修养和学业也差不多，怎么能称他为老师呢？以地位低的人为师，足以感到羞愧，称官位高的人为师就近于谄媚。"啊！从师学习的风尚不再恢复，由此就可以知道了。巫医，奏乐之人，各类工匠，是士大夫们所看不起的，现在他们的见识反而比不上这些人了。真是令人奇怪啊！

圣人没有固定的老师，孔子曾经以郯子、苌弘、师襄、老聃为师。郯子这一类人，他们的道德才能（当然）不如孔子。孔子说："多人同行，其中就一定有我的老师。"因此学生不一定不如老师，老师也不一定比弟子有贤能，懂得道理有先有后，学问和技艺上各有各的研究，只是像这样罢了。

李氏的儿子李蟠，年纪十七岁，爱好古文，六艺的经文和传文都普遍学习了，不受世俗的限制，向我学习。我赞许他能履行古人从师学习的风尚，写了这篇《师说》来送给他。

 思考与练习

（1）朗读并背诵这篇课文。

（2）课文一开始就提出了中心论点，请找出来。

（3）这篇课文运用了对比论证的方法，请从课文中找出来并说说是怎样论证的。

写作（启事）

启事是机关团体、企事业单位，公民个人有事情需要向公众说明，或者请求有关单位、广大群众帮助时所写的一种说明事项的实用文件。启事可张贴、登报、广播、在电视上放映。

启事一般分三部分：

第一部分标题。在第一行中间用比正文大的字写上文种"启事"或说明事项内容和文种，如"招生启事"、"征稿启事"、"招聘中学教师启事"等。还有一种写明启事单位名称加内容、文种，如"北京显像管厂聘请法律顾问启事"等。

第二部分正文。在第二行空两格空两行写正文。正文因启事所说明的事项不同而异。总的要求是要说得有条理，清楚明白，简明扼要。

第三部分落款。在正文后偏正右边，写上启事单位名称、联系地址、电话号码、邮政编码、联系人、年月日。

范文

寻物启事

3月23日晚8：00左右，在淮海路上遗失一个公文包，内有金额为5万元的存折一份、遗证一个及他物，有拾到者请与失主联系，失主愿重金酬谢。

失主：×××

（联系电话：×××××××）

××××年×月××日

 思考与练习

学前3班的何丽同学4月11日晚在校园内丢失了一个钱包，内有人民币200元、身份证和其他物品。请你为何丽写一份寻物启事。

职　业

◎泰戈尔

 课文导读

　　课文截取儿童的视角，阐释了对于职业的理解：小贩、园丁和更夫，这些看似平庸的职业，在孩童的眼中，却意味着简单、纯真、快乐和自由的生活。这些职业同样能成就一种诗意的生活方式。

　　早晨，钟敲十下的时候，我沿着我们的小巷到学校去。

　　每天我都遇见那个小贩，他叫道："镯子呀，亮晶晶的镯子！"

　　他没有什么事情急着要做，他没有哪条街道一定要走，他没有什么地方一定要去，他没有什么规定的时间一定要回家。

　　我愿意我是一个小贩，在街上过日子，叫着："镯子呀，亮晶晶的镯子！"

　　下午四点钟，我从学校里回家。

　　在一家门口，我看见一个园丁在那里掘地。

　　他用他的锄子，要怎么掘，便怎么掘，他被尘土污了衣裳。如果他被太阳晒黑了或是身上被打湿了，都没有人骂他。

　　我愿意我是一个园丁，在花园里掘地，谁也不来阻止我。

　　天色刚黑，妈妈就送我上床。

　　从开着的窗口，我看见更夫走来走去。

　　小巷又黑又冷清，路灯立在那里，像一个头上生着一只红眼睛的巨人。

　　更夫摇着他的提灯，跟他身边的影子一起走着，他一生一次都没有上床去过。

　　我愿意我是一个更夫，整夜在街上走，提了灯去追逐影。

 思考与练习

　　（1）朗读课文，说说孩子为何喜欢看似平庸的小贩、园丁和更夫这三种职业？

　　（2）作者运用了多种修辞方法，请找出来并说说它们的表达效果。

一张床垫

◎星竹

 课文导读

这是一个感人的故事。美国知名的家具厂"美像厂"和"蓝森林"家具店在七年后，把汤姆订购的床垫送到了他的家。厂商和家具店坚守诚信让人感动。就连美国当时的总统里根都说："真诚，一定会感动上帝！"

美国人汤姆搬家时，准备换一张新的床垫。汤姆去了一家名为"蓝森林"的家具店买床垫。汤姆买的床垫出自美国最知名的家具厂"美像厂"。床垫的质量与价格都是美国一流的，在社会上很有声誉。

汤姆买床垫的那天，按规定先向家具店交付了200美元的订金。交完钱后，他便高高兴兴地回家了。谁也没有想到的是，汤姆那天出了大事。他在回家的路上遇到了不幸：路边的一辆煤气车突然发生爆炸，汤姆的车子被炸翻了。他被送到医院时，已经不省人事。几天后，他仍然没有脱离危险。

而这时已经到了家具店给汤姆送床垫的日子。当家具店把床垫送到汤姆的家里时，开门的人却是一副不知所措的样子。他说他从来没有订过什么床垫。对送床垫一事，他感到莫名其妙。送货人对照订单上的地址，发现一点没有错，就是这个小区，就是这个门牌。但房子的主人坚持说送错了，说他对于此事一无所知，还说这里根本没有一个叫汤姆的人。

事情让人百思不得其解。送货员只好将床垫拉回了店里。他想，如果是什么地方出了差错，那个叫汤姆的人一定会回来找的，他毕竟已经交付了200美元的订金。

殊不知，这时的汤姆已经被医院诊断为植物人。他的家人也不知道汤姆已经预订了一张床垫。"蓝森林"家具店是一家严守合同，为顾客着想的老店。他们不但没有因为这张床垫无人来取而感到捡了个便宜，反而陷入了困境。他们在店门口张贴了广告，又在当地的报纸上发布了消息，寻找汤姆，并希望知情者能提供有关汤姆的线索，好让他将床垫领走。

汤姆的处境使他的家人根本没有时间看什么报纸。他的邻居们更没想到，遭遇了不幸的汤姆，在这之前还订购了一张床垫。事实上，这已经成了一桩悬案。

然而家具店和生产床垫的厂家都坚持一定要等汤姆来领床垫。这是关乎信誉和诚实的问题，做生意怎么能不讲诚信呢？多年来，无论是商家还是厂家，都一直信守着自己的经营承诺——急顾客所急，想顾客所想。

但事实是，汤姆却不能来领床垫了。一切如石沉大海。

汤姆订购的床垫放在家具店里一年了，依然没有人来认领。汤姆的床垫在店里放置两年了……还是那个老样子。又过了两年，厂家已经不再生产这种床垫了，汤姆还是没有来。这期间商店和厂家为这张床垫又交换过几次意见。双方商定还是留下这张床垫。虽然事实上也许不可能有人来认领这张床垫，但道义上，他们仍然选择了信守诺言，因为他们是美国知名的厂家和商店。

就这样，这张没有人来认领的床垫被店家挪来挪去，虽然很占地方，却没有人说什么，也没有人对这种看似愚蠢的做法提出任何异议。信守诺言和诚信有时确实会呈现出愚和拙的一面。

这期间，家具店换过两次老板。接任时，前任都要领着接任者走到这张奇特的床垫前，说明几年前发生的事情。接任者也像他们的前任一样，信守诺言。每隔一段时间，他们就会照样拿出一支粗笔，把床垫上那几个已经模糊了的大字再描上一遍："订购人，汤姆。"他们不仅耐心地等待汤姆，而且把这件事作为信守合同的一种义务让自己履行。"蓝森林"家具店的做法，笨拙得让人感动。

谁也没有想到，七年之后，奇迹发生了——植物人汤姆苏醒了。汤姆的苏醒是作为医学界的一个奇迹被媒体争相报道的。电视、报纸上都登出了有关汤姆起死回生的消息。这时的汤姆已经不记得从前的事了，毕竟已经过去了七年。但离他最近的一件事他还是想起来了，那就是七年前，他是在订购床垫回来的路上出了事的。

家具店老板得知这一消息后十分惊讶，急忙派人去医院找汤姆。原来，七年前汤姆把订货单上的地址写错了，把一区写成了七区。一区和七区相差了五里路，怪不得床垫永远送不到汤姆家里。

七年之后，家具店终于把汤姆订购的床垫送到了汤姆的家。店家是作为汤姆康复回家后的一个礼物，将床垫送过去的。这件事在全美引起了强烈的震动。床垫厂商和家具店的信誉让人十分感动，汤姆默默地坚持了七年，整个过程平凡得让人流泪。汤姆回家的那天，许多市民跑到街上，他们一定要抬一抬、摸一摸这张神奇的床垫。人们说，汤姆的苏醒肯定与这张床垫有关。他们不但认为汤姆的苏醒是一个奇迹，同时也认为，家具店七年来对汤姆的深情召唤功不可没。是上苍不肯放走汤姆，一定要让他睡一睡这张床垫。

就连美国当时的总统里根，看了报道，也激动地跑到一家新闻中心大加赞扬，他肯定地说："真诚，一定会感动上帝！"

（选自《读者》2004 年第 24 期）

思考与练习

（1）"汤姆回家的那天，许多市民跑到街上，他们一定要抬一抬、摸一摸这张神奇的床垫。"阅读课文，你认为是什么使这张床垫变得"神奇"？

（2）你认为蓝森林的几个老板为"信守诺言和诚信有时确实会呈现出愚和拙的一面"是否值得？为什么？

（3）读了这篇文章，给准备就业或创业的你带来怎样的启发？

工作，从卖灯泡做起 ◎匡霞

 课文导读

这是一篇讲述实习经历的文章，对于站在职场起点上的我们有现实的借鉴意义。面对实习工作，"我"无精打采，觉得自己大材小用，但最终还是用心推销，圆满完成了实习任务，取得了优异成绩。卖灯泡，这是一份不起眼的工作，但是作者都交出了让人满意的答卷，为职业生涯打下良好的基础，收获了宝贵的职场经验：进入一个陌生领域时，一定要本着精益求精的态度，把事情做细做好，这样才能适应社会发展的需要，找到理想的工作。

临近毕业时，按照学校的规定，除了做毕业设计，剩下的时间就是找实习公司了。经过一个多月的奔波，碰了无数次壁以后，我才意识到，自己并不是想象中的社会上争相抢要的人才。

万般无奈之下，我接受了一家公司的销售员工作。这家公司最近拿到了一种新型节能灯泡的地区代理权，想找一个实习人员来进行推广。这家公司给我的底薪是六百元，另外按每个月的营业额提成。

要不是为了拿到实习单位的工作鉴定，我才不会卖灯泡呢！

初上班的第一天，我无精打采地收拾着办公桌。市场部王经理看出了我的压抑和不满，语重心长地对我说："小伙子，我知道你心里是怎么想的。但是作为过来人，我要劝你一句话。要干，就干好；要不，就另找适合自己的工作。在其位，谋其职，这个道理，你应该知道吧？"

我听了，默默无语。王经理说得对，我应该把它当作一次难得的锻炼机会。

我下决心，要在这三个月的实习期好好做，让大家看看我这个大学生的素质！我仔细研究节能灯的资料和几个样品：这是一种获得了各种质量认证的 TCP 节能灯，优点是省电节能，但是单价较普通的灯泡贵了十倍。

上班的头三天，我并不急于寻找客户，而是将 TCP 节能灯的各种型号、形状、优点、价格背了个滚瓜烂熟，向公司的电工请教如何安装。然后，我制作了一个 PPT 文档，里面详细地介绍了节能灯推广使用的背景、产品介绍、案例，还配上了精美的背景图。我还在午休时，让公司的其他员工充当我的"客户"，听我讲解，指出不足。

当这些准备工作做好以后，我就应该寻找潜在客户了。我每天下班从公司楼下经过，发现附近有一栋六层大楼正在装修。我心想，刚盖好的大楼肯定要安装灯泡，不知这算不算一个机会？于是我中午下班时间去了那栋大楼，跟那里的装修工人闲聊起来，从他们的话中得知，这栋楼是本区一个财会培训学校的。

上班时我回到公司，打114查到这个学校的电话，联系上了他们办公室人员。跟他们办公室主任简单介绍了一下情况后，电话那头为难地说："这事要问我们校长。"我礼貌地问是否能告诉我校长的电话，办公室主任迟疑了一下，还是告诉我了。毕竟，将心比心，以诚待人，是不会被拒绝的。

我跟校长联系上了，校长听说有这种节能产品，表现出了兴趣。毕竟现在电价年年涨，一栋大楼一年的电费是很可观的。我跟校长约好了在星期五的下午三点去他办公室面谈。

打完电话，我很兴奋。我知道，面谈就意味着事情有成功的可能。星期五下午上班时，我借来一个手提电脑，将做好的PPT文档拷贝好，再将有关文字资料和几个样品装进公文包，等到两点四十五分便出发了。

校长热情地接待了我。闲聊了几句，便切入了正题。我将笔记本电脑打开，一边演示一边讲解，从国家提倡使用节能灯开始，到何时能收回成本。十五分钟过去了，我讲完了，紧张地看着校长。

校长问："灯泡你带来了吗？"我忙从包里掏出一个样品，并暗自庆幸：幸好事前做好了准备工作！校长仔细看了看，对我说："小伙子，我考虑考虑，你留下电话，要是买的话，我再跟你联系！"

我留下了电话，跟校长道别了。回到公司，正好碰见王经理，我抑制不住兴奋，问经理："客户说要买的话就给我打电话，那我是不是等着就行了？"王经理说："不行，现在是买方市场，我们要主动定期给客户打电话，问候一声，顺便也提醒他你的存在，这样能促使客户更快地下决定。"毕竟姜是老的辣，这番话让我受益匪浅。于是我按照经理的话做，隔几天打一次电话。

一个星期以后，校长在电话里对我说："你来我办公室吧，我们把合同签了，先买一百只。"放下电话，拟好合同，我便往外跑。

当我把这第一份合同交给王经理时，他的目光充满了赞赏："想不到才短短半个月，你就签下了一份订单。不错！"我被表扬得有点不好意思："王经理，您别这么说，不过才两千多元的合同额，挣了不到六百块钱。"王经理正色说："千万别这么想，好好干下去，你很有潜力！"

我好好琢磨这次成功的经验，又寻找下一个客户。平时多注意观察，在网上搜索本地区企事业单位的地址、电话。在挖掘新客户的同时，我也没有忘记给我带来第一单生意的那位校长。过后不久，我给他打了一次电话，问他对TCP节能灯的使用情况满不满意；又在一天下午快下班的时候去拜访他。一个月后，他又订购了一百只。

实习期满了，我也将离开公司了。在这三个月里，我一共拿到了八千元的订单。王经理给我开了一个实习期间业务能力突出，表现优异的鉴定。

通过实习，跟社会接触多了，我自信了很多，也敢于在各个公司的招聘会上侃侃而谈，发表自己对市场的看法，对客户的理解。很快，我被一家大型国有企业聘任。

在以后上班的日子里，我深刻地意识到，在那家公司实习的经历是多么重要。在进入一个自己陌生的领域时，都要本着精益求精的态度，把事情做细，做好。如果当初我放弃了卖灯泡的工作，可能无法获得这些宝贵的财富，更不会有机会进入更高的领域了。我的工作，是从卖灯泡做起的。

 思考与练习

（1）"在其位，谋其职"体现一种怎样的就业思想？

（2）这篇课文给你怎样的启示？

（3）假如你在以后的求职过程中遇到了困难，你会怎么做？

用 QQ 经营粥铺 ◎唐禄

 课文导读

温州市的一个小伙子通过妙用 QQ，在全国首先使用 QQ 经营粥铺，居然一夜间迅速改变命运，让深陷绝境的小店起死回生！他是如何利用 QQ 让小店起死回生，又是怎样让这个时髦的聊天工具"Q"出财富的呢？

陈晨是浙江温州鹿城人。1991 年，陈晨初中毕业，因为家贫，没有继续读书，踏上艰难的创业路。

陈晨发现，温州街头商铺林立，却没有粥铺。2003 年 9 月，陈晨在温州市繁华的时代广场附近，以 3000 元月租租了一个门面，开了"财神记"粥店。陈晨乐观地认为，粥铺地处闹市中心，紧挨着大型商场，加上是温州第一家粥铺，一定能够吸引顾客。

粥铺开张头一天，只卖出十几碗。开始，陈晨还觉得是知名度不够的缘故，心想，慢慢就会好的。可是，半个月过去了，生意依然清淡，店里常常只有几个食客。

生意不好，人也寂寞，无聊的时候，陈晨到网吧聊天。一天夜晚，他在 QQ 上与一位网友聊天，对方获知他的身份，问他："能不能送碗粥过来？"这位网友是温州市一家服务公司的员工，由于深夜下雨，不便出门，希望陈晨送碗粥去垫垫肚子。

送碗粥虽然麻烦，也不赚钱，陈晨还是告诉对方，乐意为他服务。他迅速热了一碗粥，打好包，就骑着自行车往对方的公司赶去。

那位网友只是随便说说，并没抱希望。当陈晨冒雨来到他面前时，他非常感动，一定要付给陈晨双份钱。陈晨的到来也引起网友公司其他人的注意，有几个人也向他提出送餐的要求，有的不仅要他送粥，还请他捎带送些馒头、包子。既然顾客有需求，陈晨就开始经营起面条、米粉和盒饭的生意。

接下来，陈晨又琢磨：既然 QQ 能联络客人，何不好好利用？

陈晨在 QQ 里这样介绍自己："本人是财神记粥店的老板，经营白粥和各式滋补粥，味美价廉，有需要者可随时在网上订餐，我们上门服务。"他还标明各种粥的价格。

之后，陈晨在聊天时，主要选择当地的网友，并有意询问对方，平时喜不喜欢喝粥，都喜欢喝什么样的粥。与人聊完，他还不忘给对方留下一句："如果想品尝我的粥，请联系我。"

陈晨在网络上交的朋友越来越多，那些加班族和泡吧族开始通过 QQ 找他订餐。网吧里上网的人多，到吃饭时间，"网虫"们不愿下网，便会给他发消息，让他送餐。

为了让更多人知道这种用餐方式，陈晨印制大量的名片和外运单。

这种便利的服务不仅深受网吧年轻人欢迎，也受到一些在家上网的居民的注意。家里有人想喝粥，或者想调剂胃口，也找陈晨订餐。陈晨忙起来了，经常是他前脚出门，后面电脑上的 QQ 图像就闪个不停。为了不耽误生意，他将自己的手机和 QQ 号捆绑在一起。如此一来，他不论走到哪里，只要有人找他，都能通过手机收到信息。

陈晨提供的粥品种多样，除白粥外，咸的有皮蛋瘦肉粥、鱼片粥、牛肉粥、海鲜粥、枸杞羊肉粥，甜的有绿豆粥、莲子粥、桂花粥等。价格从 1 元到 20 元不等。此外，他还经营炒锅饭和面食。

一天晚上，一位居民在家办生日宴席。席间，客人临时向主人提出想喝粥。有人建议主人在网上发个信息给陈晨，让他送一锅皮蛋瘦肉粥来。

那天，大雨瓢泼，狂风大作，收到客人的信息后，陈晨答应马上送粥。原本只需 20 分钟的路程，他用了 40 多分钟。待他找到目的地时，不慎滑了一跤，跌伤右腿。然而，不管怎样，陈晨从没有收过服务费。良好的服务，也带来实在的利益，他的小粥铺开张不到一年，每月能盈利 1 万多元。

如今，陈晨的这种订餐方式引起大型饭店的关注。一家大型快餐公司的老总非常看好他，想以高薪将他招至麾下，但陈晨婉言谢绝了。

陈晨说，他准备成立一个 QQ 送餐公司，开粥铺连锁店，将来把生意扩大到周边城市。

 思考与练习

（1）当今社会，网络已成为人们生活中必不可少的一种工作、学习、交流沟通、生意往来的工具，你有没有想过通过网络来创业？

（2）学习了这篇课文，你受到了怎样的启发？

写作（通知）

通知是上级机关向下级机关传达指示，或批转下级机关公文，或转发上级机关和不相隶属机关的公文，或布置工作与周知事项时所用的一种下行公文；有时也是告知有关单位需要周知或共同执行某事项的平行公文。

通知有发布性通知、指示性通知、传达性通知、批转性通知、任免通知、会议通知等种类。虽然内容、要求不一样，但都有标题（可有具体内容，也可没有）、通知对象、通知内容、出通知的单位或个人、日期等几个部分，格式大体一致。

日常生活中用得较多的是会议通知。这类通知要求以极其简洁的文字，写明会议名称、目的、时间、地点、出席对象以及对出席者的要求等；还应写明出通知的单位和日期。

范文

通　　知

为进一步做好复习迎考工作，学校定于 12 月 16 日（星期五）下午 4 点 30 分，在综合楼五楼第一会议室召开高三年级教师会，请全体高三任课教师准时出席。

校长室
2005 年 12 月 12 日

 思考与练习

为庆祝壮族节日"三月三"，学校团委决定于 2016 年 4 月 7 日下午 3 点钟，组织全校师生在学校升旗广场举行趣味体育活动。请你为学校团委写一份通知。

第二部分

数　学

第一章

数 与 式

一、有理数

有理数的概念。整数和分数统称为有理数。

例：把下列各数填在相应的集合内：15，-6，-0.9，$\frac{1}{2}$，0，0.32，$-1\frac{1}{4}$，$\frac{1}{5}$，8，-2，27，$\frac{1}{7}$，$-\frac{3}{4}$，3.4，1358。

正整数集：{   };
负整数集：{   };
正分数集：{   };
负分数集：{   };
整数集：{   };
自然数集：{   }。

知识归纳

$$\text{有理数}\begin{cases}\text{整数}\begin{cases}\text{正整数：如 }1,2,3,\cdots\\ \quad\quad 0\\ \text{负整数：如 }-1,-2,-3\end{cases}\\ \text{分数}\begin{cases}\text{正分数：如 }\frac{1}{2},\frac{1}{3},0.2,\cdots\\ \text{负分数：如 }-\frac{1}{5},-3.5,\cdots\end{cases}\end{cases}$$

（1）像 5，1，2，…，这样的数叫作正数，它们都比 0 大，为了突出数的符号，可以在正数前面加"+"号，如 +5，+1.2。

（2）在正数前面加上"–"号的数叫作负数，如 -10，-3。

（3）0 既不是正数也不是负数。

（4）整数和分数统称为有理数。

练习

1. 下列关于 0 的叙述中，不正确的是 (　　)。

A. 0 是自然数　　　　　　　　　　B. 0 既不是正数，也不是负数

C. 0 是偶数　　　　　　　　　　　D. 0 既不是非正数，也不是非负数

2. 在有理数中 (　　)。

A. 有最大的数，也有最小的数　　　B. 有最大的数，但没有最小的数

C. 有最小的数，但没有最大的数　　D. 既没有最大的数，也没有最小的数

3. 下列各数是正有理数的是 (　　)。

A. -3.14 　　　　B. $\dfrac{2}{3}$ 　　　　C. 0 　　　　D. -16

4. 正整数、_____ 统称正数，_____ 和 _____ 统称分数，_____ 和 _____ 统称有理数。

5. 把下列各数填入相应的集合内。

$-\dfrac{1}{3}$, 0.618 , -3.14 , 180 , -301 , $\dfrac{7}{8}$, -0.25 , -8%

整数集合：{　　　　　}　　　分数集合：{　　　　　}

负数集合：{　　　　　}　　　有理数集合：{　　　　　}

二、数轴与绝对值

问题 1：把数 -3 , -1 , 1.2 , $-\dfrac{1}{2}$, $-2\dfrac{1}{2}$, -3.5 在数轴上表示出来，再用 "<" 号把它们连接起来。

问题 2：分别写出下列各数的相反数。

$3\dfrac{1}{2}$ 　　　-0.25 　　　0 　　　$+30$

知识归纳

数轴：规定了原点、正方向和单位长度的直线。

数轴的三要素：原点、正方向、单位长度。

所有的有理数都可以用数轴上的点表示。

相反数：如果两个数只有符号不同，那么我们称其中一个数为另一个数的相反数，也称这两个数互为相反数。

在数轴上表示数 a 的点与原点的距离叫作数 a 的绝对值，记作 $|a|$。

一个正数的绝对值是它本身，零的绝对值是零，一个负数的绝对值是它的相反数。

练习

1. 如图所示，学校石碑、大门、实训楼在以石碑为原点 O、大门方向为正方向的数轴上，大门处于与石碑距离为 26 米的点 B，实训楼处于与石碑距离为 360 米的点 A。

点 A 表示的有理数是_____。点 B 表示的有理数是_____。

2. 下列各对数中，互为相反数的是（　　　）。

A. $+（-8）$ 和 $（-8）$ B. $-（-8）$ 和 $+8$

C. $-（-8）$ 和 $+（+8）$ D. $+8$ 和 $+（-8）$

3. 一个数的相反数是非负数，这个数一定是（　　　）。

A. 非正数   B. 非负数

C. 正数   D. 负数

4. $-\dfrac{14}{9}$ 的相反数是_____，-16 与_____互为相反数，$-（+3）$ 表示_____的相反数。

5. 求下列各数的绝对值。

$-1\dfrac{1}{2}$ -0.3

0 $-\left(-3\dfrac{1}{2}\right)$

6. 下面是我国几个城市某年 1 月份的平均气温，把它们按从高到低的顺序排列。

北京	长沙	南宁	吉林	上海
$-4.2℃$	$3.6℃$	$15.2℃$	$-17.8℃$	$3.1℃$

三、有理数的运算

1. 加法

例：

① $（+8）+（+2）$ ② $（-8）+（-2）$ ③ $（-8）+（+2）$

④ $（+8）+（-2）$ ⑤ $（-8）+（+8）$ ⑥ $（-8）+0$

知识归纳

同号两数相加，取相同的符号，并把绝对值相加。

绝对值不相等的异号两数相加，取绝对值较大的加数的符号，并用较大的绝对值减去较小的绝对值。互为相反数的两个数相加得 0。

一个数同 0 相加，仍得这个数。

练习

①(+3) + (+2)　　②(-3) + (-2)　　③(-3) + (+2)

④(+3) + (-2)　　⑤(-3) + (+8)　　⑥(-3) +0

2. 减法

例：

①(-3) – (+4)　　②(+19) – (+30)　　③0 – (-13)

知识归纳

有理数的减法 { 意义——减法是加法的逆运算
　　　　　　　 法则——减去一个数等于加上这个数的相反数

 练习

①(-2) – (+4)　　②(+10) – (+30)　　③0 – (-10)

3. 乘法

例：

①(+3) × (+2)　　②(-3) × (-2)　　③(-3) × (+2)

知识归纳

同号得正，异号得负，并把绝对值相乘。

 练习

①(-3) × (-8)　　②(-3) × (+8)　　③(+3) × (+8)

4. 除法

知识归纳

除以一个数等于乘以这个数的倒数。

同号得正，异号得负，并把绝对值相除。

练习

1. 如图所示，地球上陆地最高处是珠穆朗玛峰峰顶，最低处位于亚洲西部名为死海的湖，两处高度相差多少？

2. 某食品店一周中各天的盈亏情况如下（盈余为正）：

151 元，－16.5 元，－12.5 元，138 元，－56 元，172 元，94 元

请你计算这一周总的盈亏情况如何？

四、实数

1. 平方根

例： 4 的平方根是_____，算术平方根是_____。

9 的平方根是_____，算术平方根是_____。

0 的平方根是_____，算术平方根是_____。

知识归纳

（1）算术平方根：如果一个正数 x 的平方等于 a，即 $x^2 = a$，那么这个正数 x 叫作 a 的算术平方根，记作 $\sqrt{a}$。0 的算术平方根为 0。

（2）平方根：如果一个数 x 的平方等于 a，即 $x^2 = a$，那么数 x 就叫作 a 的平方根（或二次方根）。

（3）开平方：求一个数 a 的平方根的运算（与平方互为逆运算）。

（4）平方根性质：正数有两个平方根（一正一负），它们是互为相反数；负数没有平方根。

 练习

（1）$\sqrt{25}$ 的算术平方根是_____。

（2）$(-4)^2$ 的算术平方根是_____。

（3）$\sqrt{(-2)^2}$ 的化简结果是（　　　）。

A. 2   B. −2   C. 2 或 −2   D. 4

（4）9 的算术平方根是（   ）。

A. ±3   B. 3   C. $\pm\sqrt{3}$ D. $\sqrt{3}$

（5）下列式子中，正确的是（   ）。

A. $\sqrt{-5}=-\sqrt{5}$ B. $-\sqrt{3.6}=-0.6$

C. $\sqrt{(-13)^2}=13$ D. $\sqrt{36}=\pm6$

（6）如果一个数的两个平方根分别是 $a+3$ 与 $2a-15$，那么这个数是
_____。

2. 立方根

例：8 的立方根是_____，−8 的立方根是_____。

1 的立方根是_____，−1 的立方根是_____，0 的立方根是_____。

知识归纳

（1）立方根：如果一个数 x 的立方等于 a，即 $x^3=a$，那么数 x 就叫作 a 的立方根（或三次方根）。

（2）开立方：求一个数 a 的立方根的运算（与立方互为逆运算）。

（3）立方根性质：正数的立方根是正数；负数的立方根是负数。0 的立方根是 0。

练习

（1）下列说法正确的是（   ）。

A. 非负数才有立方根   B. 任何数的立方根都与这个数的符号相同

C. 一个数总大于它的立方根   D. 除零以外的任何数都有两个立方根

（2）如果一个数的立方根等于它的本身，那么这个数是_____。

（3）若一个立方体的体积变为原来的 8 倍，则它的表面积变为原来的_____倍。

3. 实数

例：π 的值是多少，$\sqrt{2}$ 是怎样的一个数？

知识归纳

（1）无理数：无限不循环小数。如 π、$\sqrt{2}$、$\sqrt{3}$。

（2）实数：有理数和无理数统称实数。实数都可以用数轴上的点表示。

（3）实数的大小比较。

在数轴上表示的两个实数，右边的数总比左边的大。

在实数范围内有：

正数大于零，负数小于零，正数大于负数。

两个正数，绝对值大的数较大。

两个负数，绝对值大的数反而小。

4. 分类

例：把下列各数分别填入相应的集合内：

$$\sqrt[3]{2}, \quad \frac{3}{4}, \quad \sqrt{9}, \quad -\sqrt{5}, \quad -\sqrt[3]{8}, \quad 0$$

有理数集合： ；无理数集合：

正数集合： ；负数集合：

五、整式

1. 概念

例 1：下列各式是否是单项式，如果是，指出它的系数和次数；如果不是，说明理由。

(1) $x+3$ (2) $\dfrac{1}{x}$ (3) πr^3 (4) $-\dfrac{1}{2}a^2b^2$

(5) $-\dfrac{1}{2}$ (6) xy (7) $-abc$ (8) $\dfrac{-2xy}{3}$

例 2：指出下列多项式的项和次数。

(1) $a^3+a^2b-ab^2+b^3$ (2) $3n^3+2n^2-1$

知识归纳

单项式是指数字与字母的乘积，单独的数字和字母也是单项式。单项式前面的数字（连同符号）叫作单项式的系数，所有字母的指数和是单项式的次数。

多项式是指几个单项式的和，组成多项式的各个单项式叫多项式的项，其中次数最高的项的次数是多项式的次数。

多项式和单项式统称为整式。

 练习

(1) 下列各式是整式的是（ ）。

A. $x+y$ B. $x+y=0$ C. $\dfrac{1}{x}+\dfrac{1}{y}$ D. $\dfrac{1}{x}+\dfrac{1}{y}>0$

(2) 代数式 x^3，$-abc$，$x+y$，0，2，$\dfrac{1}{4}m^2-2m$，$\dfrac{x}{a}$，$-k$，a^2-b^2，$\dfrac{ab^2}{10}$ 中，单项式的个数为（ ）个。

A. 4   B. 5   C. 6   D. 7

(3) 对于 $4a^2+3a-1$，下列说法正确的是（ ）。

A. 是二次二项式   B. 是二次三项式

C. 是三次二项式   D. 是三次三项式

(4) 下列说法错误的是（ ）。

A. -2 与 3 是同类项   B. $4a^2b$ 与 $-b^2a$ 是同类项

C. $-5m^4$ 与 $-6m^3$ 是同类项   D. $-3(a-b)^2$ 与 $(b-a)^2$ 可以看成同类项

（5）单项式 $-x$ 的系数是_____，次数是_____；单项式 $-\dfrac{2xy}{3}$ 的系数是_____，次数是_____。

（6）多项式 $2m^3n^2 - 3m^2n^2 + \dfrac{5}{3}mn - 1$ 是_____次_____项式，其中四次项是_____，二次项系数是_____，常数项是_____。

2. 加减

例：计算：$2(5x-4) - 3(x+6) - 5(x-1) + x$

 知识归纳

（1）去括号。
（2）合并同类项。

 练习

计算：$a^2 + 3a^2$ 的结果是（   ）。

A. $3a^2$ B. $4a^2$ C. $3a^4$ D. $4a^4$

六、分式

试解答下列问题：

（1）下列式子属于分式的是（   ）。

A. $\dfrac{x}{2}$ B. $\dfrac{x}{x+1}$ C. $\dfrac{x}{2} + y$ D. $\dfrac{x}{3}$

（2）若分式 $\dfrac{2}{x-5}$ 有意义，则 x 的取值范围是（   ）。

A. $x \neq 5$ B. $x \neq -5$ C. $x > 5$ D. $x > -5$

 知识归纳

分母中含有字母的式子是分式。分式有意义的条件是分母不为零。
分式的分子与分母同乘（或除以）一个不等于 0 的整式，分式的值不变。

 练习

（1）在① $\dfrac{3b}{a^2}$，② $-\dfrac{ab}{3}$，③ $\dfrac{1}{3}x^2 - \dfrac{3}{y^2}$，④ $\dfrac{1}{9}(a^2 + 2ab + b^2)$，⑤ $\dfrac{-xy}{xy}$，⑥ $\dfrac{4}{5}$ 中，是分式的有_____。（填写序号）

（2）当 x _____时，分式 $\dfrac{1}{3-x}$ 有意义。

例：（1）根据分式的基本性质，分式 $\dfrac{-a}{a-b}$ 可变形为（　　）。

A. $\dfrac{a}{-a-b}$　　　B. $\dfrac{a}{a+b}$　　　C. $-\dfrac{a}{a-b}$　　　D. $-\dfrac{a}{a+b}$

（3）约分 $\dfrac{12a^2b^3}{18a^3b}$ 的结果是（　　）。

A. $\dfrac{2b^2}{3a}$　　　　B. $\dfrac{b^2}{3a}$　　　　C. $\dfrac{12b^2}{18a}$　　　　D. $\dfrac{4b^2}{6a}$

约分：利用分式的基本性质，约去 $\dfrac{12a^2b^3}{18a^3b}$ 的分子和分母的公因式，不改变分式的值，使 $\dfrac{12a^2b^3}{18a^3b}$ 化成 $\dfrac{2b^2}{3a}$。

约分 $\dfrac{(x+y)\ y}{xy^2}$　$\dfrac{2bc}{ac}$

七、方程及其应用

含有未知数的等式叫作方程。

方程的结构

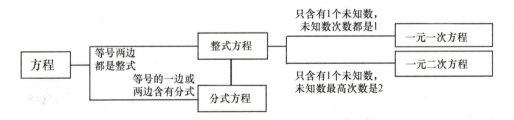

例1：某车间有 22 名工人，每人每天可以生产 1200 个螺钉或 2000 个螺母，1 个螺钉需要配 2 个螺母，为使每天生产的螺钉和螺母刚好配套，应安排生产螺钉和螺母的工人各多少名？

分析：每天生产的螺母数量是螺钉的 2 倍时，它们刚好配套。

解：设应安排 x 名工人生产螺钉，$(22-x)$ 名工人生产螺母。

根据螺母的数量应该是螺钉数量的 2 倍，列出方程：

$2000 \times (22-x) = 2 \times 1200x$

解方程，得：

$5 \times (22-x) = 6x$

$110 - 5x = 6x$

$11x = 110$

$x = 10$（名）

$22 - x = 12$（名）

答：应安排 10 名工人生产螺钉，12 名工人生产螺母。

例 2：甲、乙两辆汽车同时分别从田东和田阳沿二级公路去百色，已知田东到百色距离为 70 千米，田阳到百色距离为 50 千米，甲车比乙车的速度快 20 千米/时，如果两车同时到达百色，求两车的速度。

分析：两车同时出发，同时到达，即两车行驶的时间相等。

解：设乙车的速度为 x 千米/时，甲车的速度为（$x + 20$）千米/时。

根据时间相等列出方程：

$$\frac{70}{x + 20} = \frac{50}{x}$$

解方程，得：

$5 \times (x + 20) = 7x$

$5x + 100 = 7x$

$2x = 100$

$x = 50$（千米/时）

$(x + 20) = 70$（千米/时）

答：甲、乙两车的速度分别为 70 千米/时和 50 千米/时。

 练习

（1）制作一张桌子要用一个桌面和 4 条桌腿，1m³ 木材可制作 20 个桌面或者制作 400 条桌腿，现有 12m³ 木材，应该怎样计划用料才能制作尽可能多的桌子？

（2）我校某班学生去距学校 10 千米的龙须河春游。一部分学生骑自行车先走，过了 20 分钟后，其余学生乘汽车出发，结果他们同时到达。已知汽车的速度是骑车学生速度的 2 倍，求骑车学生的速度。

第二章

函数及其应用

大千世界"万物皆变":行星在宇宙中的位置随着时间而变化;人体细胞的个数随着年龄而变化;气温随着海拔而变化;汽车行驶里程随行驶时间而变化……这种随一个量的变化而变化的现象大量存在。

为了更深刻地认识千变万化的世界,人们归纳总结得出一个重要的数学工具——函数,用它描述变化中的数量关系。

函数的应用极其广泛,本章将通过具体问题引导你认识函数,并重点讨论三种基本的函数:一次函数、反比例函数和二次函数及其应用。

一、变量与函数

一辆汽车以 40 千米／时的速度匀速行驶,写出行驶的路程 S(千米)与时间 t(小时)的关系式:

$$S = 40t$$

这里,路程 S 的数值是随着时间 t 的数值变化的,S 与 t 可以取不同的数值,是变量,而 40 的数值保持不变,是常量。

根据 $S = 40t$,填写下表:

t(h)	1	1.5	2	2.5	...
S(km)					...

在变量 t 的关系式 $S = 40t$ 中,给变量 t 的一个值,就可以相应地得到变量 S 的唯一的一个值,我们就说变量 t 是自变量,变量 S 是 t 的函数。当 $t = 1$ 时,函数值 $S = 40$;当 $t = 1.5$ 时,函数值 $S = 60$。

一般地,在一个变化过程中,如果有两个变量 x 和 y,并且对于 x 的每一个确定的值,y 都有唯一确定的值与其对应,那么我们就说 x 是自变量,y 是 x 的函数。如果当 $x = a$ 时,$y = b$,那么 b 叫作当自变量的值为 a 时的函数值。

例:一辆汽车的油箱中现有汽油 50L,如果不再加油,那么油箱中的油量 y(单位:L)随行驶里程 x(单位:千米)的增加而减少,平均耗油量为 0.1L／千米。

(1)写出表示 y 与 x 的函数关系式。

(2)指出自变量 x 的取值范围。

（3）汽车行驶 200 千米时，油箱中还有多少汽油？

解：（1）$y = 50 - 0.1x$

（2）x 不能为负数。行驶中的耗油量为 $0.1x$，不能超过 50，即：

$0.1x \leqslant 50$

因此，自变量 x 的取值范围是：

$0 \leqslant x \leqslant 500$

（3）将 $x = 200$ 代入 $y = 50 - 0.1x$，得：

$y = 50 - 0.1 \times 200 = 30$

汽车行驶 200 千米时，油箱中还有 30L 汽油。

像 $S = 40t$，$y = 50 - 0.1x$ 这样，用关于自变量的数学式子表示函数与自变量的关系，这种式子叫作函数解析式。

练习

（1）一支圆珠笔的单价为 2 元，设圆珠笔的数量为 x 支，总价为 y 元。则 $y = $ _____；在这个式子中，变量是_____，常量是_____。

（2）某种报纸的价格为每份 0.4 元，买 x 份报纸的总价为 y 元。用含有 x 的代数式表示 y，$y = $ _____，常量是_____，变量是_____。

（3）秀水村的耕地面积是 10^6 平方米，这个村人均占有耕地面积 y 随这个村的人数 n 的变化而变化，函数解析式是_____，自变量是_____，_____是_____的函数。

（4）生活用水每吨 3 元，每月排污费 5 元，则小明家 7 月份水费 y（元）与这个月用水 x（吨）之间的函数关系式_____，如果 7 月份小明家水费为 35 元，那么小明家这月用水_____吨。

（5）可容纳 600 人的某电影院，每张电影票的售价为 10 元，如果早场售出 150 张票，午场售出 205 张票，晚场售出 310 张票，三场电影的票房收入各多少元？设一场电影售出 x 张票，票房收入 y 元。

①请根据题意填写下表：

售出票数 x（张）	早场 150	午场 205	晚场 310
票房收入 y（元）			

②在以上这个过程中，变化的量是_____。不变化的量是_____。

③试用含 x 的式子表示 y，$y = $ _____，x 的取值范围是_____。

这个问题反映了票房收入_____随售票张数_____的变化过程。

二、函数的图像

有些函数问题很难用函数关系式表示出来，然而可以通过图来直观反映。如用心电图表示心脏生物电流与时间的关系。即使对于能列式表示的函数关系，如果也能画图表示则会使函数关系更清晰。

　　这节就来解决如何画函数图像的问题及解读函数图像信息。

　　如图是自动测温仪记录的图像，它反映了北京的春季某天气温 T 如何随时间 t 变化而变化，你从图中得到了哪些信息？

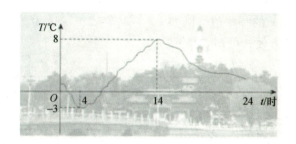

　　（1）一天中每时刻 t 都有唯一的气温 T 与之对应，可以认为，气温 T 是时间 t 的函数。

　　（2）这一天中_____时气温最低；_____时气温最高。

　　（3）从_____时到_____时气温呈下降趋势，从_____时到_____时气温呈上升趋势，从_____时到_____时气温又呈下降趋势。

　　（4）我们可以从图像中直观看出一天中气温变化情况及任一时刻的气温大约是多少。

　　例1：下图反映的过程是小明从家去食堂吃早餐，接着去图书馆读报，然后回家。其中 x 表示时间，y 表示小明离家的距离，小明家、食堂、图书馆在同一直线上。

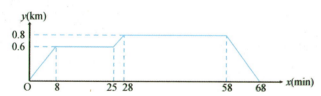

　　根据图像回答下列问题：

　　（1）食堂离小明家_____km，小明从家到食堂用了_____min。

　　（2）小明在食堂吃早餐用了_____min。

　　（3）食堂离图书馆_____km，小明从食堂到图书馆用了_____min。

　　（4）小明读报用了_____min。

　　（5）图书馆离小明家_____km，小明从图书馆回家的平均速度是_____km/min。

　　解：（1）由纵坐标看出，食堂离小明家 0.6km，由横坐标看出，小明从家到食堂用了 8min。

　　（2）由平行线段的横坐标可看出，25 － 8 ＝17，小明在食堂吃早餐用了 17min。

　　（3）由纵坐标看出，0.8 － 0.6 ＝0.2，食堂离图书馆 0.2km，由横坐标看出，28 － 25 ＝3，小明从食堂到图书馆用了 3min。

　　（4）由平行线段的横坐标可看出，58 － 28 ＝30，小明读报用了 30min。

　　（5）由纵坐标看出，图书馆离小明家 0.8km，由横坐标看出，小明从图书馆回到家

用了 $68 - 58 = 10$（min），所以平均速度为：$0.8 \div 10 = 0.08$（km/min）。

学会了如何观察分析图像信息，那么已知函数关系式，怎样画出函数图像呢？

例2：画出函数 $y = x + 1$ 的图像。

分析：要画出一个函数的图像，关键是要画出图像上的一些点，为此，首先要取一些自变量的值，并求出对应的函数值。

解：（1）取自变量 x 的一些值，例如 $x = -3$，-2，-1，0，1，2，3，…，计算出对应的函数值。为表达方便，可列表如下：

x	…	-3	-2	-1	0	1	2	3	…
y	…	-2	-1	0	1	2	3	4	…

（2）由这一系列的对应值，可以得到一系列的有序实数对：…，$(-3, -2)$，$(-2, -1)$，$(-1, 0)$，$(0, 1)$，$(1, 2)$，$(2, 3)$，$(3, 4)$，…，在直角坐标系中，描出这些有序实数对（坐标）的对应点，如图所示。

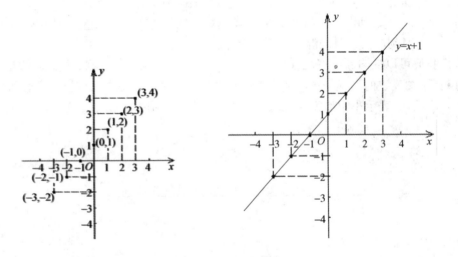

（3）通常，用光滑曲线依次把这些点连起来，便可得到这个函数的图像，如图所示。

总结归纳一下描点法画函数图像的一般步骤：

第一步：列表。在自变量取值范围内选定一些值，通过函数关系式求出对应函数值列成表格。

第二步：描点。在直角坐标系中，以自变量的值为横坐标，相应函数值为纵坐标，描出表中对应各点。

第三步：连线。按照横坐标由小到大的顺序把所有点用平滑曲线连接起来。

表示函数关系的方法通常有三种：①解析式法；②列表法；③图像法。

（1）假定甲、乙两人在一次赛跑中，路程 S 与时间 T 的关系在平面直角坐标系中如图所示，请结合图形和数据回答问题：

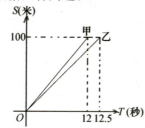

①这是一次_____米赛跑。

②甲、乙两人中先到达终点的是_____。

③乙在这次赛跑中的速度为_____。

④甲到达终点时，乙离终点还有_____米。

(2) ①在所给的直角坐标系中画出函数 $y=\dfrac{1}{2}x$ 的图像（先填写下表，再描点、连线）。

②判断点 $A(-4，-2.5)$，$B(4，2)$ 是否在函数 $y=\dfrac{1}{2}x$ 的图像上？

x	-3	-2	-1	0	1	2	3
y							

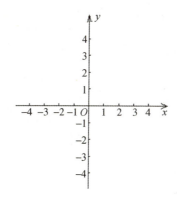

(3) 画出函数 $y=-\dfrac{6}{x}$ 的图像（先填写下表，再描点，然后用光滑曲线顺次连接各点）。

x	-6	-3	-2	-1	1	2	3	6
y								

三、一次函数

问题 1：下列变量间的对应关系可用怎样的函数表示？它们又有什么共同特点？

（1）汽车在公路上以每小时 100 千米的速度行驶，它走过的路程 S（千米）随行驶时间 t（小时）变化的关系？

（2）圆的周长 C 与半径 r 之间的关系是什么？

（3）某水厂以每分钟 20 升的速度向一个空水池放水，水池的蓄水量 Q（升）与时间 t（分钟）之间的关系？

上面问题中，函数的解析式分别为：①$S = 100t$；②$C = 2 \pi r$；③$Q = 20t$。

观察这些函数关系式，这些函数都是常数与自变量的积的形式。

一般地，形如 $y = kx$（k 是常数，$k \neq 0$）函数，叫作正比例函数，其中 k 叫作比例系数。

问题 2：下列变量间的对应关系可用怎样的函数表示？它们又有什么共同特点？

（1）一棵树现在高 60cm，每个月长高 2cm，x 个月之后这棵树的高度为 $h$cm。

（2）有人发现，在 20℃ ~ 25℃ 时蟋蟀每分钟鸣叫次数 C 与温度 t（℃）有关，即 C 的值约是 t 的 7 倍与 35 的差。

（3）某城市的市内电话的月收费额 y（元）包括：月租费 20 元，拨打电话 x 分的计时费（按 0.1 元 / 分收取）。

上面问题中，函数的解析式分别为：①$h = 2x + 60$；②$c = 7t - 35$（$20 \leq t \leq 25$）；③$y = 0.1x + 20$。

观察这些函数的形式都是自变量的 k（常数）倍与一个常数 b 的和。

一般地，形如 $y = kx + b$（k，b 是常数，$k \neq 0$）的函数，叫作一次函数。当 $b = 0$ 时，$y = kx + b$ 即 $y = kx$。所以说，正比例函数是一种特殊的一次函数。

 练习

（1）下列说法正确的是（　　　）。

A. 正比例函数是一次函数　　　　　　B. 一次函数是正比例函数

C. 正比例函数不是一次函数　　　　　D. 不是正比例函数就不是一次函数

（2）下列函数中哪些是一次函数，哪些是正比例函数？

①$y = -8x$　　　②$y = 5x^2 + 6$　　　③$y = -0.5x - 1$

④$y = \sqrt{x}$　　　⑤$y = 2x (x + 3)$　　　⑥$y = 4 - 3x$　　　⑦$y = \dfrac{-8}{x}$

（3）若函数 $y = (b - 3) x + b^2 - 9$ 是正比例函数，则 $b =$ _____。

（4）在一次函数 $y = -3x - 5$ 中，$k =$ _____，$b =$ _____。

（5）一个小球由静止开始在一个斜坡向下滚动，其速度每秒增加 2 米。

①一个小球速度 v 随时间 t 变化的函数关系，它是一次函数吗？

②求第 2.5 秒时小球的速度。

（6）汽车油箱中原有油 50 升，如果行驶中每小时用油 5 升，求油箱中的油量 y（升）随行驶时间 x（小时）变化的函数关系式，并写出自变量 x 的取值范围，y 是 x 的一次函数吗？

正比例函数 y = kx（k 是常数，k≠0）的图像有哪些特点？

例 1：（1）画出正比例函数 y = 2x，y = -2x 的图像。

步骤： 列表、描点、连线。

x	...	-1.5	-1	-0.5	0	0.5	1	1.5	...
y = 2x	...	-3	-2	-1	0	1	2	3	...
y = -2x	...	3	2	1	0	-1	-2	-3	...

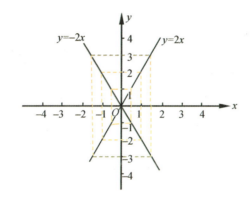

（2）观察图像，完成下列问题：

①函数 y = 3x，y = -3x 的图像是一条_____，都经过_____点。

②函数 y = 2x 的图像，经过第_____象限，y 随 x 的增大而_____。

③函数 y = -2x 的图像，经过第_____象限，y 随 x 的减小而_____。

一般地，正比例函数 y = kx（k 是常数，k≠0）的图像是一条经过原点的直线，我们称它为直线 y = kx。

当 k > 0 时，直线经过第三、第一象限，从左向右上升，y 随着 x 的增大而增大；

当 k < 0 时，直线经过第二、第四象限，从左向右下降，y 随着 x 的增大而减小。

因为两点确定一条直线，所以可用两点法画正比例函数 y = kx（k≠0）的图像。一般地，过原点和（1，k）（k 是常数，k≠0）的直线，即正比例函数 y = kx（k≠0）的图像。

练习

（1）如果正比例函数 $y = kx$ 的图像经过点（2，−2），那么 k 的值等于_____。

（2）用最简单的方法画出下列函数的图像：

①$y = -2x$

解：当 x = ____时，y = _____，取点_____和_____，描点、连线得：

②$y = \dfrac{3}{2}x$

解：当 x = _____时，y = _____，取点_____和_____，描点、连续得：

一次函数 $y = kx + b$ 的图像是什么形状，它与直线 $y = kx$ 有什么关系？

例2：（1）在同一直角坐标系内作出下列函数 $y = x$，$y = x + 2$，$y = x - 2$ 的图像。

步骤：列表、描点、连线。

（2）观察与比较。正比例函数 $y = x$ 与一次函数 $y = x + 2$，$y = x - 2$ 图像有什么异同？

x	…	−3	−2	−1	0	1	2	3	…
$y = x$	…				0	1			…
$y = x + 2$	…	−1	0	1	2	3	4	5	…
$y = x - 2$	…	−5	−4	−3	−2	−1	0	1	…

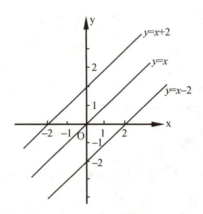

填空：这三个函数的图像形状都是_____，并且倾斜程度_____，函数 $y = x$ 的图像经过原点，函数 $y = x + 2$ 的图像与 y 轴交于点_____，即它可以看作由直线 $y = x$ 向_____平移_____个单位长度而得到。函数 $y = x - 2$ 的图像与 y 轴交于点_____，即它可以看作由直线 $y = x$ 向_____平移_____个单位长度而得到。

一次函数 $y = kx + b$（$k \neq 0$）的图像可以看作由直线 $y = kx$ 平移 $|b|$ 个单位长度而得到（当 b > 0 时，向上平移；当 b < 0 时，向下平移）。一次函数 $y = kx + b$（$k \neq 0$）的图像也是一条直线，我们称它为直线 $y = kx + b$。

例3：

（1）画出函数 $y = 2x - 1$ 与 $y = -0.5x + 1$ 的图像。

两点法：过点（0，-1）与点（1，1）画出直线 $y = 2x - 1$。过点（0，1）与点（1，0.5）画出直线 $y = -0.5x + 1$。

（2）观察图像，由它们联想：一次函数解析式 $y = kx + b$（k、b 是常数，$k \neq 0$）中，k 的正负对函数图像有什么影响？

观察发现规律：

当 $k > 0$ 时，直线 $y = kx + b$ 从左向右上升；当 $k < 0$ 时，直线 $y = kx + b$ 从左向右下降。由此可知，一次函数 $y = kx + b$（k，b 是常数，$k \neq 0$）具有以下性质：

当 $k > 0$ 时，y 随着 x 的增大而增大；

当 $k < 0$ 时，y 随着 x 的增大而减小。

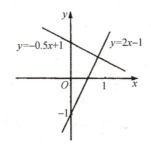

练习

（1）直线 $y = 2x - 3$ 与 x 轴交点坐标为_____；与 y 轴交点坐标为_____；图像经过_____象限，y 随 x 的增大而_____，图像与坐标轴所围成的三角形的面积是_____。

（2）分别说出满足下列条件的一次函数的图像经过哪几个象限？

A. $k > 0$，$b > 0$　　　B. $k > 0$，$b < 0$　　　C. $k < 0$，$b > 0$　　　D. $k < 0$，$b < 0$

（3）下列函数中，y 随 x 的增大而增大的是（　　　）。

A. $y = -3x$　　　　B. $y = 2x - 1$　　　　C. $y = -3x + 10$　　　　D. $y = -2x - 1$

（4）已知正比例函数 $y = kx$（$k \neq 0$）的函数值 y 随 x 的增大而增大，则一次函数 $y = kx - k$ 的图像大致是（　　　）。

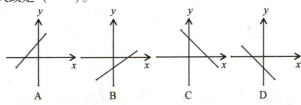

例4：已知一次函数的图像经过点 A（-1，3）和点 B（2，-3）。

（1）求一次函数的解析式；

（2）判断点 C（-2，5）是否在该函数图像上。

分析：求一次函数 $y = kx + b$ 的解析式，关键是求出 k，b 的值，从已知条件可以列出关于 k，b 的二元一次方程组，并求出 k，b。

解：（1）设这个一次函数的解析式为 $y = kx + b$ （$k \neq 0$）。

因为 $y = kx + b$ 的图像经过点 A（-1，3）和点 B（2，-3），所以

$-k + b = 3$

$2k + b = -3$

解方程组得：$k = -2$，$b = 1$

这个一次函数的解析式为：$y = -2x + 1$

（2）因为 $x = -2$ 时，$y = -2 \times (-2) + 1 = 5$，所以点 C（$-2$，$5$）在该函数图像上。

先设出函数解析式，再根据条件确定解析式中未知的系数，从而得出函数解析式的方法，叫作待定系数法。

练习

（1）已知一次函数 $y = kx + 2$，当 $x = 5$ 时，$y = 4$，①$k = $ _____，②当 $x = -2$ 时，$y = $ _____。

（2）函数 $y = kx + b$，当 $x = -4$ 时 $y = 9$，当 $x = 6$ 时 $y = 3$，求此函数的解析式。

（3）已知弹簧的长度 y（厘米）在一定的限度内是所挂重物质量 x（千克）的一次函数。现已测得不挂重物时弹簧的长度是 6 厘米，挂 4 千克质量的重物时，弹簧的长度是 7.2 厘米。求这个一次函数的关系式。

四、反比例函数

问题1：在田东到南宁的铁路上，不同车次列车的运行速度有快有慢，行驶的时间有长有短。但是，不管速度和时间如何变化，两者的生产乘积却是一个常数——田东至南宁的路程。

下表是田东至南宁列车运行时刻表，各次列车运行的平均速度 v 与运行时间 t 有以下关系：$v = \dfrac{S}{t}$，其中常数 S 为田东至南宁的路程，即 $S = 172$ 公里。

车次	出发站—到达站	用时	里程	硬座	软座	硬卧（上/中/下）	软卧（上/下）
K986	过田东 01：48 过南宁 04：33	2 小时 45 分	172	28.5 元		74.5 元/79.5 元/82.5 元	112.5 元/118.5 元
K9306	过田东 13：34 终南宁 15：50	2 小时 16 分	172	28.5 元		74.5 元/79.5 元/82.5 元	
K981/K984	过田东 21：25 过南宁 23：37	2 小时 12 分	172	28.5 元		74.5 元/82 元/86 元	112.5 元/120 元

所以，$v = \dfrac{172}{t}$。

问题 2：学校畜牧兽医专业的同学准备自己动手，用旧围栏建一个面积为 24 平方米的矩形饲养场。设它的一边长为 x（米），求另一边的长 y（米）与 x 的函数关系式。

根据矩形面积公式可知：$yx = 24$，所以函数表达式为 $y = \dfrac{24}{x}$。

上述函数都具有 $y = \dfrac{k}{x}$ 的形式，其中 k 是常数。一般地，形如 $y = \dfrac{k}{x}$（k 为常数，k ≠ 0）的函数称为反比例函数，其中 x 是自变量，y 是函数。自变量 x 的取值范围是不等于 0 的一切实数。

例：已知 y 是 x 的反比例函数，当 x = 2 时，y = 6。

（1）写出 y 与 x 的函数关系式。

（2）求当 x = 3 时 y 的值。

分析：因为 y 是 x 的反比例函数，所以设 $y = \dfrac{k}{x}$，再把 x = 2 和 y = 6 代入上式就可以求出常数 k 的值。

解：（1）设 $y = \dfrac{k}{x}$，因为当 x = 2 时，y = 6，所以有：

$$6 = \dfrac{k}{2}$$

解得：k = 12

因此：$y = \dfrac{12}{x}$

（2）把 x = 3 代入 $y = \dfrac{12}{3}$，得：

$$y = \dfrac{12}{x} = 4$$

 练习

（1）学校要种植一个面积为 $200 m^2$ 的矩形草坪，草坪的长为 y（单位：m）、宽为 x（单位：m）。

①写出 y 与 x 的函数关系式。

②求当 x = 10 时 y 的值。

（2）田东与南宁路程为 172 公里，某人驾驶小车从田东前往南宁，设平均速度为 v 公里/每小时，行驶时间为 t 小时。

①写出 v 与 t 之间的函数关系式。

②当 v = 86 时 t 的值。

五、二次函数

1. 二次函数

在日常生活中我们见到各种大小的正方形。设正方形的边长为 x，面积为 y，显然对于 x 的一个值，y 都有一个对应值，即 y 是 x 的函数，它们的函数关系可以表示为：

$$y = x^2$$

一般地，形如 $y = ax^2 + bx + c$（a，b，c 是常数，a≠0）的函数，叫作二次函数。其中，x 是自变量，a，b，c 分别是函数解析式的二次项系数、一次项系数和常数项。

 练习

（1）一个圆柱的底面半径为 r，高为 3，写出它的体积 S 与半径 r 之间的函数关系。

（2）一个矩形的长为（1 + x），宽为（2 + x），写出矩形的面积 y 与 x 之间的函数关系。

---

2. 二次函数的图像

画二次函数的图像：$y = x^2$

在 $y = x^2$ 中的自变量 x 可以取任意实数，列表列出几组对应值。

x	…	−2	−1.5	−1	0	1	1.5	2	…
$y = x^2$	…	4	2.25	1	0	1	2.25	4	…
$y = -x^2$	…	−4	−2.25	−1	0	−1	−2.25	−4	…

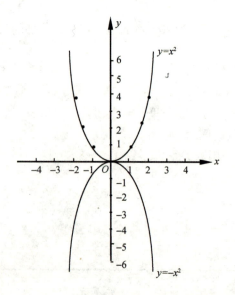

练习

（1）在同一坐标系内画出 $y = \dfrac{1}{2}x^2$，$y = \dfrac{1}{2}(x+2)^2$，$y = (x-2)^2$ 的图像。

观察三条抛物线的相互关系，并分别指出它们的开口方向、对称轴及顶点。

（2）一个长方形的宽为 x，长比宽多 3，写出这个长方形的面积 y 与宽 x 之间的函数关系式。

（3）分别写出下列抛物线的开口方向、对称轴及顶点。

①$y = 4x^2$ ②$y = -4x^2$ ③$y = -x^2 - 2x$

④$y = (x-1)^2 + 2$ ⑤$y = x^2 + 2x + 5$

3. 二次函数的应用

用二次函数解决实际问题的思路

在日常生活和生产实践中我们常常遇到要取得最大面积、最大利润、最大高度等求最大值或最小值的实际问题。二次函数的性质给我们提供了解决这些问题的方法。

在抛物线 $y = ax^2 + bx + c$ 中，当 $a > 0$ 时抛物线开口向上，顶点是抛物线的最低点；当 $a < 0$ 时抛物线开口向下，顶点是抛物线的最高点。

这就告诉我们，如果要求某个问题的最大（小）值，先将问题中的数量关系用二次函数表示出来，再将所得的二次函数 $y = ax^2 + bx + c$ 用配方的方法化为 $y = a(x-k)^2 + p$ 的形式，这时抛物线 $y = ax^2 + bx + c$ 的顶点为 (k, p)，即当 $a < 0$ 时 y 的最大值就是 p；当 $a > 0$ 时 y 的最小值就是 p。

如果二次函数 $y = ax^2 + bx + c$ 的各项系数较小，则直接配方即可，如对于 $y = -2x^2 + 4x + 3$ 我们有：

$y = -2x^2 + 4x + 3 = -2(x-2)^2 + 11$

即当 $x = 2$ 时，y 的最大值为 11。

如果二次函数 $y = ax^2 + bx + c$ 的各项系数较大，那么利用以下关系求出 k 和 p 的值：

$k = -\dfrac{b}{2a}$，$p = \dfrac{4ac - b^2}{4a}$。

例1：如图所示，要用长为 $20m$ 的铁栏杆，一面靠墙，围成一个矩形花圃，围成的花圃最大面积是多少？

解：设垂直于墙的一边 AB 长为 xm，则花圃的面积为 ym^2。

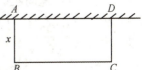

y 与 x 之间的函数关系可以表示为：

$y = x (20 - 2x)$

$y = -2x^2 + 20x = -2 (x-5)^2 + 50$

即当 $x = 5$ 时，函数取得最大值 $y = 50$。

所以，当围成的花圃与墙垂直的一边长 $5m$ 时，花圃的面积最大，最大面积为 $50m^2$。

例2：某商店将每件进价为 8 元的某种商品按每件 10 元出售，一天可售出 100 件，该店想通过降低售价，增加销售量的办法来提高利润。经过市场调查，发现这种商品单价每降低 0.1 元，其销售量可增加 10 件。将这种商品的售价降低多少时，能使销售利润最大？

解：设每件商品降价 x 元（$0 \leq x \leq 2$），该商品每天的利润为 y 元。

根据题意，得：

$y = (10 - x - 8) \times (100 + 100x)$

即 $y = -100x^2 + 100x + 200$

$y = -100\left(x - \frac{1}{2}\right) + 225$

所以，这种商品降价 0.5 元时，能使销售利润最大，每天最大利润为 225 元。

 练习

（1）某种商品每件进价为 30 元，在某段时间内若以每件 x 元出售，可卖出（100 - x）件，应如何定价才能使利润最大？

（2）已知直角三角形两条直角边的和等于 8，两条直角边各为多少时，这个直角三角形的面积最大，最大值是多少？

（3）汽车刹车后行驶的距离 S（单位：m）与行驶的时间 t（单位：小时）的函数关系式是 $S = 15t - 6t^2$。汽车刹车后到停下来前进了多远？

（4）小华用 500 元去购买单价为 3 元的一种商品，剩余的钱 y（元）与购买这种商品的件数 x（件）之间的函数关系是_____，x 的取值范围是_____。

（5）当 a = _____ 时，函数 $y = x^{3a-2}$ 是正比例函数。

（6）一次函数 $y = kx + b$ 的图像经过点（1，5），交 y 轴于 3，则 k = _____，b = _____。

（7）若点（m，m + 3）在函数 $y = -\frac{1}{2}x + 2$ 的图像上，则 m = _____。

（8）函数 $y = -\frac{3}{2}x$ 的图像是一条过原点及点（2，_____）的直线，这条直线经过第_____象限，当 x 增大时，y 随之_____。

（9）从甲地向乙地打长途电话，按时间收费，3 分钟内收费 2.4 元，每加 1 分钟加收 1 元，若时间 t ≥ 3（分）时，电话费 y（元）与 t（分）之间的函数关系式是_____。

（10）下列各曲线中哪些表示 y 是 x 的函数？（提示：当 x = a 时，x 的函数 y 只能有一个函数值）

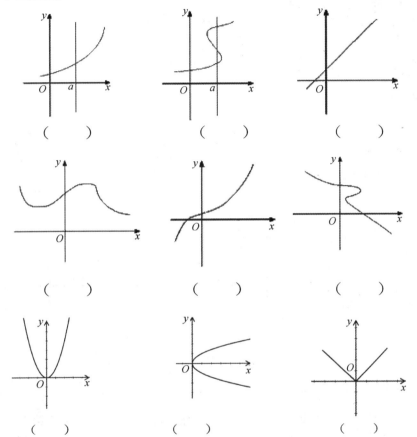

（　　）　　　　　（　　）　　　　　（　　）

（　　）　　　　　（　　）　　　　　（　　）

（　　）　　　　　（　　）　　　　　（　　）

（11）某运动员将高尔夫球击出，描绘高尔夫球击出后离原处的距离与时间的函数关系的图像可能为（　　　）。

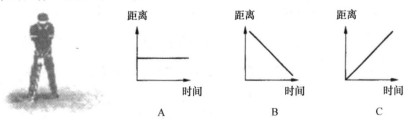

A　　　　　　B　　　　　　C

（12）飞机起飞后所到达的高度与时间有关，描绘这一关系的图像可能为（　　　）。

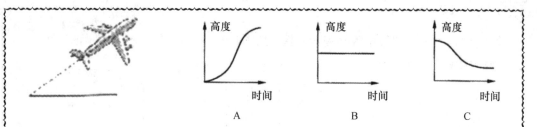

A   B   C

（13）已知正比例函数 $y = kx$（$k \neq 0$），当 $x = -1$ 时，$y = -2$，则它的图像大致是（   ）。

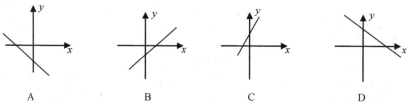

A   B   C   D

（14）一次函数 $y = kx - b$ 的图像（其中 $k < 0$，$b > 0$）大致是（   ）。

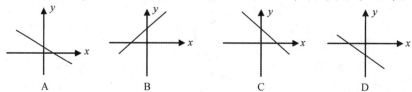

A   B   C   D

（15）下列关系式中，表示 y 是 x 的正比例函数的是（   ）。

A. $y = \dfrac{6}{x}$ B. $y = \dfrac{x}{6}$ C. $y = x + 1$ D. $y = 2x^2$

（16）小明的父亲饭后出去散步，从家中走 20 分钟到一个离家 900 米的报亭看 10 分钟报纸后，用 15 分钟返回家里。小明的父亲离家的时间与距离之间的关系是（   ）。

（17）小明用的练习本可在甲、乙两个商店内买到，已知两个商店的标价都是每个练习本 1 元，但甲商店的优惠条件是：购买 10 本以上，从第 11 本开始按标价的 70% 卖；乙商店的优惠条件是：从第 1 本开始就按标价的 85% 卖。

①小明要买 20 个练习本，到哪个商店购买较省钱？

②写出甲、乙两个商店中，收款 y（元）关于购买本数 x（本）（x > 10）的关系式，它们都是正比例函数吗？

③小明现有 24 元钱，最多可买多少个练习本？

（18）某医药研究所开发了一种新药，在试验药效时发现，如果成人按规定剂量服用，那么服药后 2 小时血液中含药量最高，达每毫升 6 微克（1000 微克 = 1 毫克），接着逐渐减少，10 小时后的血液中含药量为每毫升 3 微克，每毫升血液中含药量 y（微克）随时间 x（小时）的变化如图所示。当成人按规定剂量服药后：

①分别求出 $x \leqslant 2$ 和 $x \geqslant 2$ 时，y 与 x 之间的函数关系式。

②如果每毫升血液中含药量为 4 微克或 4 微克以上时，在治疗疾病时是有效的，那么这个有效时间是多长？

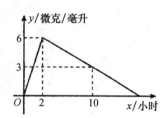

第三章

多边形与圆的应用

下图是田东湿地公园中心区效果图，图中有许多三角形、四边形和圆的图案。在日常生活和生产实践中，我们将会遇到与三角形、四边形的圆有关的实际问题，我们需要认识它们，分析它们的内在联系和性质，从而进一步提高分析问题和解决实际问题的能力。

一、三角形

三角形是一种基本的几何图形，是最简单的多边形，也是认识其他图形的基础。从古埃及的金字塔到现代的建筑物，从巨大的架桥到微小的分子结构，到处都有三角形的形象。

归纳分类

1. 三角形按边分类

三角形 $\begin{cases} \text{三边都不相等的三角形} \\ \text{等腰三角形} \begin{cases} \text{底边和腰不相等的等腰三角形} \\ \text{等边三角形} \end{cases} \end{cases}$

2. 三角形按角分类

$$三角形\begin{cases}锐角三角形\\直角三角形\\钝角三角形\end{cases}$$

 练习

（1）在 △ABC 中，AD 是高，AE、BF 是角平分线，它们相交于点 O，∠BAC = 50°，∠C = 70°。求 ∠DAC 和 ∠BOA 的度数。

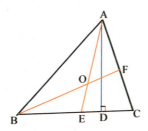

（2）如图所示，厂房屋顶钢架外框是等腰三角形，其中 AB = AC，立柱 AD⊥BC，且顶角 ∠BAC = 120°。∠B，∠C，∠BAC，∠CAD 各是多少度？

（3）把一块三角形的土地均匀分给甲、乙、丙三家农户。如果 ∠C = 90°，∠C = 30°，要使这三家农户所得土地的大小、形状都相同，请你试着分一分。

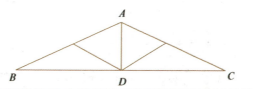

例：如图所示是屋架设计图的一部分，点 D 是斜梁 AB 的中点，立柱 BC，DE 垂直于横梁 AC，AB = 7.6m，∠A = 30°。立柱 BC，DE 要多长。

解：∵ DE⊥AC，BC⊥AC，∠A = 30°

∴ $BC = \frac{1}{2}AB$，$DE = \frac{1}{2}AD$

∴ $BC = \frac{1}{2} \times 7.6 = 3.8$（m）

又 $AD = \frac{1}{2}AB$

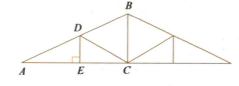

∴ $DE = \frac{1}{2}AD = \frac{1}{2} \times 3.8 = 1.9$（m）

答：立柱 BC 的长是 3.8m，DE 的长是 1.9m。

勾股定理

如果直角三角形的两条直角边长分别为 a，b，斜边长为 c，那么 $a^2 + b^2 = c^2$。

例 1：一个门框的尺寸如图所示，一块长 3m，宽 2.2m 的薄木板能否从门框内通过？为什么？

分析：观察看到，木板横着进、竖着进，都不能从门框内通过，只能试试斜着能否通过。对角线 *AC* 是斜着能通过的最大长度，求出 *AC*，再与木板的宽度比较，就能知道木板能否通过。

解：在 $Rt\triangle ABC$ 中，根据勾股定理，
$$AC^2 = AB^2 + BC^2 = 1^2 + 2^2 = 5$$
因此，$AC \approx 2.236$

因为 *AC* 的长大于木板的宽，所以木板能从门框内通过。

例2：长方形零件尺寸如图所示（单位：mm），求两孔中心的距离（精确到 0.1mm）。

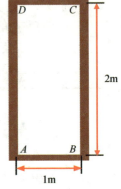

解：*AB* 是两孔中心的距离，在 $Rt\triangle ABC$ 中，
$$AC = 40 - 20 = 20$$
$$BC = 60 - 20 = 40$$
根据勾股定理，
$$AB = \sqrt{AC^2 + BC^2} = \sqrt{20^2 + 40^2}$$
$$= 20\sqrt{5}$$
$$\approx 44.7 \text{（mm）}$$
因此，两孔中心的距离为 44.7mm。

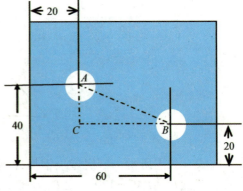

 练习

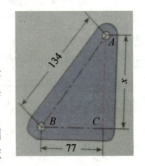

（1）车床齿轮箱壳要钻两个圆孔，两孔中心的距离是 134mm，两孔中心的水平距离是 77mm，计算两孔中心的垂直距离（精确到 0.1mm）。

（2）要修一个育苗棚，棚的横截面是直角三角形，棚宽 $a = 3$m，高 $b = 2$m，长 $d = 10$m，求覆盖在顶上的塑料薄膜需要多少平方米（结果保留小数点后 1 位）？

二、四边形

无论在家里、在学校、在教室，我们都看到四边形，它在装点着我们的生活。宏伟的建筑物、铺满地砖的地板、门框、别具一格的窗棂……处处都有四边形的身影。

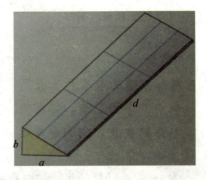

归纳分类

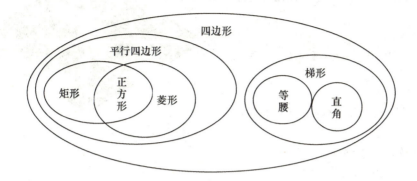

练习

（1）将两长两短的四根细木条用小钉绞合在一起，做成一个四边形，使等长的木条成为对边。转动这个四边形，使它形状改变，在图形变化的过程中，它一直是四边形吗？为什么？

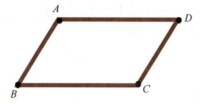

（2）用硬纸板做成一个平行四边形，做出它的对角线的交点 O，用大头针把一根平放在平行四边形上的直细木条固定在点 O 处，拨动细木条，使它随意停留在任意的位置。观察几次拨动结果，你发现了什么？说明你的发现。

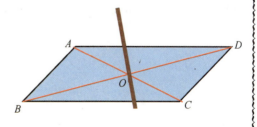

例： 菱形花坛 $ABCD$ 的边长为 20m，$\angle ABC = 60°$，沿着菱形的对角线修建了两条小路 AC 和 BD，求两条小路的长和花坛的面积（精确到 0.1m）。

解：∵花坛 $ABCD$ 是菱形

∴ $AC \perp BD$，$\angle ABO = \dfrac{1}{2}\angle ABC = \dfrac{1}{2} \times 60° = 30°$

在 $Rt\triangle OAB$ 中，$AO = \dfrac{1}{2}AB = \dfrac{1}{2} \times 20 = 10$（m）

$BO = \sqrt{AB^2 - AO^2} = \sqrt{20^2 - 10^2} \approx 17.3$（m）

∴ 花坛的两条小路：

$AC = 2AO = 20$（m）

$BD = 2BO \approx 34.6$（m）

花坛的面积 $S_{菱形ABCD} = 4 \times S_{\triangle OAB} = \dfrac{1}{2}AC \times BD \approx 346.4$（m²）

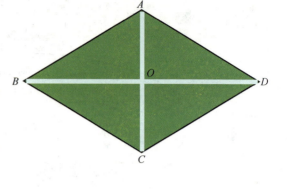

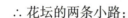

（1）在长为 1.6m，宽为 1.2m 的矩形铝板上，最多能裁出多少个如图所示的直角梯形零件?

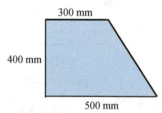

300 mm

400 mm

500 mm

（2）$ABCD$ 是一块正方形场地，小文和小倩在 AB 边上取定了一点 E，经过测量知 $EC = 30$m，$EB = 10$m，这块场地的面积和对角线长分别是多少（对角线精确到 0.1m）?

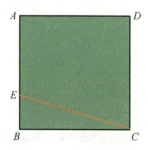

三、圆形

1. 圆的基本知识与作图

圆是中华民族传统文化的形态象征，象征着"圆满"和"饱满"，是自古以和为贵的中国人所崇尚的图腾。圆满，浸透着中华民族先民最朴素的哲学，圆则满，满则圆，心有圆满便安宁不争，便以和为贵，便能取道中庸，便不会因极端失衡而焦虑了。

问题：除了下面这些图形，你能举出身边常见的有关圆的例子吗？

一般地，我们把平面内定点到定长的距离都相等的所有点的集合，叫作圆，定点叫圆心，定长叫作圆的半径。若圆心为 O，则可表示为⊙O。

画圆用的工具通常是两脚规，画圆时把两脚规拉开一定的距离（定长），以其中的一脚固定不动（当成是定点），另一脚围绕其旋转一周所形成的轨迹就是一个圆。

连接圆上两点间的线段，叫作弦；通过圆心的弦叫直径，直径是圆中最长的弦；圆上两点间的部分，叫作弧。

你知道圆的面积、圆的周长
是怎么算的吗？

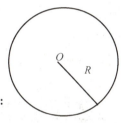

圆的面积通常用 S 表示，圆周长用 C 表示，则有：

$S = \pi R^2$

$C = 2\pi R$

例：已知⊙O 的半径是 5cm，则它的面积与圆周长分别是多少？

解：$S = \pi R^2 = \pi \times 5^2 = 25\pi$（$cm^2$）

$C = 2\pi R = 2 \times \pi \times 5 = 10\pi$（cm）

 练习

（1）画一个半径是 3cm 的圆。

（2）已知一个圆的半径是 4，求这个圆的面积和周长。

2. 直线和圆的位置关系与作图

观察下面直线 L 和⊙O 的位置，试回答：假若⊙O 位置不动，将直线 L 向圆心平移，则图1、图2、图3中直线 L 将与⊙O 各有几个交点，圆心 O 到直线 L 的距离 d 与半径 R 有什么变化？

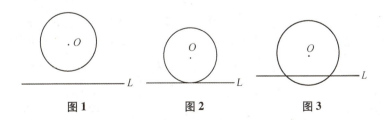

图1　　　　　　图2　　　　　　图3

当直线与圆没有交点时，即 $d > R$，我们就把直线与圆的位置叫作相离。

当直线与圆有唯一交点时，即 $d=R$，我们就把直线与圆的位置叫作相切。

当直线与圆有两个交点时，即 $d<R$，我们就把直线与圆的位置叫作相交。

直线与圆相切是生活中最常见的现象，如汽车在道路上行驶，这时候，车轮与道路就是相切，当直线与圆相切时，唯一的交点叫切点，这条直线叫切线。

> 想一想，切线 L 与过切点的半径 OP 有什么关系？

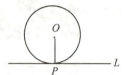

事实证明，所有的切线都垂直于过切点的半径，即 $OP \perp L$。根据这一性质，可以利用两脚规和直尺作一条直线与圆相切。

例： 已知，$\odot O$ 半径 $R=3cm$，点 O 到直线 L 的距离是 $4cm$，试判断 $\odot O$ 与直线 L 的关系。

解： 依题意知：

$R=3cm \quad d=4cm$

$\therefore R<d$

$\therefore$ 直线与 $\odot O$ 相离。

 练习

已知 P 是 $\odot O$ 上一点，用尺规作直线 AB，使 AB 过 P 并与 $\odot O$ 相切。

---

3. 圆和圆的位置关系与作图

观察下面 $\odot O_1$ 和 $\odot O_2$ 的位置，试回答：如图1，假若 $\odot O_1$ 不动，$\odot O_2$ 向 $\odot O_1$ 平移，产生如图2、图3、图4、图5的位置，想一想，两个圆的半径 R_1 和 R_2、圆心距 O_1O_2 关系如何？

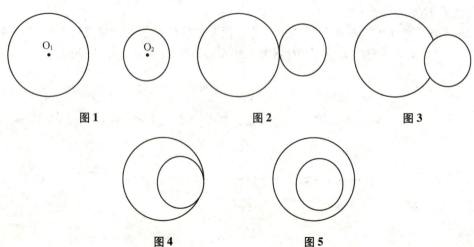

图1   图2   图3

图4   图5

很明显，当 $R_1 + R_2 < O_1O_2$ 时，把这两个圆的位置叫作外离；

当 $R_1 + R_2 = O_1O_2$ 时，把这两个圆的位置叫作外切；

当 $R_1 - R_2 < O_1O_2 < R_1 + R_2$ 时，把这两个圆的位置叫作相交；

当 $R_1 - R_2 = O_1O_2$ 时，把这两个圆的位置叫作内切；

当 $R_1 - R_2 > O_1O_2$ 时，把这两个圆的位置叫作内含。

例：如图所示，2008 年北京奥运会自行车比赛会标，在图中两圆的位置关系是＿＿＿＿＿＿＿＿＿＿＿＿。

 练习

在图中有多种两圆的位置关系，请找出图中还没体现的圆与圆的位置关系是＿＿＿＿＿＿＿＿＿＿。

4. 圆与三角形

 练习

（1）在△ABC 中，作任意两边的垂直平分线，两线相交于一点 O，以 O 为圆心，以 OA 为半径画圆，看看三角形的三个顶点在圆的什么位置？直角三角形的外心在哪里？三个顶点均在同一个圆上的三角形叫作圆的内接三角形，这个圆叫作三角形的外接圆，这个圆的圆心 O 叫作这个三角形的外心。外心到三角形各顶点的距离都相等，即 $OA = OB = OC$。

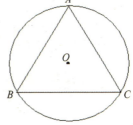

（2）在△ABC中，作任意两个角的角平分线，两线相交于一点O，以O为圆心，以O到任意一边的距离为半径画圆，看看三角形的三边与圆有什么关系？

与三角形三边都相切的圆叫作三角形的内切圆，圆心叫三角形的内心。三角形的内心到三边的距离都相等。

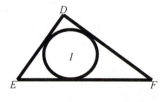

例：如图是一块三角形木料，木工师傅要从中裁下一块圆形用料，怎样才能使裁下的圆的面积尽可能大呢？

解：设三角形木料为右图所示，分别作∠A、∠B的角平分线，以两平分线的交点为圆心，作三角形的内切圆，这个内切圆就是所求的面积最大的圆。

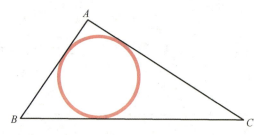

 练习

一个三角形的三边长分别是3cm，4cm，5cm，求这个三角形的内切圆和外接圆的半径。

5. 圆与正多边形

如下图所示，正多边形是我们生活中常见的图形。

正如下面的图形，各边都相等，各角都相等的多边形，叫作正多边形。如果一个正多边形有n条边，那么这个正多边形叫作正n边形。

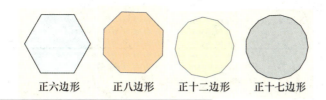

正六边形　　正八边形　　正十二边形　　正十七边形

想一想，菱形、矩形、正方形，哪一个是正多边形，为什么？

给你一个圆，你能在圆中作出不同的正多边形吗？

正多边形和圆的关系非常密切，只要把一个圆分成相等的一些弧，就可以作出这个圆的内接正多边形，这个圆就是这个正多边形的外接圆。

如果将圆 n 等分，依次连接各分点得到一个 n 边形，这个 n 边形一定是正 n 边形。我们把一个正多边形的外接圆的圆心叫作这个正多边形的中心。外接圆的半径叫作正多边形的半径。

正多边形每一边所对的圆心角叫作正多边形的中心角，中心到正多边形的距离叫作正多边形的边心距。

例：有一个亭子，它的地基半径为 4m 的正六边形，求地基的周长和面积（精确到 $0.1m^2$）。

解：如图所示，由于 $ABCDEF$ 是正六边形，所以它的中心角等于 $\frac{360}{6}=60°$，$\triangle OBC$ 是等边三角形，从而正六边形的边长等于它的半径。

因此地基的周长 $L=4\times6=24$（m）

在 $Rt\triangle OPC$ 中，$OC=4$，$PC=\frac{BC}{2}=\frac{4}{2}=2$，利用勾股

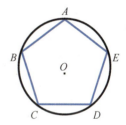

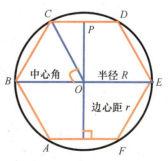

定理可得：边心距 $r=\sqrt{4^2-2^2}=2\sqrt{3}$，亭子地基的面积是

$$S = \frac{1}{2}Lr = \frac{1}{2} \times 24 \times 2\sqrt{3} = 41.6 \ (\text{m}^2)_{\circ}$$

 练习

求半径为 R 的圆内接正方形的边长、边心距、面积（要求画出图形求解）。

第四章

锐角三角函数的应用

　　巍巍莲花山，由九个山峰组成，因其组成形状似莲花而得名，主峰海拔 1022 米，是田东最高峰。有神仙的别墅之称的莲花山是一座奇山，森林密闭，常年云雾缭绕，山上有一种四方竹，据说是恐龙时代遗留的物种，使莲花山更显神秘。

　　莲花山脚下就是著名的风景游览胜地——棋盘滩，棋盘滩面积约有 1800 多平方米，"棋盘"由一块块浮出水面的、大小为 1～2 平方米的石块组成，每一石块的四周都被深、宽都在 30 厘米、纵横交错、互相贯通的水沟围绕，像一盘布好的围棋，而且常年流水潺潺，人在"棋子"上可以任意走动，水不湿脚。

　　神奇的莲花山和山脚下美丽的棋盘滩，每年吸引无数游客游览。

　　莲花山主峰海拔 1022 米，是相对于海平面的高度。如果我们站在棋盘滩往上看时，测得莲花山主峰顶的仰角为 α（这很容易做到），是否可以利用仰角 α 来测量莲花山主峰的高度呢？

　　从数学角度看，上述问题就是：已知直角三角形的锐角的度数，求边长的问题。对于直角三角形，在前面的学习中，我们已经知道其三边之间的关系（勾股定理）和两个锐角之间的关系（两个锐角的和等于 90°），但我们还不知道直角三角形的边和角之间的关系，因此，这一问题的解决需要学习新的知识。

一、锐角三角函数

　　问题：某人承包一座小山种植芒果，为了从山下的水塘往山坡上的水池引水灌溉，需要沿着山坡铺设水管。现测得斜坡与水平面所成的角的度数为 30°，水池出水口高度为 40m，那么需要准备多长的水管？

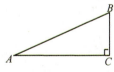

　　这个问题可以归结为，在 $Rt\triangle ABC$ 中，$\angle C = 90°$，$\angle A = 30°$，$BC = 40\text{m}$，求 AB 的长。

　　根据"在直角三角形中，30° 所对的边等于斜边的一半"，即：

$$\frac{\angle A \text{ 的对边}}{\text{斜边}} = \frac{BC}{AB} = \frac{1}{2}$$

可得 $AB = 2BC = 80\text{m}$，所以，需要准备 80m 长的水管。

观察与体会

在上面的问题中，如果出水口的高度为 50m 或 60m，那么需要准备多长的水管？

在上面求 AB（所需水管的长度）的过程中，我们体会到：在一个直角三角形中，如果一个锐角等于 30°，那么不管三角形的大小如何，这个角的对边与斜边的比值都等于 $\dfrac{1}{2}$。

我们再来看一看在直角三角形中有一个锐角等于 45° 的情况：

任意画一个 $Rt\triangle ABC$，使 $\angle C = 90°$，$\angle A = 45°$，计算 $\angle A$ 的对边与斜边的比 $\left(\dfrac{BC}{AB}\right)$。

在 $R_t\triangle ABC$，$\angle C = 90°$，由于 $\angle A = 45°$，所以 $R_t\triangle ABC$ 是等腰直角三角形，由勾股定理得：

$$AB^2 = AC^2 + BC^2 = 2BC^2$$

$$AB = \sqrt{2}BC$$

所以：$\dfrac{BC}{AB} = \dfrac{BC}{\sqrt{2}BC} = \dfrac{1}{\sqrt{2}} = \dfrac{\sqrt{2}}{2}$

即在直角三角形中，如果一个锐角等于 45°，那么不管三角形的大小如何，这个角的对边与斜边的比值都等于 $\dfrac{\sqrt{2}}{2}$。

由上面例子我们体会到，在直角三角形中，当一个锐角等于 30°时，这个角所对的边与斜边的比都等于 $\dfrac{1}{2}$，是一个固定的值；当一个锐角等于 45°时，这个角所对的边与斜边的比都等于 $\dfrac{\sqrt{2}}{2}$，也是一个固定的值。

综上我们发现，在直角三角形中，当锐角 A 的度数一定后，不管三角形大小如何，$\angle A$ 的对边与斜边的比都是一个固定值，这个固定的比值我们叫作 $\angle A$ 的正弦（　　　），记作（　　　）。

$$\sin A = \dfrac{\angle A \text{ 的对边}}{\text{斜边}} = \dfrac{a}{c}$$

当 $\angle A = 30°$时，$\sin A = \sin 30° = \dfrac{1}{2}$

当 $\angle A = 45°$时，$\sin A = \sin 45° = \dfrac{\sqrt{2}}{2}$

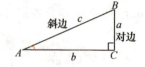

例：如图所示，在 $R_t\triangle ABC$ 中，$\angle C = 90°$，求 $\sin A$ 和 $\sin B$ 的值。

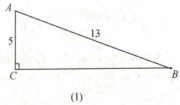

(1)

(2)

解： 如图（1）所示，在 $R_t\triangle ABC$ 中，

$\sin A = \dfrac{BC}{AB} = \dfrac{5}{13}$

$AC = \sqrt{AB^2 - BC^2} = \sqrt{13^2 - 5^2} = 12$

因此， $\sin B = \dfrac{AC}{AB} = \dfrac{12}{13}$

如图（2）所示，在 $R_t\triangle ABC$ 中，

$AB = \sqrt{AC^2 + BC^2} = \sqrt{4^2 + 3^2} = 5$

因此 $\sin A = \dfrac{BC}{AB} = \dfrac{3}{5}$

$\sin B = \dfrac{AC}{AB} = \dfrac{4}{5}$

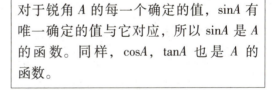

求 SinA 就是要计算 <A 的对边与斜边的比；求 SinB 就是要计算 <B 的对边与斜边的比。

类似延伸

如图所示，在 $Rt\triangle ABC$ 中，$\angle C = 90°$，当锐角 A 确定时，$\angle A$ 的对边与斜边的比就随之确定。这时，由直角三角形三边的关系，我们不难发现，其他边之间的比也随之确定。

类似于正弦的情况，在右图中，当锐角 A 的大小确定时，$\angle A$ 的邻边与斜边的比、$\angle A$ 的对边与邻边的比也分别是确定的。我们把 $\angle A$ 的邻边与斜边的比叫作 $\angle A$ 的余弦（cosine）记作 $\cos A$，即

$\cos A = \dfrac{\angle A\text{ 的邻边}}{\text{斜边}} = \dfrac{b}{c}$

把 $\angle A$ 的对边与邻边的比叫作 $\angle A$ 的正切（tangent），记作 $\tan A$，即

$\tan A = \dfrac{\angle A\text{ 的对边}}{\angle A\text{ 的邻边}} = \dfrac{a}{b}$

锐角 A 的正弦、余弦、正切都叫作 $\angle A$ 的锐角三角函数。

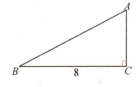

对于锐角 A 的每一个确定的值，$\sin A$ 有唯一确定的值与它对应，所以 $\sin A$ 是 A 的函数。同样，$\cos A$，$\tan A$ 也是 A 的函数。

例： 如图所示，在 $Rt\triangle ABC$ 中，$\angle C = 90°$，$BC = 8$，$\sin A = \dfrac{4}{5}$，求 $\cos A$，$\tan B$ 的值。

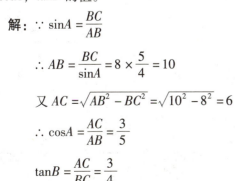

解： $\because \sin A = \dfrac{BC}{AB}$

$\therefore AB = \dfrac{BC}{\sin A} = 8 \times \dfrac{5}{4} = 10$

又 $AC = \sqrt{AB^2 - BC^2} = \sqrt{10^2 - 8^2} = 6$

$\therefore \cos A = \dfrac{AC}{AB} = \dfrac{3}{5}$

$\tan B = \dfrac{AC}{BC} = \dfrac{3}{4}$

练习

（1）分别求出下列直角三角形中，两个锐角的正弦的正弦值、余弦值和正切值。

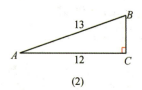

（2）在△ABC中，如果各边的长都扩大3倍，那么锐角A的正弦值、余弦值、正切值有什么变化？

实物探究

常用的两块三角尺中有几个不同的锐角？这几个锐角的正弦值、余弦值和正切值各是多少？

> 为方便起见，我们可以设图中每个三角尺较短的边长为1，然后利用勾股定理和三角函数的定义就可以求出这些三角函数值。

归纳列表

在锐角范围内，有几个特殊的常用的角度：30°、45°、60°。为方便记忆和应用，我们把这三个特殊角的函数值列成一个表。

30°、45°、60°角的正弦值、余弦值和正切值

三角函数 \ 锐角 α	30°	45°	60°
$sin\alpha$	$\frac{1}{2}$	$\frac{\sqrt{2}}{2}$	$\frac{\sqrt{3}}{2}$
$cos\alpha$	$\frac{\sqrt{3}}{2}$	$\frac{\sqrt{2}}{2}$	$\frac{1}{2}$
$tan\alpha$	$\frac{\sqrt{3}}{3}$	1	$\sqrt{3}$

例1：求下列各式的值：

（1）$sin^2 45° + cos^2 45°$

（2）$\dfrac{sin60°}{cos60°} - tan45°$

> $sin^2 45°$ 表示 $(sin45°)^2$，即 $(sin45°) \times (sin45°)$。

解：（1）$sin^2 45° + cos^2 45°$

$$= \left(\dfrac{\sqrt{2}}{2}\right)^2 + \left(\dfrac{\sqrt{2}}{2}\right)^2$$

$$= 1$$

（2）$\dfrac{sin60°}{cos60°} - tan60°$

$$= \dfrac{\sqrt{3}}{2} \div \dfrac{1}{2} - \sqrt{3}$$

$$= 0$$

例2：（1）如图（1）所示，在 $Rt\triangle ABC$ 中，$\angle C = 90°$，$AB = \sqrt{6}$，$BC = \sqrt{3}$，求 $\angle A$ 的度数。

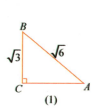

(1)

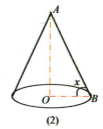

(2)

（2）如图（2）所示，已知圆锥的高 AO 是它底面半径 OB 的 $\sqrt{3}$ 倍，求 X。

解：（1）在如图（1）中，

$\because sinA = \dfrac{BC}{AB} = \dfrac{\sqrt{3}}{\sqrt{6}} = \dfrac{\sqrt{2}}{2}$

$\therefore \angle A = 45°$

（2）在如图（2）中，

$\because tanA = \dfrac{AO}{OB} = \dfrac{\sqrt{3}OB}{OB} = \sqrt{3}$

$\therefore \alpha = 60°$

> 当 A、B 为锐角时，若 A≠B，则
> sinA≠sinB
> cosA≠cosB
> tanA≠tanB

 练习

（1）求下列各式的值：

① $1 - 4sin30°cos60°$

② $tan60° - tan45° + 2sin60°$

③ $\dfrac{3sin60°}{1 + cos60°} - \dfrac{1}{tan30°}$

（2）在 $Rt\triangle ABC$ 中，$\angle C = 90°$，$BC = \sqrt{5}$，$AC = \sqrt{15}$，求 $\angle A$、$\angle B$ 的度数。

（3）分别求出图中 $\angle A$、$\angle B$ 的正弦值、余弦值和正切值。

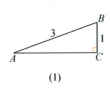

(1)

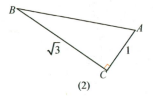

(2)

（4）求下列各式的值。

① $\cos 45° + \dfrac{\sqrt{2}}{2}$

② $1 + 4\sin 30° \cos 30°$

③ $\sin^2 45° + \tan 60° \sin 60°$

（5）如图所示，要焊接一个高 3.6m，底角为 35° 的人字形钢架，约需多长的钢材（结果保留小数点后 1 位）？（已知 $\sin 35° \approx 0.57$，$\tan 35° \approx 0.7$）

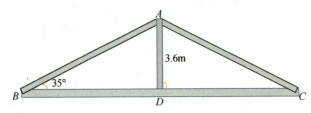

（6）如图所示，一块平行四边形木板的两条邻边的长分别为 30cm 和 10cm，它们之间的夹角为 30°，求这块木板的面积。

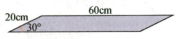

二、锐角三角函数的应用——解直角三角形

在上节中，我们已经掌握了锐角三角函数，它表达了直角三角形边角之间的各种关系，一般地，直角三角形中，除直角外，共有 5 个元素，即 3 条边和 2 个锐角，由直角三角形中除直角外的已知元素，求出其余未知元素的过程，叫作解直角三角形。

在日常生活和生产实践中，许多问题（如测量物体的高度等）都可以归结为解直角三角形问题。

归纳思考

1. 在直角三角形中，除直角外的 5 个元素之间有哪些关系

如图所示，在 $Rt\triangle ABC$ 中，$\angle C$ 为直角，$\angle A$，$\angle B$，$\angle C$ 所对的边分别为 a，b，c，那么除 $\angle C$ 外的 5 个元素之间有如下关系：

（1）三边之间的关系：

$a^2 + b^2 = c^2$（勾股定理）

（2）两锐角之间的关系：

$\angle A + \angle B = 90°$

（3）边角之间的关系：

$$\sin A = \frac{\angle A \text{ 的对边}}{\text{斜边}} = \frac{a}{c}$$

$$\cos A = \frac{\angle A \text{ 的邻边}}{\text{斜边}} = \frac{b}{c}$$

$$\tan A = \frac{\angle A \text{ 的对边}}{\text{邻边}} = \frac{a}{b}$$

上述（3）中的 A 都可以换成 B，同时把 a，b 互换。

2. 知道 5 个元素中的几个，就可以求其余元素？

观察发现，利用这些关系，知道其中的 2 个元素（至少有一个是边），就可以求出其余 3 个元素。

例 1： 如图所示，在 $Rt\triangle ABC$ 中，$\angle C = 90°$，$AC = \sqrt{2}$，$BC = \sqrt{6}$，解这个直角三角形。

解： $\because \tan A = \dfrac{BC}{AC} = \dfrac{\sqrt{6}}{\sqrt{2}} = \sqrt{3}$

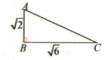

$\therefore \angle A = 60°$

$\angle C = 90° - \angle A = 90° - 60° = 30°$

$AB = \dfrac{1}{2} AC = 2\sqrt{2}$

 练习

在 $Rt\triangle ABC$ 中，$\angle C = 90°$，根据下列条件解直角三角形：

（1）$a = 2\sqrt{3}$，$b = 2$

（2）$\angle A = 18°$，$c = 10$（已知 $\sin 18° \approx 0.31$，$\cos 18° \approx 0.95$。结果保留小数点后一位）

例 1： 如图所示，一艘海轮位于灯塔 P 的北偏东 65° 方向，距离灯塔 80 海里的 A 处，它沿正南方向航行一段时间后，到达位于灯塔 P 的南偏东 34° 方向上的 B 处。这时，海轮所在的 B 处距离灯塔 P 有多远（结果保留小数点后一位）？

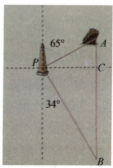

解： 在 $Rt\triangle APC$ 中，

$PC = PA \cdot \cos(90° - 65°)$

$\quad = 80 \times \cos 25°$

$\quad \approx 72.5$

在 $Rt\triangle BPC$ 中，$\angle B = 34°$

$\because \sin B = \dfrac{PC}{PB}$

$\therefore PB = \dfrac{PC}{\sin B} = \dfrac{72.5}{\sin 34°} \approx 129.7$

因此，当海轮到达位于灯塔 P 的南偏东 34°时，它距离灯塔 P 大约 129.7 海里。

例2：现在我们来解决本章开头提出的问题，站在棋盘滩，利用测角仪来测量莲花山的高度。

已知，小明同学站在 A 处测得莲花山顶 C 的仰角 $\alpha = 65°$，这时，他往莲花山方向走 65 米到达 B 处，测得山顶 C 的仰角 $\beta = 80°$。小明身高 1.60 米，求山的高度。

分析：如图所示，山的高度 $CD = CH + HD$，在 $Rt\triangle FHC$ 中，已知 $\angle CFH = 80°$，利用边角关系，求得 FH，就可以求得 CH 和的高度，由 $CD = CH + HD$ 就求得山的高度。

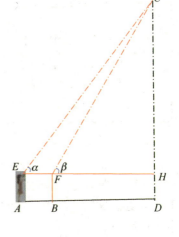

解：在 $Rt\triangle FHC$ 中，

$\because \tan\beta = \dfrac{CH}{FH}$

$\therefore FH = \dfrac{CH}{\tan 80°} \approx \dfrac{CH}{5.7} \approx 0.18CH$

又在 $Rt\triangle EHC$ 中，

$\because \tan\alpha = \dfrac{CH}{EH}$

$\therefore EH = \dfrac{CH}{\tan 70°} = 0.27CH$

$\because EH = EF + FH = 65 + 0.18CH$

$\therefore 0.27CH = 65 + 0.18CH$

解得 $CH \approx 722.2$（m）

$\therefore CD = CH + HD = 722.2 + 1.6 = 723.8 \approx 724$（m）

所以，从棋盘滩测量莲花山的高度约为 724 米。

棋盘滩海拔 298 米，莲花山海拔等于 $724 + 298 = 1022$（m）。

（1）海中有一个小岛 A，它的周围 8 海里内有暗礁，渔船跟踪鱼群由西向东航行，在 B 点测得小岛 A 在北偏东 $60°$ 方向上，航行 12 海里到达 D 点，这时测得小岛 A 在北偏东 $30°$ 方向上，如果渔船不改变航线继续向东航行，有没有触礁的危险？

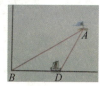

（2）如图所示，拦水坝的横断面为梯形 $ABCD$（图中 $i = 1：3$ 是指坡面的垂直高度 DE 与水平宽度 CE 的比），根据图中数据求：

① 坡角 α 和 β；

② 斜坡 AB 的长（结果保留小数点后一位）。

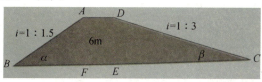

（3）如图所示，在 $\triangle ABC$ 中，$AB = AC$，$\angle BAC = 120°$，$BC = 2\sqrt{3}$，求 $\triangle ABC$ 的周长。

（4）如图所示，学校服装车间厂房屋顶人字架（等腰三角形）的跨度为 12m，$\angle B = 36°$，求中柱 AD（D 为底边中点）和上弦 AB 的长（结果保留小数点后一位，已知 $\tan36° \approx 0.73$，$\cos36° \approx 0.81$）。

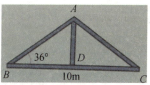

（5）从高出海平面 40m 的灯塔处收到一艘帆船的求助信号，从灯塔看帆船的俯角为 $14°$，帆船距灯塔有多远（结果保留整数，已知 $\tan76° \approx 4.0$）？

（6）如图所示，某飞机于空中 A 处探测到目标 C，此时飞机高度 $AC = 1000$m，从飞机上看地面指挥台 B 的俯角为 $11°32'$，求 A 到指挥台 B 的距离（结果保留整数，已知 $\sin11°32' \approx 0.2$）。

（7）如图所示，在山坡上种树，要求株距（相邻两树之间的水平距离）是6m，测得斜坡的倾斜角是24°，求斜坡上相邻两树间的坡面距离（结果保留小数点后一位）。

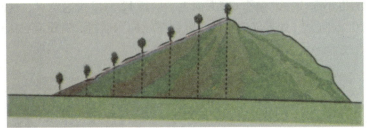

（8）一座金字塔被告发现时，顶部已经荡然无存，但底部未曾受损，是一个边长为130m的正方形，且第一个侧面与地面成65°角，求这个金字塔原来有多高（结果保留整数）。

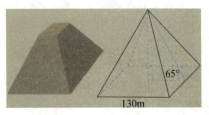

数学活动

活动1　测角仪的使用。

（1）把一根细线固定在半圆形量角器的圆心处，细线的另一端是一个小重物，制成一个简单的测角仪，利用它可以测量仰角或俯角。

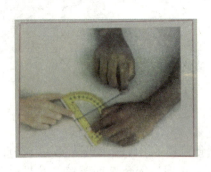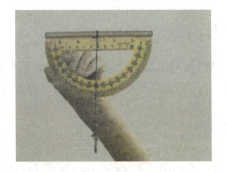

（2）将这个仪器用手托住，拿到眼前，使视线沿着仪器的直径刚好到达树的最高点。

（3）读出仰角 α 的角度。

（4）测出你到树根的距离。

（5）计算这棵树的高度。

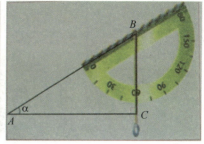

活动2　利用测角仪测量学校旗杆的高。

（1）在旗杆前的平地上选择一点 A，用活动1中制作的测角仪测出你看旗杆顶的仰角 α。

（2）在 A 点和塔之间选择一点 B 测出你看旗杆顶的仰角 β。

（3）量出 A、B 两点的距离。

（4）计算旗杆的高度。

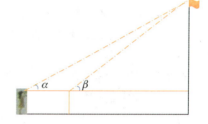

第五章

投影与视图

物体的影子是自然界有趣的现象，你有没有注意观察过物体在日光、月光或照明光下的影子？影子和物体有什么联系？人们从光线照射物体会产生影子得到启发，抽象出投影的概念，并利用投影原理来绘制视图。在生产实践中，制造机器、建筑高楼、设计火箭等无一不与视图密切相关。

本章我们将了解投影的基础知识，并借助投影的原理认识视图，然后进一步讨论：如何由立体图形画出三视图？如何由三视图想象出立体图形？通过学习本章，相信同学们对空间图形的认识会得到进一步的提高。

一、投影

物体在日光或灯光的照射下，会在地面、墙壁等处形成影子。影子既与物体的形状有关，也与光线的照射方式有关。

在阳光下：

一般地，用光线照射物体，在某个平面（地面、墙壁等）上得到的影子叫作物体的投影。照射光线叫作投影线，投影所在的平面叫作投影面。

皮影戏是利用灯光的照射，把影子的形态反映在银幕（投影面）上的表演艺术。

有时光线是一组互相平行的射线，例如太阳光或探照灯光的一束光中的光线由平行光线形成的投影是平行投影。例如，物体在太阳光的照射下形成的影子（简称日影）就是平行投影，日影的方向可以反映时间，我国古代的计时器日晷就是根据日影来观测时间的。

日晷是利用日影计时的仪器，通常由铜制的指针和石制的带有刻度的圆盘组成，针影投到刻度盘的不同位置表示不同的时刻。

由同一点（点光源）发出的光线形成的投影叫作中心投影，例如，物体在灯泡发出的光照射下形成影子就是中心投影。

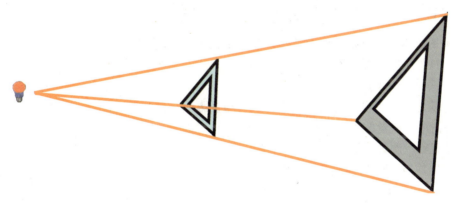

练习

把下列物体与它们的投影用线连接起来，你会得出什么结论？

思考

下图表示一块三角尺在光线照射下形成的投影，其中图（1）与图（2）、图（3）的投影线有什么区别？图（2）、图（3）的投影线与投影面的位置关系有什么区别？

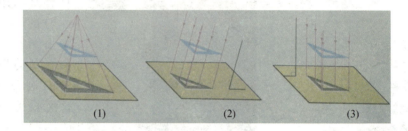

图（1）中的投影线集中于一点，形成中心投影。图（2）、图（3）中，投影线互相平行，形成平行投影。图（2）中，投影线斜着照射投影面；图（3）中投影线垂直照射投影面（即投影线正对着投影面），我们也称这种情形为投影线垂直于投影面，像图（3）这样，投影线垂直于投影面产生的投影叫作正投影。

在实际制图中，人们经常应用正投影的原理。

探究

1. 如图所示，把一根直的细铁丝（记为线段 AB）放在不同位置

（1）铁丝平行于投影面。

（2）铁丝倾斜于投影面。

（3）铁丝垂直于投影面（铁丝不一定要与投影面有公共点）。

三种情形下铁丝的正投影各是什么形状？

通过观察、测量可知：

（1）当线段 AB 平行于投影面 P 时，它的正投影是线段 A_1B_1，线段与它投影的大小关系为 ABA_1 ____ B_1；

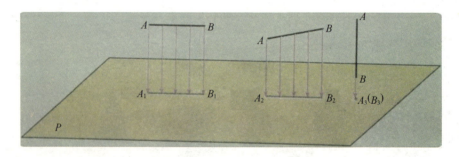

（2）当线段 AB 倾斜于投影面 P 时，它的正投影是线段 A_2B_2，线段与它投影的大小关系为 ABA_2 ____ B_2；

（3）当线段 AB 垂直于投影面 P 时，它的正投影是一个点 A_3。

2. 如图所示，把一块正方形硬纸板 P（如正方形 $ABCD$）放在三个不同位置

（1）纸板平行于投影面。

（2）纸板倾斜于投影面。

（3）纸板垂直于投影面。

三种情形下铁丝的正投影各是什么形状？

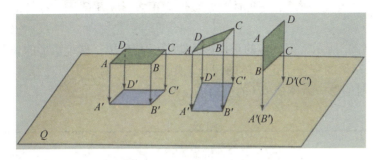

通过观察、测量可知：

（1）当纸板 P 平行于投影面 Q 时，P 的正投影与 P 的形状、大小一样。

（2）当纸板 P 倾斜于投影面 Q 时，P 的正投影与 P 的形状、大小发生变化。

（3）当纸板 P 垂直于投影面 Q 时，P 的正投影成为一条线段。

归纳

当物体的某个面平行于投影面时，这个面的正投影与这个面的形状、大小完全相同。

人们经常根据上述规律绘制图纸。

例： 画出如图摆放的正方体在投影面上的投影。

（1）正方体的一个面 $ABCD$ 平行于投影面 P。

（2）正方体的一个面 $ABCD$ 倾斜于投影面 P，上底面 $ADEF$ 垂直于投影面 P，并且上底对角线 AE 垂直于投影面 P。

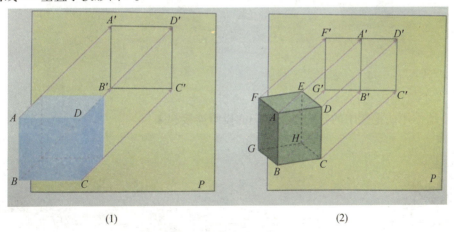

(1)　　　　　　　　　　　　　　(2)

分析：（1）当正方体在如图（1）的位置时，正方体的一个面 $ABCD$ 及与其相对的另一面与投影面平行，这两个面的正投影是与正方体的一个面的形状、大小完全相同的正方形 $A'B'C'D'$，正方形 $A'B'C'D'$ 的四条边分别是正方体其余四个面·（这些面垂直于投影面）的投影。因此，正方体的正投影是一个正方形。

（2）当正方体在如图（2）的位置时，它的面 $ABCD$ 和面 $ABGF$ 倾斜于投影面，它们

的投影分别是矩形 $A'B'C'D'$ 和 $A'B'G'F'$；正方体其余两个侧面的投影也分别是上述矩形；上、下底面的投影分别是线段 $D'F'$ 和 $C'G'$。因此，正方体的投影是矩形 $F'G'C'D'$，其中线段 $A'B'$ 把矩形一分为二。

解：（1）如图（1）所示，正方体的正投影为正方形 $A'B'C'D'$，它与正方体的一个面是全等关系。

（2）如图（2）所示，正方体的正投影为矩形 $F'G'C'D'$，这个矩形的长等于正方体的底面对角线长，矩形的宽等于正方体的棱长。矩形上、下两边中点连线 $A'B'$ 是正方体的侧棱 AB 及它所对的另一条侧棱 EH 的投影。

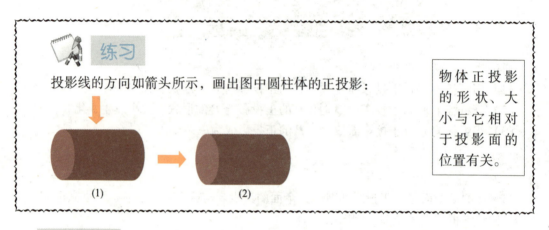

练习

投影线的方向如箭头所示，画出图中圆柱体的正投影：

(1)　　　　(2)

物体正投影的形状、大小与它相对于投影面的位置有关。

复习巩固

（1）小英在不同时间于天安门前拍了几张照片，下面哪张照片是小英在下午拍摄的？

天安门是坐北向南的建筑

（2）请你用线把图中的各物体与它们的投影连接起来。

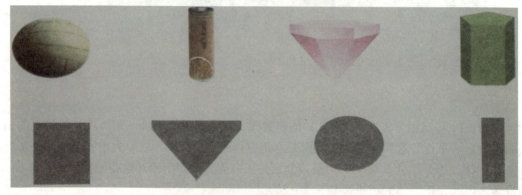

（3）如果在阳光下你的身影的方向为北偏东 60° 方向，你能说出太阳相对于你的方向吗？

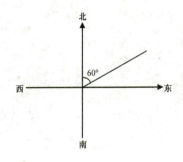

（4）下面右图是光线由上到下照射一个正五棱柱（正五棱柱的上、下底面是正多边形，侧棱垂直于底面）时的正投影，你能指出这时正五棱柱的各个面的正投影分别是什么吗？

（5）一个圆锥的轴截面平行于投影面，圆锥的正投影是边长为 3 的等边三角形，求圆锥的体积和表面积。

（6）画出如图摆放的物体（正六棱柱）的正投影：

①投影线由物体前方射到后方。

②投影线由物体左方射到右方。

③投影线由物体上方射到下方。

二、三视图

当从某一角度观察一个物体时，所看到的图像叫作物体的一个视图，视图也可以看作物体在某一角度的光线下的投影。对于同一物体，如果从不同角度观察，所得到的视图可能不相同。

我们知道，单一的视图通常只能反映物体的一个方面的形状。为了全面地反映物体的形状，生产实践中往往采用多个视图来反映物体不同方面的形状。例如，下图中右侧的视图，可以多角度地反映飞机的形状。

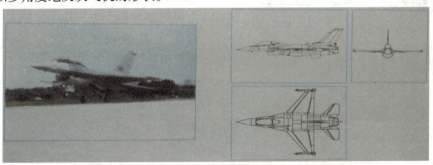

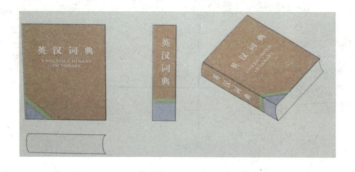

你能说出这三个视图分别是从哪个方向观察这本书时得到的吗?

　　如图所示,我们用三个互相垂直的平面(如墙角处的三面墙壁)作为投影面,其中正对着我们的叫作正面,正面下方的叫作水平面,右边的叫作侧面。一个物体(如一个长方体)在三个投影面内同时进行正投影,在正面内得到的由前向后观察物体的视图,叫作主视图;在水平面内得到的由上向下观察物体的视图,叫作俯视图;在侧面内得到由左向右观察物体的视图,叫作左视图。

　　如图所示,将三个投影面展开在一个平面内,得到这一物体的一张三视图(主视图、俯视图和左视图)。三视图中的各视图,分别从不同方面表示物体,三者结合起来就能够较全面地反映物体的形状。

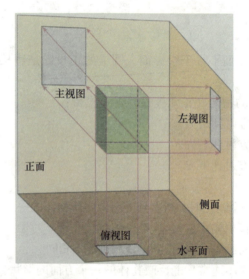

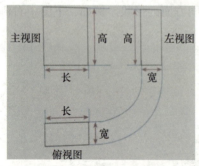

三视图位置有规定:
主视图要在左上方,
它下方是俯视图,
左视图坐落在右边。

三视图中，主视图与俯视图表示同一物体的长，主视图与左视图表示同一物体的高，左视图与俯视图表示同一物体的宽，因此三个视图的大小是互相联系的。画三视图时，三个视图要放在正确的位置，并且使主视图与俯视图的长对正，主视图与左视图的高平齐，左视图与俯视图的宽相等。

三视图中各视图的大小有什么关系?

> 正对着物体看，物体左右之间的水平距离、前后之间的水平距离、上下之间的竖直距离，分别对应这里所说的长、宽、高。

在实际生活中人们经常遇到各种物体，这些物体的形状虽然经常各不相同，但是它们一般是由一些基本几何体（柱体、锥体、球等）组合或切割而成的，因此会画、会看基本几何体的视图是非常必要的。

例1：画出如图所示的基本几何体的三视图。

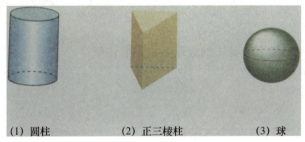

(1) 圆柱   (2) 正三棱柱   (3) 球

分析：画这些基本几何体的三视图时，要注意从三个方面观察它们。具体画法为：

（1）确定主视图的位置，画出主视图。

（2）在主视图正下方画出俯视图，注意与主视图"长对正"。

（3）在主视图正右方画出左视图，注意与主视图"高平齐"，与俯视图"宽相等"。

（4）为表示出旋转几何体（圆柱、三棱柱、球等）的对称轴，可在视图中加画点划线。

> 主视图反映物体的长和高，俯视图反映物体的长和宽，左视图反映物体的高和宽。

> 画出三视图后可擦去图中的辅助线。

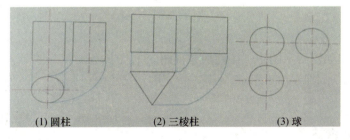

(1) 圆柱   (2) 三棱柱   (3) 球

例2：画出图示支架（一种小零件）的三视图，支架的两个台阶的高度和宽度都是同一长度。

分析：支架的形状是两个大小不等的正方体构成的组合体，画三视图时要注意这两个长方体的上下、前后位置关系。

解：下图是支架的三视图。

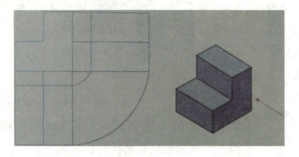

画组合体的三视图时，构成组合体的各个部分的视图也要注意"长对正，高平齐，宽相等"。

例3：图示是一根钢管的直视图，画出它的三视图。

分析：钢管有内外壁，从一定的角度看它时，看不见内壁。为全面反映立体图形的形状，画图时规定：看得见部分的轮廓线画成实线，因被其他部分遮挡而看不见部分的轮廓线画成虚线。

解：钢管的三视图如下，其中的虚线表示钢管内壁。

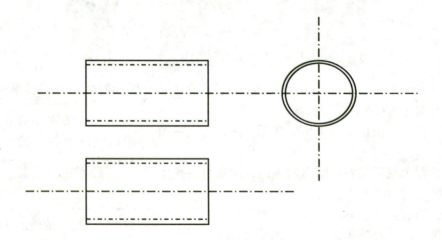

 练习

（1）画出如图所示的正三棱柱的三视图。

（2）画出半球和圆锥的三视图。

（3）图中的立体图形可以看成由哪些基本几何体经过怎样的变化得到的？画出它的三视图。

前面我们讨论了由立体图形（实物）画出三视图，下面讨论由三视图想象出立体图形（实物）。

例 4： 根据三视图说出立体图形的名称。

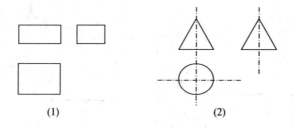

　　　　　　　（1）　　　　　　　　　　　　　　　　（2）

分析： 由三视图想象立体图形时，要先分别根据主视图、俯视图和左视图想象立体图形的前面、上面和左侧面，然后再综合考虑整体图形。

解：（1）从上三个方向看立体图形，图形都是矩形，可以想象出整体是长方体。

（2）从正面、侧面看立体图形，图形是等腰三角形；从上面看，图形是圆；可以想象出：整体是圆锥体。

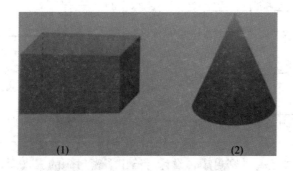

　　　（1）　　　　　　　　　　　　　（2）

例 5： 根据物体的三视图描述物体的形状。

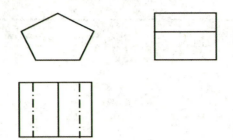

> 请对照三视图与想象出的立体图形，指出三视图中各线条分别是立体图形哪部分的投影。

分析：由主视图可知，物体正面是正五边形；由俯视图可知，由上向下看物体是矩形的，且有一条棱（中间的实线）可见到，两条棱（虚线）被遮挡；由左视图可知，物体的侧面是矩形的，且有一条棱（中间的实线）可见到。综合各视图可知，物体是五棱柱形状的。

解：物体是五棱柱形状的。

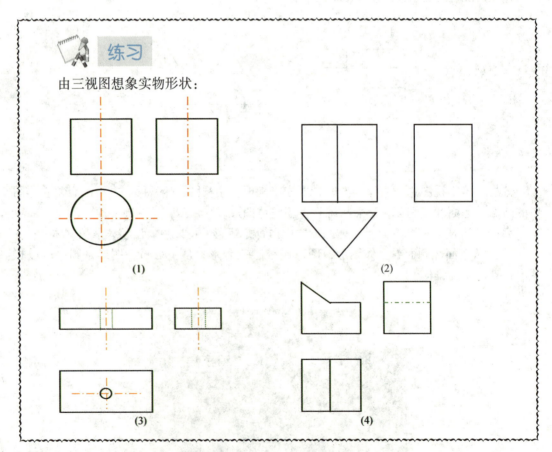

练习

由三视图想象实物形状：

(1) (2) (3) (4)

例6：某工厂要加工一批密封罐，设计者给出了密封罐的三视图，请按照三视图确定制作每个密封罐所需钢板的面积。

分析：对于某些立体图形，沿其中一些线（如棱柱的棱）剪开，可以把立体图形的表面展开成一个平面图形——展开图。在实际的生产中，三视图和展开图往往结合在一起使用。解决三题的思路是由三视图想象出密封罐的立体形状，再进一步画出展开图，从而计算面积。

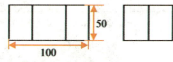

解: 由三视图可知，密封罐的形状是正六棱柱。

密封罐的高为 50mm，底面正六边形的直径为
100mm，边长为 50mm，下图是它的展开图。

由展开图可知，制作一个密封罐所需的钢板面积为：

$$S = 6 \times 50 \times 50 + 2 \times 6 \times \frac{1}{2} \times 50 \times 50 \times \sin 60°$$

$$= 6 \times 50^2 \times \left(1 + \frac{\sqrt{3}}{2}\right)$$

$$\approx 27990 \text{（mm}^2\text{）}$$

 练习

（1）根据几何体的三视图画出它的表面展开图：

(1)　　　　　　　　**(2)**

（2）找出与图中的几何体对应的三视图，在三视图下面的括号中填上对应的数码。

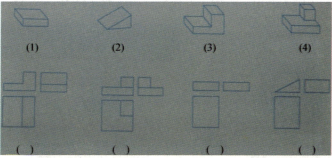

（3）画出图中的几何体的三视图。

长方体　　　圆柱　　　圆锥　　　正三棱柱　　　正五棱柱

（4）球的三视图与其摆放位置有关吗？为什么？

（5）根据下列三视图，分别说出它们表示的物体的形状：

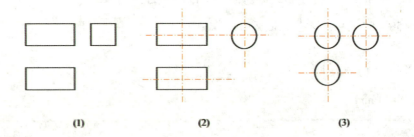

　　(1)　　　　　　　(2)　　　　　　　(3)

（6）根据下面的三视图说出这几个物体是怎样由四个正方体组合成的。

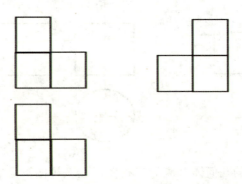

（7）分别画出图中的由 7 个小正方体组合而成的立体图形的三视图。

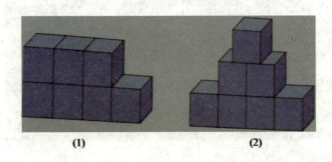

　　(1)　　　　　　　　　　　(2)

（8）画出图中物体的三视图。

（9）根据三视图描述物体的形状。

第三部分

英　　语

Letters and Phonetic Symbols

Part 1　Letters

Ⅰ. Read and write（读写）

Aa　Bb　Cc　Dd　Ee　Ff　Gg　Hh　Ii　Jj　Kk　Ll　Mm　Nn

Oo　Pp　Qq　Rr　Ss　Tt　Uu　Vv　Ww　Xx　Yy　Zz

Ⅱ. 26 个英文字母发音音标如下

Aa/ei/　　Bb/biː/　　Cc/siː/　　　　Dd/diː/　Ee/iː/　Ff/ef/　Gg/dʒiː/　　Hh/eitʃ/

Ii/ai/　　Jj/dʒei/　Kk/kei/　　　　Ll/el/　Mm/em/　Nn/en/　Oo/əu/　　　Pp/piː/

Qq/kjuː/　Rr/aː/　Ss/es/　　　　Tt/tiː/　Uu/juː/　Vv/viː/　Ww/dʌbljuː/

Xx/eks/　Yy/wai/　Zz/zed//ziː/

Ⅲ. 英国国际音标表（48 个）

1. 元音（20 个）

长元音	/ɑː /	/ɔː /	/əː /	/iː /	/Uː /		
短元音	/ʌ/	/ɔ/	/ə/	/ɪ/	/U/	/e/	/æ/
双元音	/eI/	/aI/	/ɔI/	/Iə/	/eə/	/Uə/	/əU/	/aU/

2. 辅音（28 个）

轻辅音	/p/	/t/	/k/	/f/	/θ/	/s/
浊辅音	/b/	/d/	/g/	/v/	/ð/	/z/
轻辅音	/ʃ/	/h/	/ts/	/tʃ/	/tr/	
浊辅音	/ʒ/	/r/	/dz/	/dʒ/	/dr/	
鼻音	/m/	/n/	/ŋ/			
半元音	/j/	/w/				
边音	/l/					

3. 五个元音相对应的国际音标

Aa［ei］［æ］；Ee［iː］［e］；Ii［ai］［i］；Oo［əu］［ɔ］；Uu［juː］［ʌ］

4. 21 个辅音相对应的国际音标

发音不变化的辅音字母共有 15 个，字母及对应的音标如下：

b	d	t	k	f	v	z	h	r	j	l	m	n	w	p
/b/	/d/	/t/	/k/	/f/	/v/	/z/	/h/	/r/	/dʒ/	/l/	/m/	/n/	/w/	/p/

发音变化的辅音字母共有 6 个，它们分别是 c、g、x、y、s、q 在单词中不同情况下发音也会有变化，qu 永远在一起。

c	g	x	y	s	qu
/k/，/s/	/g/，/dʒ/	/z/，/ks/	/j/，/i/，/iː/	/s/，/z/	/kw/

Part 2　Practice

Ⅰ. **Listen and repeat**

Aa　Bb　Cc　Dd　Ee　Ff　Gg　Hh　Ii　Jj　Kk　Ll　Mm　Nn

Oo　Pp　Qq　Rr　Ss　Tt　Uu　Vv　Ww　Xx　Yy　Zz

Ⅱ. **Circle the vowel letters**

Aa　Bb　Cc　Dd　Ee　Ff　Gg　Hh　Ii　Jj　Kk　Ll　Mm　Nn

Oo　Pp　Qq　Rr　Ss　Tt　Uu　Vv　Ww　Xx　Yy　Zz

Ⅲ. **Read**（读一读下列字母、音标及单词）

1. a［ei］　cake　face　name　make　place　take　snake　grape

2. a［æ］　pants　map　at　cap　can　many　has　black

3. e/ee［iː］　we　me　she　knee　tree　sheep　three　canteen

4. e［e］　leg　egg　bed　desk　pen　yes　get　seven

5. i［ai］　white　rice　write　ice　like　nice　time　ride

6. i［i］　milk　minute　fish　window　fit　rabbits　music　his

7. o［əu］　coke　those　hold　OK　over　so　go　photo

8. o［ɔ］　socks　not　of　hot　sorry　tock　donkey　long

9. u［ʌ］　sunny　lunch　duck　but　jump　fun　run　much

Ⅳ. **Read and find**（读一读，找出画线部分发音不同的单词）

	A	B	C
(　) 1.	many	cap	potato
(　) 2.	let	help	sheep
(　) 3.	dinner	rice	drink
(　) 4.	hope	coke	clock
(　) 5.	fun	music	computer

V. Read and judge [读一读，判断下面每组词画线部分的读音是否相同，相同的写 (S)，不同的写 (D)]

1. five fish ( )   2. cake apple ( )

3. cup duck ( )   4. those sorry ( )

5. three we ( )   6. kite milk ( )

7. no only ( )   8. have face ( )

9. second me ( )   10. much uncle ( )

Greetings

Language Goals:

1. Numbers
2. Greet people and introduce yourself
3. Ask for and give telephone numbers

Language Structures:

1. Present tense to be
2. What – questions
3. How – questions

Part 1   Practice

A. Read and write

1. Can you read these numbers?

0 zero	1 one	2 two	3 three	4 four	5 five	6 six
7 seven	8 eight	9 nine	10 ten	11 eleven	12 twelve	13 thirteen
14 fourteen	15 fifteen	16 sixteen	17 seventeen	18 eighteen	19 nineteen	20 twenty

2. Write the numbers and English words, then read them aloud.

你的年龄：_____   _____

你的电话：_____   _____

火警电话：_____   _____

急救电话：_____   _____

报警电话：_____   _____

查号电话：_____   _____

B. Look and say

Exchange your information with partner according to the example.

Name：Tony Brown
Family name：Brown
Age：13
Telephone number：256 – 5861

Example：

—What's your name?

—My name's Tony.

—How do you spell it?

—T – O – N – Y.

—How old are you?

—I'm 13.

—What's your telephone number?

—It's 256 – 5861.

C. Speaking. Follow the given model and make a dialogue with your partners, please.

Model：

Eric： Hello, Frank. Glad to meet you.

Frank： Hello, Eric. Me, too. How are you today?

Eric： Fine, thank you, and you?

Frank： I'm fine, too. Thank you.

Eric： Sorry, I have to go to our classroom. See you later!

Frank： See you!

【情景对话】发挥你的想象力，你可以以任何人的身份进行想象，你可以想象各种各样的答案，只有想象力丰富，才能尽量接触到所有你可能想说的话，这样才可能最大限度地学会一切英语表述内容，做到随心所欲说英语。

1. —Good evening, ladies and gentlemen.

—Good evening.

2. —How are you doing?

—Pretty good. Thank you. How are you?

—I'm doing well, too.

3. —Nice to meet you.

—Nice to meet you, too.

4. —Long time no see. How have you been?

—Not bad. Thank you. How have you been?

—Just so so.

5. —How are you doing, Mr. Du?

—Pretty good, thank you. How about you?

—I'm fine, too. Thank you.

6. —How is Betty doing?

—She's doing great, thank you.

7. —How are you doing today?

—Pretty good. Thank you. How about you?

8. —How's everything with you?

—Everything is OK. Thank you.

Greetings and Possible Responses

Greetings	Responses
Hello! /Hi!	Hello! /Hi!
Good morning (afternoon, evening).	Good morning (afternoon, evening).
How do you do?	How do you do?
How are you?	Fine, thank you. And you?
I'm fine, too. Thank you.	
Glad to meet you.	Glad to meet you.
Nice to meet you.	Nice to meet you.
Good – bye!	Good – bye!
Bye – bye!	Bye – bye!
See you later (tomorrow)!	See you!

D. Look, read and understand

Look! This is a picture of Tiandong Vocational School.

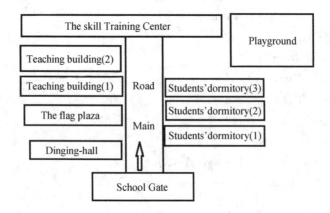

Welcome to Our School

(At the school gate.) Good morning! Welcome to Tiandong Vocational School, My name is Lin Tao. I'm very glad to meet you here today.

Look, this is our school dining – hall, it is very large and clean. On the right of the road, there are three tall buildings, they are students' dormitories. There is a flag plaza on the left of the road and we often get together there in the morning. Next to the flag plaza, there are two teaching buildings, and there are twenty – five classrooms in each of them. Our classrooms are big and bright with modern teaching equipments in them. At the end of the road, there is a very big building, that is the skill training center with many kinds of modern teaching equipments for us to practice our skills. We can drill our skills there from Monday to Friday. In the west part of our school, there is a very large playground. We often have PE classes on the playground and we can play football or basketball there after school.

Our school is a very good school. We love our school. Wish you all like our school and study hard here.

Part 2   Grammar

I．Be 动词的一般现在时

1. be 动词是系动词的一种，表示"……是……"的意思。现在式有 am，is，are 三种。这三种动词的原形是 be，所以把它们称为 be 动词。be 动词的三种形式 am，is，are 分别用在不同人称的主语之后。例如：

I <u>am</u> a doctor. 我是一名医生。

Mary <u>is</u> at work. 玛丽在工作。

He <u>is</u> very brilliant. 他非常聪明。

It <u>is</u> a nice day. 今天天气晴朗。

You <u>are</u> my only friend. 你是我唯一的朋友。

They <u>are</u> students. 他们是学生。

2. be 动词句型的构成。

肯定句：主语 + be 动词（am/is/are）…

否定句：主语 + be 动词（am/is/are）+ not…

疑问句：be 动词（am/is/are）+ 主语……?

肯定回答：Yes，主语 + is/am/are. 否定回答：No，主语 + isn't/aren't/am not.

特殊疑问句：疑问代词（疑问副词）+ be 动词（am/is/are）+ 主语……?

II．Practice

（I）Write the English words of the numbers.

0 _____ 1 _____ 2 _____ 3 _____ 4 _____

5 _____ 6 _____ 7 _____ 8 _____ 9 _____

10 _____ 11 _____ 12 _____ 13 _____ 14 _____

15 _____ 18 _____ 20 _____

（II）Choose the correct words and fill in the blanks.

1. Hi. _____ (My/I) am Jim Green.

2. What's _____ (he/his) name?

3. _____ (Her/She) name is Tina Brown.

4. _____ (My/I) name is Mark.

5. He _____ (am/is/are) .

6. What _____ (am/is/are) your name?

7. I _____ (am/is/are) Linda.

8. How old _____ (are/is/am) you?

（III）Choose the correct answers.

(   ) 1. —_____ old is Tony?

　　　　　—He is 12.

A. What 　　　　　B. How 　　　　　C. What's

(　　) 2. —How do you spell "twelve"?

　　　　—_____.

A. Twelve 　　　　B. TWELVE 　　　　C. T－W－E－L－V－E

(　　) 3. —Good morning.

　　　　—_____.

A. Hello, Good 　　　B. Good morning 　　　C. Good afternoon 　　　D. OK

(　　) 4. —How are you?

　　　　—_____.

A. Thank you 　　　B. Sit down, please. 　　　C. I'm fine 　　　D. Good morning

(　　) 5. 下午遇见老师时, 你应该说: _____.

A. Good evening 　　　B. Thanks 　　　C. Good afternoon

(　　) 6. 对方帮你忙完后, 你应该说: _____.

A. OK 　　　B. Thank you 　　　C. Hello

(　　) 7. 你叫什么名字?

A. What is your name? 　　　　　　B. Your name is what?

C. What your name is 　　　　　　D. What name your are?

(　　) 8. 见到你很高兴。

A. Good morning 　　　B. Nice to meet you. 　　　C. OK 　　　D. Good－bye

(　　) 9. 对方问你 "How are you?" 时, 你应回答: _____.

A. I'm fine, thanks. 　　　B. How are you? 　　　C. Hello

(　　) 10. 英语中共有26个字母, _____个元音字母, 它们是: Aa Ee ____ ____ Uu.

A. 4; Ii Oo 　　　B. 5; Gg Yy 　　　C. 5; Ii Oo

(　　) 11. —How do you do?

　　　　—_____.

A. Hello, Good 　　　B. Good morning 　　　C. Good afternoon 　　　D. How do you do

(　　) 12. 下晚自习后各自回宿舍睡觉, 这时你应该对同学说: _____.

A. Good night. 　　　B. Hello 　　　C. Hi. 　　　D. Good evening

(　　) 13. —See you later.

　　　　—_____.

A. Hello, Good 　　　B. Good morning 　　　C. Good afternoon 　　　D. See you.

Family Members and Jobs

Language Goals:

1. Family members
2. Introduce people
3. Identify people
4. Talk about jobs

Language Structures:

1. Countable nouns
2. Personal pronouns and possessive pronouns
3. Yes/No questions and short answers
4. What – questions
5. Where – questions

Part 1   Letters

1. Do you know them?

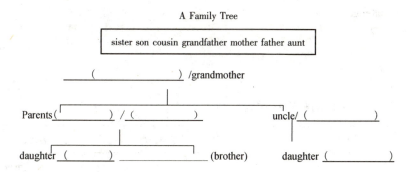

A Family Tree

sister son cousin grandfather mother father aunt

_____(_____) /grandmother

Parents (_____) / (_____)   uncle/ (_____)

daughter (_____) _____ (brother)   daughter (_____)

Complete the following sentences:

(1) My father's father is my _____ .

(2) My uncle's daughter is my _____ .

(3) My sister is my father's _____ .

(4) My mother's sister is my _____ .

(5) My brother is father's _____ .

2. Look, listen and say

Today, Lin has her homework to make a survey about jobs in an English family. Now she is talking with Susan on the phone.

Lin： Hello, Susan. How is it going?

Susan： Not bad. What about you?

Lin： Great. I'm doing a survey for my class. Can I ask you some questions?

Susan： Certainly.

Lin： What does your father do?

Susan： He is a doctor.

Lin： Where does he work?

Susan： He works in a hospital.

Lin： Does he like his job?

Susan： Yes. He thinks it's helpful.

Lin： What does your mother do?

Susan： She is a reporter.

Lin： Does she work for a newspaper?

Susan： No, she works in the local TV station.

Lin： Does she like her job?

Susan： Yes. She thinks it's exciting.

Lin： Bye the way, what do you want to be? Do you want to be a nurse?

Susan： No, I don't. It's too busy.

Lin： Do you want to be a bank clerk?

Susan： No, it's too difficult.

Lin： What do you want to be?

Susan： A manage.

Part 2　Vocabulary and Grammar

I. Grammar 人称代词和物主代词

主格	宾格	形容词性物主代词	名词性物主代词
I	me	my	mine
you	you	your	yours
he	him	his	his
she	her	her	hers
it	it	its	its
we	us	our	ours
you	you	your	yours
they	them	their	theirs

1. 形容词性物主代词（my/your/his/her/its/our/their）+名词。如：

<u>her</u> book <u>my</u> teacher <u>his</u> bike

2. 名词性物主代词则相当于"形容词性物主代词+名词"，故其后不必加名词。如：

Is this <u>your</u> book?

No, it isn't. It's <u>hers</u>（her book）

This pen is <u>mine</u>.

II. Words and phrases

A. Fill in the blanks（根据首字母，写出家庭成员的名词）

g _____   g _____

f _____   m _____

u _____   a _____

S _____   b _____

d _____   s _____

B. Translate the phrases

1. 早上好_____   2. 谢谢你_____

3. 家庭照片_____   4. 我姐姐_____

5. 她父母_____   6. 他祖父母_____

III. Choose the correct words and fill in the blanks

1. _____（This is/These are）her grandparents.

2. _____（This is/These are）my two brothers.

3. They are my _____（sisters/sister）.

4. _____（Is/Are）this your father?

5. _____（Is/Are）these your cousins?

6. Are these _____（you/your）pencils?

Yes, they are _____（our/ours）.

7. —Whose is this pencil?

　　—It's _____（mine/I）.

8. I love _____（them/they）very much.

9. She is _____（I/my）classmate.

IV. 用合适的人称代词替代下列词组

a girl _____   a boy _____   a book _____

my father _____   his mother _____   his pen _____

her keys _____   our desks _____

V. Choose the correct answer

（　）1. Are these your parents? —Yes, _____.

A. these are   B. these aren't   C. they are   D. they aren't

（　）2. —Are you Mr. Smith? —_____.

A. Yes, I'm   B. Yes, I am   C. No, I am   D. No, you aren't

（　）3. —_____ your father? —He is a doctor.

A. What's   B. Who's   C. Where is   D. How is

(　　) 4. —What is your brother? —_____ .

A. He's a student   B. He is at home

C. He is playing football   D. He is fine

(　　) 5. —_____ does your mother work? —She works in a library.

A. What   B. Where   C. Who   D. How

(　　) 6. —_____ do you want to be? —I want to be a manager.

A. What   B. Where   C. Who   D. How

(　　) 7. My father's mother is my _____ .

A. aunt   B. sister   C. brother   D. grandmother

(　　) 8. Hello! _____ my sister.

A. This is   B. You are   C. It's   D. He is

Ⅵ. 从方框中选择最佳选项完成下面对话

> A. Where does he work?
> B. Yes. He thinks it's helpful.
> C. She is a reporter.
> D. Does she like her job?
> E. What does your father do?

Lin：Can I ask you some questions?

Susan：Of course.

Lin：_____?

Susan：He is a doctor.

Lin：_____?

Susan：He works in a hospital.

Lin：Does he like his job?

Susan：_____ .

Lin：What does your mother do?

Susan：_____ .

Lin：Does she work for a newspaper?

Susan：No, she works in the local TV station.

Lin：_____?

Susan：Yes. She thinks it's exciting.

Is This Your Dog

Language Goal:

Identify ownership

Language Structures:

1. a, an, the
2. Countable nouns
3. Yes/No questions and short answers
4. What – questions and answers

Part 1   Class Activities

A. Look, listen and say

Doggie is a dog. The dog is very clever. Mr. Forgetful is her master. He always forgets her food. One day, she runs out with her friend Buddy.

(In the Lost and Found Office)

Clerk: Good afternoon, Mr. Forgetful. What's missing today? Is this your watch?

Mr. F: No, isn't.

Clerk: Is that your computer game?

Mr. F: No, it isn't.

Clerk: Are these your keys?

Mr. F: No, they aren't.

Clerk: What's this?

Mr. F: It's a photo of my dog, Doggie.

Clerk: Oh, you lost Doggie. I am so sorry.

B. Look, ask and answer

Example 1：

—What's this in English?

—It's a（an）book.

—How do you spell it?

—B – O – O – K.

Example 2：

—What's this?

—Is it a（an）schoolbag?

—Yes，it is./No，it isn't.

C. Pair work

Example：

1. —Is this your pen?

　—Yes，it is. It's my pen.

2. —Are these your books?

　—No，they aren't. They are his books.

Part 2　Grammar

冠词　a/an/the

A. 不定冠词 a, an

泛指某人某物时使用不定冠词 a, an，放在可数名词前，表示一（个，支，本，块……），但不强调数量。

用法	举例
a 用在辅音因素开头的名词前	a pencil, a book
an 用在元音因素开头的名词前	an eraser

例 Here's _____ exercise – book.

A. a   B. an   C. /

2. There is _____ 'f' in the word 'father' and _____ 'u' in the word 'you'.

A. a；an   B. an；a   C. a；a   D. an；an

B. 定冠词 the

特指双方都知道的某人或某物，或上文提到过的人或物。

例 1   Thank you for the photo of your family.（两人都知道是哪张照片）

Doggie is a dog. The dog is very clever.（前一句已经介绍过）

例 2   填上适当的冠词。

This is a girl. _____ girl is my sister.

例 3   按需填上适当的冠词。

（1）This is a boy. _____ boy is your _____ brother.

（2）Look at _____ book. It's _____ English book.

（3）We can see _____ boy, _____ girl and _____ dog in _____ photo.

Part 3   Practice

Ⅰ. Answer the questions according to the pictures

1. —What's this in English?

   —It's _____ .

2. —What's this?

   —_____ .

3. —What's that?

   —_____ .

4. —What's that in English?

   —_____ .

Ⅱ. Choice（选择）

1. —_____ . Is this your pen?

   —Yes, it is. Thank you very much.

A. Hello   B. Hi   C. Sorry   D. Excuse me

2. This is _____ friend.

A. I　　　　　　　B. my　　　　　　C. me　　　　　　D. mine

3. There is _____ book on the desk.

A. a　　　　　　　B. an　　　　　　C. the　　　　　　D. /

4. What's this _____ English.

A. in　　　　　　　B. at　　　　　　C. to　　　　　　D. of

5. —_____ do you spell "map"? —M – A – P.

A. How　　　　　　B. What　　　　　C. Who　　　　　D. Where

6. —_____?

—I'm fine. Thank you.

A. How old are you　　B. How are you　　C. What's your name

7. —Is this your ruler? —_____ .

A. Yes, it is　　　　B. Yes, it isn't　　C. No, it is

8. —How do you spell "pencil"? —_____ .

A. It's pencil　　　B. P – E – N – C – I – L　　C. Yes

III. Cloze

—Hello, Tom! What's that __1__ English?

— __2__ is a pencil sharpener.

— __3__ that? Is __4__ a pencil sharpener, __5__ ?

—No, it __6__ . It's __7__ eraser.

—Is it __8__ eraser?

— __9__ , it isn't. It's not __10__ eraser.

(　) 1. A. at　　　　B. to　　　　C. in　　　　D. for

(　) 2. A. That's　　B. It's　　　C. it　　　D. It

(　) 3. A. What　　B. Who's　　C. What's　　D. Who

(　) 4. A. it　　　B. he　　　C. it's　　　D. his

(　) 5. A. too　　　B. what　　C. to　　　D. two

(　) 6. A. is　　　B. isn't　　C. it　　　D. not

(　) 7. A. a　　　　B. the　　　C. an　　　D. /

(　) 8. A. a　　　　B. an　　　C. /　　　D. your

(　) 9. A. Yes　　B. Oh　　　C. No　　　D. /

(　) 10. A. an　　　B. /　　　C. my　　　D. your

Food

Language Goals:

1. Talk about food

2. Likes and dislikes

Language Structures:

1. Present tense to like

2. Countable and uncountable nouns

3. Yes/No questions

Part 1   Class Activities

A. Look, ask and answer (Group work)

Look at the pictures, ask and answer according to the example.

Example 1:

—I like <u>bananas</u>. Do you like <u>bananas</u>?

—Yes, I do.

—I don't like <u>apples</u>. Do you like <u>apples</u>?

—No, I don't.

Example 2：

A：I like bananas. But I don't like apples.

B：He (She) likes bananas. But he (she) doesn't like apples.

C：Does he (she) like bananas?   D：Yes, he (she) does.

C：Does he (she) like apples?   D：No, he (she) doesn't.

B. Read and understand

My name is Sandra. I'm a middle school student. I like healthy food. I eat well every day. For breakfast, I like eggs, milk, and bananas. For lunch, I have chicken and vegetables. And for dinner, I eat fish and carrots. I don't like dessert.

Billy is my cousin. He eats lots of junk food. He always eats French fries for breakfast. He likes hamburgers and coke for lunch. He eats ice cream for dessert. And for dinner, He has sausages. He doesn't like any vegetables.

Fill the chart according to the passage

Names	Breakfast	Lunch	Dinner	Dislikes
Sandra				
Billy				

Part 2   Grammar and Practice

Ⅰ. Grammar

A. 名词

名词分为可数名词和不可数名词。可数名词有单数名词和复数名词两种形式。不可数名词没有复数形式，当它作句子的主语时，谓语动词要用单数形式。

可数名词由单数形式变成复数形式的规则如下：

单词特征	规则	例子
一般的名词	词尾直接加 – s	book → books
以 s, x, ch, sh 结尾	在词尾加 – es	bus → buses
以"辅音字母 + y"结尾	先将 y 改为 i 再加 – es	city → cities
以 f 或 fe 结尾	将 f 或 fe 改为 v 再加 – es	knife → knives
以 o 结尾	有生命的加 es；无生命的加 s	tomato → tomatoes photo → photos

常考的不规则名词有：child→children man→men woman→women

policeman→policemen foot→feet tooth→teeth

sheep，Chinese，Japanese 单、复数同形

B. 行为动词的一般现在时

1. 用法

（1）表示经常性或习惯性的动作，常与表示频度的时间状语连用。

（2）客观真理，客观存在，科学事实。

（3）表示格言或警句中。

（4）现在时刻的状态、能力、性格、个性。

2. 句子结构

肯定句	否定句	一般疑问句
主语（非三单）＋动词原形＋其他	主语（非三单）＋don't＋动词原形＋其他	Do ＋主语＋动词原形＋其他 Yes，主语＋do/No，主语＋don't
主语（三单）＋动词 s/es ＋其他	主语（三单）＋doesn't＋动词原形＋其他	Does ＋主语＋动词原形＋其他 Yes，主语＋does/No，主语＋doesn't

Ⅱ. Practice

A. Write the plural form of the words

tomato ＿＿＿＿＿＿   photo ＿＿＿＿＿＿＿＿   orange ＿＿＿＿＿＿＿

leaf ＿＿＿＿＿＿＿＿   baby ＿＿＿＿＿＿＿＿＿   vegetable ＿＿＿＿＿＿

watch ＿＿＿＿＿＿＿   strawberry ＿＿＿＿＿＿   bus ＿＿＿＿＿＿＿＿＿

child ＿＿＿＿＿＿＿   man ＿＿＿＿＿＿＿＿＿   sheep ＿＿＿＿＿＿＿＿

B. Translate the phrases into English

吃得好＿＿＿＿＿＿＿＿   健康食品＿＿＿＿＿＿

垃圾食品 ＿＿＿＿＿＿   吃早餐 ＿＿＿＿＿＿＿

吃午餐 ＿＿＿＿＿   吃晚餐 ＿＿＿＿＿＿＿

许多牛奶 ＿＿＿＿＿＿   许多鸡蛋＿＿＿＿＿＿

C. Choice

（   ) 1. —Do you like bananas? —Yes，＿＿＿＿＿．

A. I don't   B. I am   C. I do

（   ) 2. Does she ＿＿＿ apples?

A. likes   B. like   C. wants

（   ) 3. I have hamburgers ＿＿＿＿ breakfast.

A. at   B. on   C. for

（   ) 4. This is ＿＿＿＿ strawberry and that is ＿＿＿＿ apple.

A. a, a   B. a, an   C. an, a

（   ) 5. He ＿＿＿ like pears.

A. isn't   B. don't   C. doesn't

（   ) 6. Let's have ＿＿＿＿ lunch.

A. a   B. the   C. /

（   ) 7. Please take some ＿＿＿＿ to your parents.

A. tomatos   B. tomatoes   C. tomato

（   ) 8. He has ＿＿＿＿ at home.

A. a breakfast   B. the breakfast   C. breakfast

D. Fill in the blanks with the proper form

1. I like _____ (swim) .

2. He _____ (read) English very day.

3. We _____ (go) to school at seven in the morning.

4. Mike _____ (go) to school at seven in the morning.

5. _____ you study English at school? Yes, I _____ . (do)

6. _____ your sister study English at school? No, she _____ . (do)

7. The students _____ (speak) English in class.

8. The student _____ (speak) Chinese after class.

E. Reading comprehension

I'm Linda. I eat well. I like vegetables very much. For breakfast, I have two eggs and some milk. For lunch, I eat chicken, broccoli and carrots. For dinner, I eat beef, tomatoes and cabbage (卷心菜) . I don't like fruit. For dessert, I only eat ice cream.

Fill in the form according to the passage

Breakfast	Lunch	Dinner	Dessert
1. _____ milk	2. _____ 3. _____ 4. _____	Beef 5. _____ cabbage	6. _____

How much is it

Language Goals:

1. Numbers

2. Talk about colors

3. Talk about clothing

4. shopping

Language Structures:

1. How much – questions

2. What color…

3. Demonstratives this, that, these, those

Part 1   Class Activities

A. Look, listen and say

Vivian and Andy are Tony's   parents. Vivian likes shopping. She always buys many things. Andy always pay for them. One day, they go shopping again.

Clerk: Welcome to Zig Zag's Clothes Store. Can I help you?

Vivian: Yes, please. I want a dress.

Clerk: What color do you like?

Vivian: I like orange.

Clerk: Here you are.

Vivian: Can I try it on?

Clerk: Sure.

Vivian: Look, dear, it's so beautiful.

Andy: All right, how much is it?

Clerk: 30 dollars.

Vivian: I'll take it. Thank you.

Clerk: You are welcome.

Vivian: Oh, dear! These blue shoes are beautiful, too.

Andy: All right. How much are they? Let's take them.

(It's dark outside, they go out of the mall.)

Vivian: Dear, look at the moon, it's so beautiful.

Andy: All right dear, how much is it? Let's take it.

Vivian: …

B. Pair work（Look，ask and answer）

red, \$50   blue, \$20   black, \$40

grey, \$80   black, \$30

Example：

（1）—What color is the coat?

—It's red.

—How much is it?

—It's 50 dollars.

—I'll take it. Thank you.

—You are welcome.

（2）—What color are the shoes?

—They are blue.

—How much are these/those shoes?

—They are 30 dollars.

—I'll take them. Thank you.

—You are welcome.

Part 2　Grammar

I . How much is/are...

询问价格：答语是价格

How much is ＋ 不可数名词/可数名词单数？ 答：It's ＋价格

How much are ＋复数名词？　　　　　答：They're ＋价格

e. g. —How much is the broccoli? —It's 3 yuan.

　　　—How much are the potatoes? —They're 2 yuan.

II . Colors

1. 对物品颜色提问：What color is ＋单数名词 ？

　　　　　　　　　　What color are ＋复数名词？

2. 对颜色的喜好提问：What color do/does... like?

3. 颜色前不加任何冠词，也不能变复数。如 I like orange.（橘红色）

III. 指示代词：this，that，these，those

指示代词	特点
this 这，这个（单数形式）	指时间或空间上离说话者较近的事物
that 那，那个（单数形式）	指时间或空间上离说话者较远的事物
these 这些（复数形式）	指时间或空间上离说话者较近的事物
those 那些（复数形式）	指时间或空间上离说话者较远的事物

1. 指示代词 this，that，these，those 可直接放在名词之前，作限定词，表特指，也可用 the 代替。

e. g. This/That/The girl is Marry.

These/Those/The boys are my brothers.

2. 裤子、鞋子、袜子、眼镜等一般以复数形式使用。因此，常用 these，those 作限定。但是，如果这些衣着用（双、副、条……）来修饰，则根据"pair"的单复数来确定。

e. g. How much is this pair of pants?（一条裤子）

How much are these pairs of socks?（几双袜子）

Part 3　Practice

I ．Translation

1. 一件红色 T 恤_____　2. 三件绿色大衣_____

3. 我的蓝色鞋子_____　4. 我买下了_____

5. 黑白相间_____　6. 能付得起这个价钱_____

II．Fill in the blanks with the correct form of the words

1. How much _____（be）your pants?

2. —Where are his _____（shoe）? —They are _____（be）under the bed.

3. How much are _____（this）shorts?

4. What color are _____（that）shoes?

5. This book is 5 _____（dollar）.

6. Here _____（be）your shoes.

7. _____（this）black socks are 12 dollars.

8. That _____（sound）good.

III. Choice

（　　）1. What color are _____ pants?

A．this　　　　　B．that　　　　　C．these　　　　　D．those

（　　）2. How much are your _____?

A．sock　　　　　B．shorts　　　　　C．skirt　　　　　D．short

（　　）3. —Thank you for your help.

—_____．

A. You're welcome   B. No thanks   C. Here you are   D. Yes, please

(   ) 4. —Can I help you? —_____ .

A. Yes, you can   B. No, please   C. Yes, please   D. No, you can't

(   ) 5. —How much are these socks? —_____ $ 10.

A. It's   B. This is   C. They are   D. These are

(   ) 6. —Your dress is very beautiful. —_____ .

A. Don't say that   B. No, it isn't   C. Thank you   D. You are welcome

(   ) 7. —What color is the coat?

        —It's _____ orange. It's _____ orange coat.

A. a, /   B. an, an   C. an, /   D. /, an

(   ) 8. —_____ the desk? — $ 100.

A. How much   B. How much is   C. How many are   D. How much are

(   ) 9. —_____ color is the hat? —_____ .

A. How's   B. What's   C. How   D. What

(   ) 10. —What _____ do you like? —Blue.

A. food   B. fruit   C. color   D. vegetables

VI. Reading comprehension

Welcome to our supermarket（超市）. It's very big. We have lots of things like drinks（饮品）, vegetables, fruits and some other kinds（种类）of food. Here we have meat, chicken, coffee, milk, apple juice and dumplings. They are in the ice box. Look at the shelf. There are hamburgers, tomatoes, bread, strawberries, pears, eggs, broccoli and potatoes on it. Here are carrots, peaches, bananas and coke. We also sell clothes and many school things for the students. Many of them are cheap, but some of them are not. The workers here are friendly to welcome you to our supermarket.

T or F:

(   ) 1. This supermarket is not big.

(   ) 2. The supermarket only sells food and vegetables.

(   ) 3. You can buy clothes in the supermarket.

(   ) 4. All the things in the supermarket are cheap.

(   ) 5. The workers in the supermarket are very friendly.

Club

Language Goal:
Talk about abilities

Language Structures:
1. Modal Can
2. Affirmative and negative sentences
3. Yes/No questions

Part 1   Class Activities

A. Look, listen and say

The school music festival is on Dec. 1st. The Music Club wants some new members. They put an advertisement on the wall.

Musicians Wanted

Do you want to join the music club? Are you a musician? Can you sing or dance? Can you play the piano, the trumpet, the violin, the drums, or the guitar? Come and join our school music club and you can be in our rock band for the school music festival. Please call Henry at 234 – 5678.

School Music Club

B. Look, ask and answer (pair work)

Example：

A：—Can you sing?

B：—Yes，I can. （No，I can't）

C：—Can he/she sing?

A：—Yes，he/she can. （No，he/she can't）

C. Read and understand

An Application Letter

To whom it may concern，

    I want to join your club. I want to be in the Music Festival. My name is Tony. I'm in Class 3，Grade 8. I love music. I can play the piano. I can play it very well. I also can play the guitar a little. I can't dance. But I can sing. I sing songs very well，too. I think I can work well in the club.

    I'm looking forward to hearing from you.

Tony

Answer the following questions：

1. Does Tony want to be in the Music Club?

_____ .

2. Does Tony like music?

_____ .

3. What can Tony do?

_____ .

4. Can he dance?

_____ .

5. Can he sing?

_____ .

Part 2　Grammar

Ⅰ. Modal can

1. 情态动词是辅助动词，说明能力、意愿等，没有人称和数的变化。

e. g. I can play the piano.

    He can play the guitar.

2. 否定句：直接在 can 后加 "not"，缩写为 " can't"。

e. g. I can't play the piano.

3. 一般疑问句：直接把 can 提前。

e. g. —Can you dance?

    —Yes，I can. /No，I can't.

4. 特殊疑问句：特殊疑问词＋一般疑问句。

e. g. —What can you do? —I can sing.

Ⅱ. play the ＋ 乐器 和 play ＋体育用品

1. 与乐器名词连用，表示吹、拉、弹等乐器前加 the，如 play the piano, play the violin, play the drums, play the guitar.

2. 与体育用品或棋类连用，表示打、踢、进行球类或棋类活动前不加 the. 如 play basketball, play chess, play soccer.

Part 3　Practice

Ⅰ. Translation

1. 弹钢琴_____ 2. 踢足球_____ 3. 打篮球_____

4. 打鼓_____ 5. 吹喇叭_____ 6. 音乐俱乐部_____

7. 拉小提琴_____ 8. swimming club _____ 9. Play chess _____

10. play the guitar _____ 11. 加入美术俱乐部_____

Ⅱ. Fill in the blanks（变否定句、疑问句，再做肯否定回答）

1. My brother can play basketball.

My brother _____ _____ basketball.

_____ your brother _____ basketball?

Yes, _____ _____ ./No, _____ _____ .

2. She can dance well.

She _____ _____ _____ well.

_____ she _____ well?

Yes, _____ _____ ./No, _____ _____ .

Ⅲ. Choice

(　　) 1. —Can you paint? —_____ .

A. Yes, I am　　　　B. No, I am　　　　C. No, I can't　　　　D. Yes, I do

(　　) 2. My sister can _____ .

A. sing　　　　　　B. sings　　　　　　C. to sing　　　　　　D. singing

(　　) 3. —Can you draw? —_____ .

A. Yes, a little　　B. No, I'm not　　C. Yes, please　　　　D. No, I don't

(　　) 4. Tom can play the guitar but he can't play it _____ .

A. well　　　　　　B. good　　　　　　C. nice　　　　　　D. fine

(　　) 5. Bill can play _____ piano. He can _____ chess.

A. the, the　　　　B. the, /　　　　　C. /, the　　　　　　D. /, /

(　　) 6. —What can he _____ ? —He can paint.

A. do　　　　　　　B. does　　　　　　C. /　　　　　　　　D. paint

(　　) 7. —Can you play the piano or play the violin?

—_____ .

A. Yes, I can　　　　B. No, I can't　　　　C. I can play the piano　　　D. Yes, we can

(　　) 8. Linda can't play the violin ＿＿＿＿＿ the guitar.

A. and　　　　　　B. or　　　　　　C. but　　　　　　D. with

IV. Reading comprehension

Dear Nancy,

　　My name is LiPing. I want to be in a club in our school. I'm not famous now. But maybe I can be famous someday! I can't sing, dance or act in movies, but I can do many other things. I can play three instruments: the guitar, the violin and the drums. I think I can be in the music club. Maybe I can be a famous musician. I like to read English books and I can write English stories. Maybe I can be a famous writer. I like sports too, but I don't think I can be a famous and successful sports man. Can I join you?

LiPing

(　　) 1. What's the word "instruments" in Chinese?

A. 乐谱　　　　　B. 乐器　　　　　C. 乐章　　　　　D. 乐理

(　　) 2. What does LiPing want to be in?

A. in a factory　　B. in a farm　　C. a club in his school

(　　) 3. What instruments can　LiPing play?

A. the guitar, the violin and the drums.

B. the guitar, the piano and the drums.

C. The e-hu, the piano and the drums.

(　　) 4. What can't LiPing do?

A. write stories　　B. play the violin　　C. act in movies

(　　) 5. LiPing thinks he can be a famous ＿＿＿＿＿ or a famous writer.

A. musician　　　　B. actor　　　　　C. sports man

Don't Break the Rules

Language Goals:
Talk about rules

Language Structure:
1. Modal   have to
2. Imperative sentences

Part 1   Class Activities

A. Look, listen and say

Lucy is not happy today. Her father doesn't let her wear mini skirts. She has to wear a school uniform to school.

Lucy: Oh, life is hard for me. There are too many rules in my family and school.

Kate: Take it easy. I also have to obey lots of rules at school.

Lucy: What are the rules?

Kate: Let me see...oh, Don't arrive late for school. Don't eat in the classroom. No talking in the library. No fighting, No smoking, No drinking. And also we have to wear school uniforms on school days.

Lucy: We do, too. What else do you have do?

Kate: We have to clean the classroom before and after class.

Lucy: Can you wear mini skirts in school?

Kate: Of course not.

Lucy: Are there any rules in your home?

Kate: Certainly. I have to get up at six every morning. I have to read my English book for half an hour every day. I can't watch TV or play computer games on school nights. I have to have other classes at the Children's Palace on weekends.

Lucy: Poor Kate.

B. Work in groups

Give the following sentences "true or fault" according to the dialogue.

(   ) 1. Lucy is happy today.

(   ) 2. Lucy can wear mini skirts to school.

(   ) 3. Kate doesn't have to obey lots of rules at school.

(   ) 4. In Kate's school, there are many rules. Such as: No talking in the library. No fighting, No smoking, No drinking.

(   ) 5. Kate has to have other classes at the Children's Palace on weekends.

C. Free talk

Talk about the rules of your school.

Part 2　Grammar

I．祈使句的肯定式

1. Do 型（动词原形 + 其他）

　　e. g. Go and wash your hands.

2. Be 型（Be + 表语 + 其他）

　　e. g. Be a good boy. Be quiet!

II．祈使句否定式

1. Do 型和 Be 型祈使句的否定式都在句首直接加 Don't 构成。

　　e. g. Don't talk in classrooms.　　Don't be late for school.

2. Let 型祈使句，否定形式一般情况有两种：

（1）当 let 后跟第一人称时：Let + 第一人称 + not + 动词原形 + 其他。

e. g. Let's not run in the hallways.

（2）当 let 后跟第三人称时：Don't + let + 第三人称 + 动词原形 + 其他。

e. g. Don't let him play in the street.

3. 有些可用 no 开头，用来表示禁止性的祈使句。

e. g. No smoking! No fighting!

III．have to 表示"必须，不得不"的意思，表示客观的需要。后接动词原形，有人称和数的变化

一般疑问句和否定句要借用助动词 do 或 does。

e. g.

I have to wear a uniform.　　　　　　He has to wear a uniform.

I don't have to wear a uniform.　　　　He doesn't have to a uniform.

Do you have to wear a uniform?　　　　Does he have to wear a uniform?

Part 3　Practice

I．用所给的词的适当形式来填空

1. It's an important meeting. _____（not, be）late.

2. _____（not, make）any noise. Your mother is sleeping.

3. _____（look）out！A car is coming.

4. _____（not, let）the baby cry.

5. Let's _____（not, say）anything about it.

6. _____（not, arrive）late for school.

7. _____（take）it easy.

8. Her father _____（not，let）her wear mini skirts to school.

9. _____（not，eat）in the classroom.

10. _____（be）quiet！

Ⅱ．选择正确答案

（　　）1. The teacher said "_____ be late for school."

A. Doesn't　　　　　B. Don't　　　　　C. No

（　　）2. _____ when you cross the road.

A. Do care　　　　　B. Care　　　　　C. Be careful

（　　）3. _____ in bed. It's bad for your eyes.

A. Not to read　　　B. Don't read　　　C. Not to read

（　　）4. _____ him the secret（秘密），will you?

A. Don't tell　　　　B. Not to tell　　　C. Not telling

（　　）5. She _____ wear a school uniform to school.

A. have to　　　　　B. has to　　　　　C. is

（　　）6. We _____ wear school uniforms to school.

A. have to　　　　　B. has to　　　　　C. are

（　　）7. Let's _____ to the library.

A. went　　　　　　B. go　　　　　　C. goes

（　　）8. I _____ have to wear a uniform.

A. don't　　　　　　B. doesn't　　　　　C. isn't

（　　）9. He _____ have to a uniform.

A. don't　　　　　　B. doesn't　　　　　C. isn't

（　　）10. We have to _____ the classroom before and after class.

A. clean　　　　　　B. cleaning　　　　　C. cleaned

Ⅲ．**Reading comprehension**

Dear grandmother,

　　I'm not happy because my mother is too strict with me. I have to get up at 6 o'clock every morning. Even on weekends，I can't sleep too late. And I have to be in bed by 10 p. m. After breakfast，I have to read English for half an hour. On weekends，I can't hang out with my friends. I have to do my homework，clean my room and wash my clothes at home. I can't watch TV and I have to walk the dog after dinner every day. I have to go to the Children's Palace to practice my piano once a week. I never have fun. What can I do?

Yours Mei

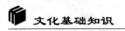

Fill in the form according to the letter.

Mei's family rules	What do you think of the rules

IV. Writing

Write the rules of your school or your home and read them to your partner.

I have to	Don't

My Vacation

Language Goals:

1. Talk about past events

2. Language Structure:

(1) Simple past tense

(2) Where – questions

(3) How – questions

Part 1　Class Activities

A. Look, listen and say

Lin is chatting with her old friend in China on the internet.

Lin: How is it going these days?

Meimei: Pretty good. I was on vacation last week.

Lin: Where did you go on vacation?

Meimei: I went to Beijing.

Lin: Did you enjoy yourself?

Meimei: Yes, I did.

Lin: Where did you visit in Beijing?

Meimei: I went to the Palace Museum and the Great Wall.

Lin: Great! It is said that he who has never been to the Great Wall is not a true man.

Meimei: What about you? How's your tour in Beijing?

Lin: It's fantastic. I visited many places and made a lot of new friends.

Meimei: Where did you go?

Lin: I went to Edinburgh, Loch Ness, London, Cambridge University and so on.

Meimei: Aren't you lucky!

B. Ask and answer

Ask and answer. Use the following phrases.

1. visited the museum
2. went to summer camp
3. visited my grandmother
4. went to the mountains
5. went to New York City
6. went to the Great Wall

7. visited the Palace Museum   8. went to the beach

Example：

—Where did you go on vacation?

—I <u>went to New York City.</u>

C. Pair work

Fill in the blanks with "was" or "were" and then ask and answer.

1. —How _____ the weather?   —_____ rainy and cool.

2. —How _____ your bus trip?   —It _____ relaxing.

3. —How _____ the shops?   —They _____ fantastic.

4. —How _____ the waiters?   —They _____ friendly.

D. Read and understand

Dear Amy,

How are you? I'm writing to tell you about my vacation. It's a nightmare.

The plane was 7 hours late and we arrived here at 2 o'clock on Sunday morning. The next day. I went to the beach. It's far from my hotel and it was very crowed.

The hotel is terrible, too. In the brochure, it said all the rooms had fantastic views of the sea. But I only saw a hotel car park from my window. Yesterday I even found a cockroach running in the corner.

I'm eating a hamburger in my room now, because the waiters in the restaurant are unfriendly. They said their food was delicious and cheap. But in fact, it's awful and expensive.

Well, it's time for bed. I want to take a shower. Maybe there is no hot water tonight. All the things made me feel terrible. I decided to go back tomorrow morning.

I can't wait any longer.

Love, Ed

True or false：

(   ) 1. He waited for hours in the airport.

(   ) 2. His hotel room has fantastic views.

(   ) 3. His room is very clean.

(   ) 4. The food is delicious.

(   ) 5. The waiters are unfriendly.

Part 2   Grammar

Ⅰ. Simple past tense

一般过去时表示过去某一时候或某一段时间所发生的事情或存在的状态。实义动词过去时的一般疑问句以助动词 did 开头。助动词 did 没有人称和数的变化，did 出现时，谓语动词恢复其动词原形。

Ⅱ. 实义动词过去式的句式

1. 肯定式：主语＋动词过去式＋其他。

如：They had a good time yesterday.

2. 否定式：主语 + did not（didn't）+ 动词原形 + 其他。

如：They didn't watch TV last night.

3. 一般疑问句：Did + 主语 + 动词原形 + 其他。

肯定回答：Yes，主语 + did。

否定回答：No，主语 + didn't。

如：Did they have a meeting two days ago?

Yes，they did. ／No，they didn't. \

4. 特殊疑问句：特殊疑问词 + did + 主语 + 动词原形 + 其他。

如：What time did you finish your homework?

Ⅲ. 一般过去时的时间状语

a moment ago（刚才），yesterday morning，last night／week，the day before yesterday（前天），just now（刚才），in 2006，three days ago 等。

Ⅳ. 动词过去式规则变化

1.“直”：一般情况下在动词原形后直接加 – ed. 如 want—wanted。

2.“去”：以不发音的字母 e 结尾的动词，去掉 e 再加 – ed. 如 hope—hoped。

3.“双”：辅元辅，双写最后一个辅音字母，再加 – ed. 如 stop—stopped。

4.“改”：以辅音字母 + y 结尾的动词，改 y 为 i，再加 – ed. 如 study—studied。

注意：不规则动词变化，要逐一熟记。

Part 3　Practice

Ⅰ. Choice

（　）1. She watered the flowers _____ .

A. tomorrow　　　　B. sometimes　　　　C. yesterday morning

（　）2. What _____ Mike do last weekend?

A. do　　　　B. does　　　　C. did

（　）3. I _____ my room last Sunday.

A. cleaned　　　　B. clean　　　　C. am cleaning

（　）4. I often help my mother _____ housework.

A. does　　　　B. did　　　　C. do

（　）5. _____ you _____ TV last night.

A. Do，watch　　　　B. Did，watch　　　　C. Did，watched

（　）6. —Did your father write an e – mail yesterday? —_____ .

A. Yes，he did　　　　B. Yes，he does　　　　C. No，he don't

（　）7. They _____ on a trip in February，2007.

A. are going　　　　B. going　　　　C. went

（　）8. We're going to _____ mountains tomorrow.

A. climb　　　　B. climbed　　　　C. climbing

（　）9. _____ he _____ football two days ago?

A. Does，play　　　　B. Did，played　　　　C. Did，play

(   ) 10. —Good afternoon, Miss Lee. How does Mike feel?

—He's tired. He _____ a lot of work _____ .

A. does, this morning   B. do, this morning   C. did, this morning

Ⅱ. 句型转换

1. I went to the party last Friday. （改为一般疑问句）

_____ you _____ to the party last Friday?

2. I had a nice time last Sunday. （改为一般疑问句）

_____ you _____ nice time last Sunday?

3. We went to London two years ago. （对画线部分提问）

_____ _____ you _____ to London?

4. He did his homework in the morning. （改为否定句）

He _____ _____ his homework in the morning.

5. I went to Beijing last Sunday. （对画线部分提问）

_____ _____ you _____ to Beijing last week?

6. We went to Beijing by train. （对画线部分提问）

_____ _____ you _____ to Beijing?

Ⅲ. 用所给动词的正确形式填空

1. I _____ (go) to school yesterday.

2. She _____ (play) football last week.

3. You _____ (read) the new paper the day before yesterday.

4. He _____ (see) Jack in the zoo last weekend.

5. We _____ (do) our homework last night.

6. Mei _____ (help) the little baby drink the milk yesterday morning.

7. My parents _____ (watch) TV last Monday.

8. Lucy and Lily _____ (be) on vacation last week.

9. They _____ (visit) many places last week.

10. Kate _____ (dance) just now.

第四部分

政　　史

思想教育

第一章 财富论坛

活动一 感受小康

小康，曾是多少代人追求的梦想，现在正以前所未有的速度走向我们。今天，亿万中国人民圆了期盼已久的小康梦，满怀希望奔向更加富裕的小康生活。

人们衣食住行等发生的巨大变化，就是生活水平达到小康的具体表现。也正是衣食住行的变化，我们真实地感受到了小康生活的到来。

党的十一届三中全会以来，我国坚持以经济建设为中心，取得了现代化建设的辉煌成就。到 20 世纪末，人们生活总体上达到小康水平，实现了由温饱到小康的历史性跨越。2010 年，我国国内生产总值达 39.8 万亿元，经济总量跃居世界第二位，人们生活水平进一步提高。

 相关链接

恩格尔系数是指购买食物的支出在消费总支出中的比例。

其数值越小，说明生活越富裕；数值越大，则说明生活水平越低。即：

高于60%——绝对贫困　　　60%～50%——温饱

40%～30%——富裕　　　　低于30%——最富裕

我国城乡居民恩格尔系数

1. 衣

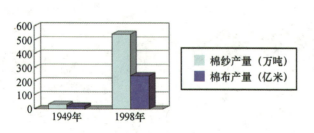

全国棉纱、棉布产量

今天，一样的蓝色，
不一样的感觉

20 世纪六七十年代，由于物质匮乏，人们只能穿蓝色制服

2. 食

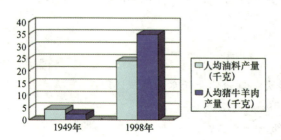

全国油、肉产品产量

今天，超市出售的方便食品，种类繁多

20 世纪 60 年代，人们平均两个月才可以买到半斤肉，并且还要凭票供应

3. 住

20 世纪 80 年代，上海大杂院　　　　　现代，宽敞舒适的客厅

4. 行

20 世纪六七十年代人多路窄　　　　　如今，路宽车多

学生活动一：结合知识点，分组思考讨论以上这几组图片，说明了什么？

学生活动二：填一填，用准确的字描述我们的生活（分组完成，比一比哪组完成得最好最快）。

_____ 起来的饮食　　　　_____ 起来的衣着服饰　　　　_____ 起来的住房
_____ 起来的钱袋子　　　　_____ 起来的私家车　　　　_____ 起来的人均寿命
_____ 起来的文化程度　　　_____ 起来的通信方式　　　_____ 起来的假日旅游
_____ 下来的恩格尔系数

学生活动三：分组讨论并列举，20 世纪 50～70 年代，80 年代到 90 年代中期，90 年代后期至今，家庭四大件的变化情况。

┌┄┄┄┄┄┄┄┄┄┄┄┄┄┄┐
　活动二　解读小康
└┄┄┄┄┄┄┄┄┄┄┄┄┄┄┘

"小康"一词源于《诗经》，描述的小康只是在小农经济基础上的一种社会状态。随着社会的进步，小康的内涵更加丰富、更为深化。

我国现代意义上的小康，是由邓小平同志提出来的。邓小平在 20 世纪 80 年代初期构想中国现代化进程，提出分三步走的战略设想：以 1980 年为基点，到 1990 年，国民生产总值翻一番，解决温饱问题；到 20 世纪末，国民生产总值再翻一番，达到小康水平；再经过 50 年，到 21 世纪中叶，人均国民收入达到中等发达国家水平，基本实现现代化。

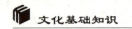

1. 小康的含义

所谓小康，是指在温饱的基础上，生活质量进一步提高，达到丰衣足食。即物质生活的改善，居民个人消费水平的提高，精神生活的充实，社会福利、劳动环境的改善。

2. 我国目前总体达到的小康水平的特点

低水平、不全面、发展不平衡。

 知识链接

低水平：虽然我国经济总量已达到一定规模，但人均水平还比较低，只能说是刚刚跨入小康的门槛。

不全面：目前的小康基本上还处于生存性消费的，而发展性消费还没有得到有效满足，社会保障还不健全，环境质量还有待于提高，精神生活还需改善，民主政治还要加强。

发展不平衡：东部与西部之间、城市与农村之间、不同收入群体之间的差距较大。

进入 21 世纪，党和政府提出在 21 世纪头 20 年的奋斗目标：要全面建设惠及十几亿人口的更高水平的小康社会，即全面的小康。与总体的、初步的小康相比，全面的小康是较高标准的小康，是共同富裕的小康与精神文明的小康的统一。

3. 全面小康的要求（六个更加）

经济更加发展，民主更加健全，科教更加进步，文化更加繁荣，社会更加和谐，人民生活更加殷实。

较高标准的小康：总体小康是低标准的小康。全面建设小康社会的目标是较高标准的小康。到 2020 年，我国人均 GDP 将超过 3000 美元，达到中等收入国家水平。总体小康是刚跨过小康门槛，全面建设小康社会，将使人们生活更加殷实、宽裕。

共同富裕的小康：总体小康是发展不均衡的小康。全面建设小康社会将缩小地区、城乡、各阶层的差距。全面建设小康社会，将加快中西部地区、农村地区的发展，体现社会主义共同富裕的原则。在消除城乡差距方面，农村劳动力比重将从 2002 年的 50% 下降到 30%。

精神文明的小康：总体小康是一个偏重于物质消费的小康。全面建设小康社会，除注重物质生活水平的提高外，还特别注重精神生活和生活环境的改善等，实现社会全面进步。

学生活动一：结合所学知识，说一说你心目中的小康生活是怎样的？

 材料欣赏

某校九年二班学完"走向小康"后，针对 21 世纪头 20 年全面建设小康社会的奋斗目标，特地在网上举办了一个学生论坛，学生王某发帖说："小康就是不愁吃，不愁穿，丰衣足食。"学生李某发帖说："小康就是安居乐业，生活舒适便利。"学生江某发帖说："小康就是接受良好的教育，精神生活充实。"

学生活动二：假如你是该论坛的主持人，结合上述材料，请你给该学生论坛拟订一个名称，并为该论坛设计两条宣传标语。

学生活动三：点评以上三位同学的说法。

学生活动四：结合所学知识，在论坛上给小康社会的建设提出三条建议。

第二章　同在阳光下

第一节　关注弱势群体

活动一　社会生活中的弱势群体

弱势群体，是指依靠自身的力量或能力无法维持个人及家庭成员最基本的生活水准，需要国家和社会给予支持和帮助的社会群体。

无家可归的残疾人睡在大街上　　　　　　　　　在地里干活的孤儿

学生活动一：结合上述图片，请你说说我们身边哪些人群属于弱势群体？他们的学习生活状况如何？

学生活动二：弱势群体有哪些特征？

学生活动三：是什么原因使他们成为弱势群体？

活动二　关注弱势群体

独自一人背着青菜到街上卖的小女孩

姐妹俩在分饭吃

无人照看的小孩

学生活动一：看到了许多同龄弱势者的不幸遭遇，你懂得了什么，学会了什么？请谈谈自己的理解。

学生活动二：假如你是弱势群体中的一员，你该如何面对人生中的坎坷和不幸呢？请你谈谈自己的想法。

学生活动三：试试体验残疾人的生活：

A. 老师说一句话，请同学们闭上眼睛把它写出来。

B. 请同学们用一只手洗鞋带。

C. 请一位同学不说话而用手势或动作告诉大家自己想说的一句话。

学生活动四：面对身边的弱势群体，尤其是我们同龄人中的弱势者，我们该怎么样呢？

第二节　共享阳光

活动一　政府的努力

社会救助——领到低保的群众

持有新型农村合作医疗证的农民

中国扶贫成就感动世界：2004 年 10 月 17 日，国际消除贫困日，中国骄傲地宣布：农村中贫困人口从 1978 年的 2.5 亿人减少到 2003 年底的 2900 万人，贫困人口占农村人口的比例由 30.7% 下降到 3% 左右。

材料欣赏

　　小琳生活在一个贫困的小山村，村民靠着领取最低生活保障金生活。近几年来，国家出资帮村里建起了一座现代化的养鸡场，村民靠养鸡盖起了一栋栋的小楼。小琳的叔叔一直在外打工，工钱一直都是被拖欠。自从国家出台了相关的政策，孩子都领到了免费的教科书，坐在了宽敞的新教室里上课。小琳的哥哥今年考上了大学，不但申请了助学贷款，还拿到了奖学金，农民工的工资再也没有被拖欠。为了让残疾人能自食其力，解决残疾人的就业问题，村里还专门建了一座小工厂。而且，现在村里的人看病也不像以前那么难了，每次生病住院，大部分的医药费都能报销，村民的生活越来越好。

　　学生活动一：结合上述的图片和事例，说一说在帮助弱势群体方面采取了哪些措施和制度？

　　学生活动二：你和你身边的同学，在学校读书得到了哪些资助？

　　┌─── 活动二　社会力量 ───┐

　　学生活动一：以上几组图片分别是什么标志？

　　学生活动二：你还知道哪些救助弱势群体的社会力量？

　　学生活动三：作为社会成员中的一员，应该怎样关爱弱势群体？

第三章　又到两会时

第一节　聚焦两会

全国人民代表大会　　　　　全国人民政治协商会议

学生活动一：结合上面图片，说一说两会是指什么？

学生活动二：在开国典礼上，毛泽东主席面对全世界的庄严宣告，让你感悟了什么？

> **活动一　人民当家做主**

1. 人民行使当家做主的国家权力

我国《宪法》规定：中华人民共和国的一切权利属于人民。我国人民代表大会制度的运作过程，就是人民当家做主行使国家权力的过程。人民代表大会制度是实现人民当家做主的根本政治制度。在我国，人民行使国家权力机关是全国人民代表大会和地方各级人民代表大会。

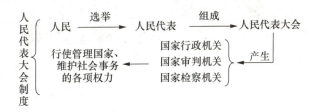

学生活动一：根据上述示意图，说一说，在我国人民是怎样行使当家做主国家权力的？

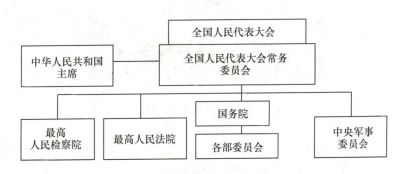

中央国家机构组织系统简表

学生活动二：根据上述系统简表，说一说，在我国国家机构体系中居最高地位的国家机关是什么？它与其他中央国家机关是什么关系？

2. 全国人民代表大会的地位、任期、制度和主要职权

（1）地位：全国人民代表大会是我国最高权力机关。

（2）任期：每届任期五年。

（3）制度：全国人民代表大会一般每年召开一次会议，决定当年的大事。

（4）主要职权：最高决定权、最高立法权、最高任免权、最高监督权。

 知识链接

全国人民代表大会的主要职权：

最高立法权：修改《宪法》，制定和修改基本法律。

最高决定权：决定当年国家大事，审查和批准国民经济和社会发展计划、国家预算等。

最高任免权：增选和罢免国家领导人。

最高监督权：监督国家机关工作。审议全国人民代表大会常务委员会、国务院、最高人民法院、最高人民检察院工作报告。

全国人大高票通过《反分裂国家法》

全国人大通过三峡工程议案

全国人大代表投票选举国家领导人

学生活动三：根据上面四组图片，请说出全国人民代表大会行使了哪些职权？

学生活动四：把左边和右边相对应的答案用线连起来。

我国的根本政治制度	人民代表大会
我国的权力机关	全国人民代表大会
我国的国家主人	人民代表
我国的最高权力机关	人民

活动二 共商国是

1. 人民政协的职能：政治协商、民主监督、参政议政

人民政协通过自己的工作，履行政治协商、民主监督、参政议政的职能。人民政协就深化国有企业改革，促进农村经济发展，做好扩大就业和社会保障工作……一个个意见和建议，受到党中央、国务院的高度重视，得到人民群众的普遍好评，为中国共产党和我国政府进行民主、科学的决策提供了不可或缺的重要依据。

 知识链接

政治协商 是对国家和地方的大政方针以及政治、经济、文化和社会生活中的重要问题在决策之前进行协商和决策执行过程中的重要问题进行协商。

民主监督 是对国家《宪法》、法律和法规的实施，重大方针政策的贯彻执行，国家机关及其工作人员的工作，通过建议和批评进行监督。

参政议政 是对政治、经济、文化和社会生活中的重要问题以及人民群众普遍关心的问题，开展调查研究，反映社情民意，进行协商讨论。

2. 团结和民主是人民政协的两大主题

作为全国人民大团结、大联合的有力推动者和社会主义民主的积极实践者，人民政协按照团结和民主的要求履行职能、发挥优势，在国家和民族的发展中肩负着重要使命。

政协委员经常深入基层、深入群众，了解真实民情，广泛集中民智，高度关注民生。作为重要的民情民意传达渠道，人民政协广纳谏言，参政议政，传递着宝贵的政治信息，生动地展示了我国政治协商制度的特点和优势。

材料欣赏

2007年6月，以全国政协副主席张思卿为团长，平均年龄66岁，穿越黄河沿线8个省区，行程近万公里的全国政协常委视察团，结束了对黄河沿岸经济社会协调发展情况的视察。

在24个昼夜的风雨兼程中，政协委员们用一支笔、一个本、一架相机，走一路、记一路、拍一路，所有的文字和图片，都整理成了一个个提案、建议、报告，直送中南海。

全国政协副主席张思卿每到一地与干部群众座谈时，都开门见山，"对一些重大的问题，我们要给中央写报告，提建议，供中央决定参考"。

学生活动一：全国政协委员们不顾年事已高、辛苦劳顿，深入实际，体察民情，其目的是什么？

学生活动二：从上述材料可以看出，人民政协有哪些职能？

学生活动三：政协委员们的足迹让你有何感悟？

学生活动四：探究并说一说全国人民代表大会与人民政协的职能有何不同？

第二节 神圣的一票

活动一 选票的分量

1. 选举权和被选举权

（1）公民最基本的政治权利。选举权和被选举权是我国公民最基本的政治权利。

（2）享有选举权和被选举权的公民，在我国年满 18 周岁时就拥有了宪法赋予公民的政治权利——选举权和被选举权。我们可以参加村民委员会或居民委员会的选举，参加人大代表的选举。

 知识链接

《中华人民共和国宪法》规定，凡年满十八周岁的公民，不分民族、种族、性别、职业、家庭出身、宗教信仰、教育程度、财产状况、居住期限，都有选举权和被选举权。但依照法律被剥夺政治权利的人除外。

《刑法》第五十四条规定，剥夺政治权利是剥夺下列权利：选举权和被选举权；言论、出版、集会、结社、游行、示威自由权利；担任国家机关职务的权利；担任国有公司、企业、事业单位和人民团体领导职务的权利。

2. 选举权的重要性

选票虽小，但它能使人民的愿望得到充分表达，人民的呼声和要求得到有效传递。珍视民主权利，投出自己庄严的一票，选出能够替人民说实话、办实事的"当家人"，既是对来之不易的政治权利的珍视，也是推进社会主义民主建设的具体行动。

材料欣赏

在行使投票选举的过程中，我们会发现这样的一些现象：有些人根本不在乎，随便就画个钩扔到投票箱里；更有甚者把选票扔掉就走了；还有的人不分青红皂白全填了弃权。

学生活动一：结合所学知识，你对上述材料中那些不负责任的选民想说些什么？我们应如何行使选举权？

学生活动二：探究交流，神圣的一票应该投给谁呢？

投给有公心的选民利益的维护者。身怀公心，秉公办事，用法律手段维护选民的切身利益，这是时代对人民代表提出的要求

投给热心的、了解选民冷暖的知情者。社会需要热心肠，人大代表应当做出表率。哪里有热点、哪里有难点，人大代表就要往哪里去

投给有真心的选民意愿的传递者。人大代表只有具备为选民服务的心，替选民着想的真情，敢于说真话、道真情、办真事，才能代表人民行使当家做主的权力

……

学生活动三：请对漫画中被选举人的做法进行评析；假如你在选举现场，你会对漫画中的选民说些什么？

活动二　基层民主

学生活动一：根据上述三组图片，你能看出我国基层民主形式有哪些吗？

村民委员会是村民自我管理、自我教育、自我服务的基层群众性自治组织，是村民民主管理村务的机构，是我国农村最基层的群众自治组织。

知识链接

村民委员会简称"村委会"，是我国农村村民自我管理、自我教育、自我服务的最基层的群众自治组织。《中华人民共和国村民委员会组织法》规定：村民委员会主任、副主任和委员，由村民直接选举产生。村民委员会每届任期三年。年满十八岁的村民都有选举权和被选举权。

民主选举：村民直接选举村民委员会干部　　民主决策：通过村民会议参加决策

学生活动二：根据上述四组图片，说一说我国村民自治的主要内容有哪些？

居民委员会是城市居民自我管理、自我教育、自我服务的民主管理机构，是城市居民的自治组织。民主选举、民主决策、民主管理、民主监督是居民的自治内容。它调动了居民参与社区建设的积极性、提高了居民参与政治生活的能力。

 材料欣赏

在某社区，十几户居民合用一块水表，每月的水费由居民轮流挨家挨户收取，再交到自来水公司。有的居民向居民委员会提出，收费是自来水公司应该做的事情，群众的义务就是交费，代收水费不合理。要解决代收水费的问题，就得取消总水表，每家重新安装一块水表。居民委员会通过各种渠道向上级反映此事，市政府决定进行一户一表改造。该社区的居民成为第一批受益者。

学生活动三：阅读上述材料，分组讨论在整个解决问题的过程中是什么起了关键性的作用？它起了哪些作用？

职工代表大会是企事业单位实行民主管理的基本形式，是广大职工行使民主管理权利的机构。

职工代表大会作为企业职工直接参与企业管理的基本形式，在支持职工当家做主、尊重并保证职工行使民主权利、切实维护职工群众合法利益方面发挥着重要作用。

学生活动四：填一填。

比较村民委员会与居民委员会的异同

		村民委员会	居民委员会
不同点			
相同点			

第四章　国策经纬

第一节　小平，您好

活动一　社会主义初级阶段

以党的十一届三中全会为标志，我国开创了中国特色社会主义的事业，进入了社会主义事业发展的新时期。30 多年来，我国生产力水平有了很大提高，综合国力明显增强，人民生活不断改善，取得了举世瞩目的伟大成就。但是，我们依然处于社会主义初级阶段，这是我国的基本国情。

我们搞社会主义才几十年，还处在社会主义初级阶段。

——邓小平

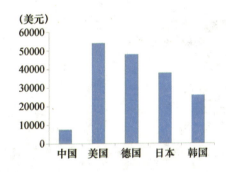

人均 GDP

城乡收入差距

东西部发展不平衡

贫困人口依然存在

 知识链接

社会主义初级阶段包含两层含义：就社会性质而言，我国已经是社会主义；就发展阶段而言，我国的社会主义还处于并将长期处于社会主义初级阶段，这个阶段至少需要100年的时间。

　　强调认清社会主义初级阶段基本国情，不是要妄自菲薄、自甘落后，也不是要脱离实际、急于求成，而是要坚持把它作为推进改革、谋划发展的根本依据。

（摘自《中国共产党第十七次全国人民代表大会报告》）

　　学生活动一：分析为什么我国正处于并将长期处于社会主义初级阶段？
　　学生活动二：用事实说明我国社会主义初级阶段的发展水平。

　　我的看法是：

活动二　一个中心，两个基本点

　　从社会主义初级阶段这一基本国情出发，党和国家制定和坚持了社会主义初级阶段的基本路线：领导和团结全国各族人民，以经济建设为中心，坚持四项基本原则，坚持改革开放，自力更生，艰苦创业，为把我国建设成为富强、民主、文明、和谐的社会主义现代化国家而奋斗。

兴国之要：以经济建设为中心

　　十年"文革"，使中国的国民经济濒临崩溃的边缘。"文革"结束后，特别是十一届三中全会后，中国开始了以经济建设为中心和改革开放的伟大时代，国民经济高速、稳健、健康地向前发展，开创了我国社会主义现代化建设的新局面。

　　以经济建设为中心，就是在整个社会主义初级阶段，各项工作都必须服从和服务于经济建设，集中力量发展生产力。这是我们党、我们国家兴旺发达和长治久安的根本要求。

发展才是硬道理。

（摘自《邓小平文选》）

必须坚持把发展作为党执政兴国的第一要务。

（摘自《中国共产党第十七次全国人民代表大会报告》）

学生活动一：举例说明社会主义建设为什么必须坚持以经济建设为中心？

学生活动二：向父母了解改革开放前后家乡的变化。

三峡大坝巍然起

青藏铁路跃高原

金色田野丰收在望

人民过上幸福生活

立国之本：四项基本原则

没有共产党，就没有新中国；没有社会主义，就没有今天中国的发展。在社会主义现代化建设中，我们必须坚持四项基本原则——坚持社会主义道路，坚持人民民主专政，坚持共产党的领导，坚持马克思列宁主义、毛泽东思想、邓小平理论和"三个代表"重要思想。

坚持社会主义道路的实质，就是坚定不移地走中国特色社会主义道路，充满信心地为这个伟大事业而不懈奋斗。

坚持人民民主专政的实质，就是要不断发展社会主义民主，切实保护人民的利益，维护国家的主权、安全、统一与稳定。

坚持党的领导的实质，就是要坚持党在中国特色社会主义事业中的领导核心地位，发挥党总揽全局、协调各方的作用。

坚持马克思列宁主义、毛泽东思想、邓小平理论和"三个代表"重要思想的实质，就是要坚持马克思主义的指导地位，并在实践中不断丰富和发展马克思主义。

学生活动三：在社会主义建设中，四项基本原则的地位是什么？为什么要坚持四项基本原则？

强国之路：改革开放

改革开放前后的小岗村

改革开放前后的深圳

在经济全球化的今天，封闭就会落后，开放才能发展。对外开放，是我国现代化建设必不可少的条件，是我国长期坚持的基本国策。当前，为适应经济全球化的发展和加入世界贸易组织的新形势，我国不断扩大对外开放程度，不但大量引进国外资金、技术、管理经验和人才，而且坚持"引进来"与"走出去"相结合，以更加积极的姿态走向世界。

学生活动四：了解我国的改革是从哪里开始的？又是怎样深入的？

学生活动五：生活在改革开放年代，我们深深地感到社会进步的步伐。收集改革开放以来有关家乡变化的资料，在课堂上进行交流。

中国加入世界贸易组织 　　　　　　神舟七号的发射

改革开放新地标

变化的时尚

第二节 "三个代表"

┌─────────────────────────────────┐
│ 活动一 代表先进生产力的发展要求 │
└─────────────────────────────────┘

环视我们的周围，无论是学校、家庭、医院，还是交通、通信、建筑，我们最平常的生活，都被一种神奇的力量改变着。这种神奇的力量，就是先进的生产力。

生产力是社会发展的最终决定力量。社会的进步，归根结底是先进生产力不断取代落后生产力的过程。

计算机的广泛应用

水稻之父袁隆平

 知识链接

2001 年 2 月 19 日，国家设立了"国家科学技术奖"。这是迄今为止我国奖金额度最高的国家奖。设立这一奖项的目的是营造"尊重知识，尊重人才"的良好社会氛围，进一步扩大科技工作者在全社会的影响力，鼓励广大科技工作者勤奋工作，为实施科教兴国战略做出更大贡献。

学生活动一：看了以上图片后，分析先进生产力取代落后生产力，从而促使社会发生巨变的事例，并说出自己了解的最精彩的事例。

学生活动二：你认为先进生产力的集中体现和主要标志是什么？为什么？

┌─────────────────────────────┐
│ 活动二 代表先进文化的前进方向 │
└─────────────────────────────┘

先进文化是健康、科学、向上、代表未来发展方向的文化。中华民族生生不息，中华文化源远流长……横平竖直的方块汉字、四大发明的伟大创造、诗词歌赋、科技教育、典章制度、中医中药、建筑艺术……

书法与孝道

优秀文艺

医药

建筑

学生活动一：谈谈如何发展先进文化？

学生活动二：健康的影视文化可以给予广大观众以精神的陶冶、审美的享受，但是，劣质的、不健康的作品对青少年具有负面的影响，危害非常大。

调查了解影视文化对青少年的影响，并交流自己的体会。

活动三　代表最广大人民群众的根本利益

人民群众是历史的创造者。中国乃至世界的政治发展史深刻地表明：是否代表最广大人民的根本利益，是一个政党、政权兴衰存亡的关键。

党的十一届三中全会以来，我们党和政府把人民拥护不拥护、赞成不赞成、高兴不高兴、答应不答应，作为检验各项工作成败的最高标准。在党和国家的全部工作中，践行着代表人民根本利益的誓言。

学生活动：收集有关事例，谈谈党是如何实践"代表最广大人民群众的根本利益"的？

现代农村

人民代表

第三节　可持续发展

活动一　节约资源，保护环境

　　能源、水、土地等自然资源是人类赖以生存和发展的基础，是社会可持续发展的重要物质保障。

　　我国的资源形势非常严峻。我国耕地、淡水、森林、石油、天然气和煤炭等资源的人均占有量远低于世界平均水平。从总量上看，我国自然资源总量大，资源类型齐，是一个资源大国。但是，由于人口众多，我国人均资源占有量大大低于世界平均水平。从相对数来看，我国在世界上是一个资源小国，这是我国的又一基本国情。

当代中国面临的十大环境问题

大气污染日益加剧；水体污染日益突出；
垃圾围城现象普遍；噪声污染普遍超标；
水土流失难以遏制；土地荒漠化扩大；
濒危物种生境缩小；水资源呈现短缺；
耕地资源逐年减少；森林资源供不应求。

水污染

干旱

滥伐森林

垃圾污染

　　学生活动一：结合上图，说说造成环境问题的原因有哪些？
　　学生活动二：我国资源和环境的严峻形势，决定了我国必须坚持节约资源和保护环境的基本国策，谈谈如何坚持节约资源和保护环境的基本国策？
　　学生活动三：为了给经济发展保留后劲，给子孙后代留下资源，一些发达国家实施资源储备新战略，本国的森林不伐、矿山不开、石油不采，而到其他国家（主要是发展中国家）采购能源和原料。

怎样认识这些发达国家的资源储备新战略？对此你有什么看法？

> **活动二 走可持续发展之路**

人类的未来可能存在两种截然相反的景象。

景象一： 风暴频繁，江水泛滥，岛屿和人口稠密的沿海地区被日益上涨的海水吞没，肥沃的土地因为久旱无雨和沙漠化而变得荒芜，深受环境恶化之苦的人们大举迁徙，为获取水及其他稀有自然资源而不断进行武装冲突。

景象二： 蓝蓝的天空，绿绿的草地，弯弯的小河，成片的森林。在明媚的阳光照射的地球上，不仅有人类手与手相牵、心与心相连，还有成群的小鸟唱着歌，从天空飞过，成群的可爱的动物在自由自在地生活。

思考： 我们愿意在哪种环境中生活？会在哪种环境中生活呢？

可持续发展就是要促进人与自然的和谐，实现经济发展与人口资源环境相协调，坚持走生产发展、生活富裕、生态良好的文明发展道路，保证一代接一代地永续发展。

可持续发展，要求我们树立一种观念——生态文明观，保持人与自然的和谐发展，能够认识自己对自然、社会和子孙后代的责任。

我国人口众多，资源相对不足，在现代化建设中，必须坚持可持续发展这一重大战略。要把节约资源、保护环境放在重要位置，使人口增长与社会生产力的发展相适应，使经济建设与资源环境相协调，实现良性循环。

学生活动一：收集材料，说说在坚持可持续发展方面，我们党和政府做出了哪些努力？

学生活动二：有一位同学反对学校解剖青蛙的实验课，与学校和老师多次交涉，恳求老师不要伤害青蛙，或者全班同学共同解剖一只青蛙，而不是每人一只。当自己的意见没有被采纳时，她拒绝到学校上实验课。

○你是否赞同她的做法？为什么？

○在日常生活中，你还知道哪些类似的事情？请就如何更好地尊重不同的生命提出自己的建议。

第五章　漫步地球村

第一节　战争与和平

"和平"是人世间最美好的字眼。人们向往和平，歌颂和平，赞美和平。今天，世界上大多数人在和平的环境中幸福地生活。但是，在一些国家或地区，因领土、边界纠纷或民族、宗教冲突等原因所引发的战争、恐怖袭击依然存在。

日本轰炸重庆时死亡的平民

认领亲人

被炮火点燃的油井

战争中的儿童

学生活动一：结合上图，你认为战争对人类有什么危害？
学生活动二：通过各种媒体，了解近几年世界上发生的战争。

知识链接

联合国是世界上最具普遍性、代表性和权威性的国际组织，其首要宗旨之一是维护国际和平与安全。

联合国协助解除了 1962 年古巴导弹危机和 1973 年中东危机。1988 年，联合国用和平解决的办法结束了两伊战争。1989 年，联合国主持的谈判促使苏联从阿富汗撤军。20世纪 90 年代，联合国协助恢复了科威特主权，并在结束柬埔寨、阿尔瓦多、危地马拉和莫桑比克的内战，恢复海地民选政府以及解决或遏制其他一些国家冲突等方面发挥了重要作用。

童心唤和平

反战集会上放飞和平鸽

无国界医生在为非洲儿童治病

在世界和平日，联合国秘书长安南敲响和平钟

学生活动三：你认为破坏和影响世界和平的因素有哪些？人类为世界和平做出了哪些努力？

学生活动四：

○登录联合国网站（http：//www. un. org/Chinese/）或通过相关书籍、报纸杂志等，了解联合国致力于世界和平的行动和成就。

○举行模拟联合国大会，同学们扮演外交官，分别代表各个国家，就世界和平与发展等问题进行探讨。

大会议题（如反对恐怖主义措施、环境保护公约等）：_____
_____

大会议程：_____

本人代表的立场：_____

代表本人立场需要的文件、资料：_____

第二节　东西南北

活动一　贫富之间

贫困钟的警示

1996 年 1 月 18 日，美国纽约的公共大厅里，竖起了一面两米多高的大型电子数字显示钟——贫困钟。随着秒针的跳动，钟面上显示的世界贫困人口的醒目红色数字飞快地往上增长。一分钟 47 个，一小时 2820 个，一天约 67000 个。触目惊心的数字引起了所有过往行人的关注。

"贫困钟"向人类社会警示，贫困依然是当今世界特别是发展中国家面临的突出问题之一。在世界上，还有一些贫困人口需要人们的关爱与帮助，需要动员全世界的力量共同战胜贫困。

今天，科技进步日新月异，人类财富成倍增加。然而，世界上依然存在着严重的贫富不均现象。贫困、落后、债务依然困扰着一些国家，使整个世界的发展面临严峻的形势。

学生活动一：你知道造成一些国家贫困的原因有哪些吗？请列举出来。

学生活动二：收集材料，说说贫困和落后有哪些危害？

学生活动三：收集材料，说说各国和国际社会为消除贫困做出了哪些努力？

活动二 合作与发展

消除贫困是全人类共同的任务。国际社会必须合作，才能实现共同发展。世界各国为实现全球协调、平衡、普遍发展做出了巨大的努力，联合国更是不遗余力地在推进世界反贫困进程。

世界各国要消除贫困，共同致力于实现全球协调、平衡、普遍发展，首先需要发展中国家进行大胆改革，承担起发展本国经济的主要责任。同时由于发展中国家条件差、底子薄，往往难以充分利用经济全球化带来的机遇，因此还需要国际社会加强交流，扩大互利合作，尤其需要发达国家承担起应有的义务和责任，对发展中国家公平开放市场，减免债务，通过增加资金和技术援助，提高发展中国家自我发展的能力。

> ★全球零售巨头沃尔玛在世界各地的分店超过 4000 家，并通过卫星网络实行动态管理，每周接待并服务的顾客高达 1 亿人次，其送货车平均每年为 9200 万户家庭送货服务 15 亿次。这是社会服务在世界范围内远距离实现的充分体现。
>
> ★举世瞩目的人类基因组研究计划，全球共有 16 个实验室、1100 位科技专家参加，涉及美国、英国、日本、德国、法国和中国等。

学生活动一：结合以上材料讨论当今世界各国、各地区为什么要以合作促发展？

学生活动二：（体验并讨论）经济全球化是当今世界发展的特点之一。关注我们日常生活中衣、食、住、行等方方面面，体会经济全球化给我们生活带来的影响。

学生活动三："经济全球化既是机遇又是挑战"，你是否赞成这个说法？为什么？

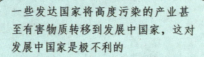

一些发达国家将高度污染的产业甚至有害物质转移到发展中国家，这对发展中国家是极不利的

发展中国家迫切希望利用外资来发展经济，但不能片面追求眼前利益，而忽视本国经济的可持续发展

发展中国家从发达国家引进的技术，会是最先进的吗

发展中国家怎样在国际经济交流与合作的过程中发挥自己的优势，保护自己的利益

第三节　天涯若比邻

活动一　七彩文化

文化是人类文明进步的结晶。在人类历史长河中，生活在不同国家和地区的不同民族和人民，创造了各具特色的文化，它包括语言文字、文学、艺术、价值观、宗教、教育、科技以及生活方式、风俗习惯，等等。

各具特色的文化渗透于人们社会生活的各个方面。不同的饮食习惯、服饰、民俗风情、建筑风格等都是不同民族和国家传统文化的具体体现。在传统节日的庆祝活动中，这种传统文化的特征表现得尤为突出。

中国传统节日——春节

欧美国家最隆重的节日——圣诞节

中国名画《仕女图》　　　　　意大利名画《蒙娜丽莎》

艺术是各国文化和传统的重要组成元素，音乐、舞蹈、戏剧、绘画、雕塑、工艺、电影及电视……每种艺术形式都以自身的特色传递对生活的感受和理解，每一种艺术形式又种类繁多、异彩纷呈，集中体现了世界文化的丰富性、多样性。

宗教是人类文化的重要组成部分，它影响到人们的思想意识、生活习俗，并影响到建筑、艺术等各领域。世界宗教多种多样，目前广为流传、影响力较大的宗教主要有佛教、基督教、伊斯兰教，它们并称为世界三大宗教。

学生活动一：（比一比）请你说出各国传统节日的名称，越多越好，看谁说得多。

学生活动二：（探究）请以一个感兴趣的问题为视角，了解世界各国的语言文字、文学艺术、价值观、宗教、风俗习惯等，体会文化的丰富性和多样性。

活动二　沟通与交流

不同国家和民族的人们，长期生活在不同的历史文化背景和自然环境中，接受不同的文化信息，受不同的社会习俗的影响。如果缺乏足够的沟通和交流，彼此不够了解，就容易在文化的交流和碰撞中产生冲突，因此，必须加强不同文化之间的沟通与交流，促进彼此之间的相互了解和相互理解，消除民族间冲突与仇恨。

电影《刮痧》讲述了一个关于东西方文化冲突的故事。在美国，5岁的中国裔男孩丹尼斯感冒发烧，爷爷用中国民间流传的刮痧疗法给他治疗。没想到，在一次意外事故后，美国医生发现了丹尼斯背上的痧痕，这居然成了他父亲——一位中国男子虐待孩子的证据。法庭上，由于以解剖学为基础的西医理论无法解释通过口耳相传的中医学，面对控方律师对中国传统文化与道德规范的"全新解释"，男主人公百口莫辩。

学生活动一：你在生活中遇到或听说过类似的故事吗？你认为我们应该以什么样的态

度来面对不同民族的文化？

> 　　不同文化的接触是人类进步的路标。希腊曾经向埃及学习，罗马曾经向希腊学习，阿拉伯人曾向罗马帝国学习，中世纪的欧洲曾向阿拉伯人学习，文艺复兴时期的欧洲曾向拜占庭学习。在那些情形之下，常常是青出于蓝而胜于蓝的。
>
> 　　　　　　　　　　　　　　　　　　——罗素

　　学生活动二：如果聘请你为文化交流大使，你将怎样为世界各国的朋友展现一个"古老的中国、多彩的中国、现代的中国"？请设计一份有创意的计划。

第六章　新的旅程

活动一　合理选择

决定一个人做出职业或学业选择的因素有很多。其中兴趣爱好、能力特点、性格类型等是非常重要的内在因素，人的生活环境、机会等则构成了外在因素。

我们面临着选择：升学还是就业？升入哪一所学校？选择什么职业？在做选择的时候，既要根据自己的兴趣爱好，又要根据自己的优势特长，从实际出发，扬长避短。

> **材料一：** 英国生物学家古道尔小时候对母鸡下蛋感兴趣，常常一个人悄悄爬到鸡窝里，蹲着观察母鸡下蛋持续好几个小时。后来她抱着同样的兴趣去研究黑猩猩，不畏艰险，孤身一人进入热带深林，同猩猩一起生活。经过十年的观察和研究，她终于写成了不朽的著作《人类的近亲》。
>
> **材料二：** 马克思年轻时曾想做一名诗人，也努力写过一些诗。但是，他很快就发现自己的长处并不在这里，便毅然放弃做诗人的志向，转向研究社会科学。结果，他在这一领域做出了举世瞩目的贡献，成为国际共产主义运动的领袖。
>
> **材料三：** 迈克尔·乔丹从前对职业棒球感兴趣，也曾到一家二流的球队打棒球。他虽然很努力，但成绩却一般，只得悻悻而归。可是转到篮球项目上以后，却获得了空前的成功。他在篮球场上令人叹为观止的表现使他成为NBA历史上最具传奇色彩的"飞人"。

骏马能历险，耕田不如牛，坚车能载重，渡海不如舟。

——中国谚语

宝贝放错了地方便是废物。

——富兰克林

学生活动：根据自己的兴趣和爱好，选择自己希望就读的学校或者从事的职业；再根据自己的优势和特长，分析自己可能选择的学校或从事的职业。

兴趣与爱好	希望就读的学校	希望从事的职业
优势与特长	可能选择的学校	可能从事的职业

活动二　成功的路不止一条

"条条大路通罗马"，无数事实证明，通向成功的路有无数条。无论从事什么工作，只要付出努力，就有可能成功；无论在哪个领域，只要肯钻研，都有成功的机会。正所谓"三百六十行，行行出状元"。

服务行业优秀代表李素丽

工人阶级的榜样包启帆

解放军战士楷模雷锋

医学专家钟南山

对于我们中职生来说，不管是升学还是就业，都同样有发展、有前途。不论选择哪种职业，都是实现自我价值、服务社会的一种途径。在学校我们应该珍惜机会，努力学习；走上社会，应该谦虚好学，诚信敬业，开拓创新。

我国的现代化建设，既需要大批的高科技人才，也需要大量具有一技之长的高级技术工人和高素质的新型农民。不管是什么职业，只要是社会需要的，就有价值。展望未来，在即将踏上新的旅程的时候，我们除了考虑自己的愿望和条件之外，更应该结合社会的需要做出正确的选择。

学生活动一：面对激烈的国际竞争，展望国家现代化建设的宏伟蓝图，我们应该做怎样的准备？

学生活动二：了解社会的职业情况并根据自己的兴趣、特长，分析自己的几种职业倾向，并与目前的社会需求作比较。

职业倾向	兴趣	特长	社会需求

靓志课程

第一节 我的少年气质

活动一 我是独一无二的

在这一部分，你将开启自我的探索之旅，发现并接纳更好的自我。

1. 请伸出你的左手，五指并拢，放在下面的方框中，并用笔描绘出你的手掌印。

```
[ 方框 ]
```

2. 与你的朋友比比，你们的手印相同吗？你发现了什么？

3. 请写出与你的手有关的五件事情。

大拇指上写下你经常做的事情；食指上写下你最喜欢做的事情；中指上写下你最不喜欢做的事情；无名指上写下你能做的最特别的事情；小拇指上写下你最想为别人做的事情。

4. 每个人的手印都不一样，都有自己的特点，与你的同伴一起分享一下你的手的故事吧，从你们的分享中你看到了怎样的自己？这样的自己你接纳吗？为什么？

你应该庆幸自己是世上独一无二的，应该把自己的天赋发挥出来，经验、环境和遗传造就了你的真面目，无论是好是坏，你都得弹起生命中的琴弦。

——卡耐基

活动二　讲述你的生命故事

每个人从出生到现在都会有丰富的经历，无论是好是坏，都是塑造现在的你很重要的因素。

1. 从你的出生，哪些事情对你来说是很重要的？可能是好事也可能是不幸（例如，开始上学，假期旅行，遇到了一位好朋友等），拿起手中的笔，绘出属于你自己的生命故事吧。

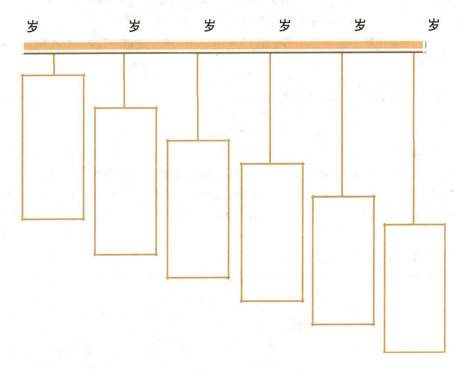

2. 如果给你的生命线起个名字，你会怎样称呼它呢？

3. 在回顾并写下自己的生命故事时你有什么样的感受？

4. 在你的生命故事中你最喜欢哪个部分，最不喜欢哪个部分？为什么？

_____

_____

5. 如果你的生命线可以重新设计，去弥补一些遗憾，让自己变得更好，你会做什么？为什么要这样调整呢？

_____

_____

_____

没有播种，何来收获；没有辛苦，何来成功；没有磨难，何来荣耀；没有挫折，何来辉煌。

——佩恩

其实这就是人生，人生路上可能会面对许许多多的困难，但要做到永不言败，你需要一份坚强，只有这份坚强，才能让你正视自己面对的困难。你需要一份勇敢，只有这份勇敢，才不会让困难在你内心留下阴影。你还需要一份信心，只有这份信心才能支撑你去面对更大的困难。

┌─────────────────────────────┐
│ 活动三　什么能帮我变得更强大 │
└─────────────────────────────┘

课前准备：两个篮球，一个充满气，一个气不足

1. 在你面前有两个篮球，一个充满气，一个气不足，请你双手把他们举过头顶并保持同一高度，同时松手，让篮球自由落地，你观察到了什么？哪个球跳得更高？

2. 在生活中，像灾难一样的困难发生时，如果大家都像充满了气的篮球一样跳得更高更有力，就不会被困难打趴下，可以结合生命故事来看，当你遇到了消极的事情的时候，你是不是这样呢？

3. 是什么可以像新鲜的空气一样帮我们把那只泄了气的篮球恢复饱满呢？

4. 你会如何得到这些新鲜的空气呢？请在下表中列出你的行动计划。

新鲜空气	如何得到

生活中，我们可以从困难中恢复，但这需要自身的力量和周围人的帮助。有时隐藏自己的感受，这种压力会使自己受到更大的伤害。我们需要跟别人分享我们的感受，让别人帮我们变得更强。我们重新变得坚强，感觉更好，这样我们也能帮助别人了。

第二节　我的青春靓丽

活动一　认识魅力

在这一部分，你将与大家一起分享对于魅力的认识。

1. 4~6 人一组，每个人分享一下带来的有关魅力的事物，解释为什么你所选的是有魅力的呢？并在表格中记录各自的观点。

姓名	魅力事物	你认为它之所以有魅力的关键词

2. 这里有各种各样的对魅力的认识和理解，你是怎么看待的呢？与你的伙伴们谈谈你的看法吧。很多文化都遭受西方文化的影响，好皮肤、身材高挑被认为是有魅力的；相反，黑皮肤、矮个子就被认为不具有魅力。你同意吗？为什么？

_____

_____

如果一个男人的身高比女人还矮，那么他就没有吸引力。你同意吗？为什么？

_____

_____

有魅力的人内心也应该是美丽的，丑陋的人或许有美丽的外表。你同意吗？为什么？

_____

_____

3. 综合上面两次讨论的结果，总结并尝试对魅力下一个定义。

_____

_____

4."天下最富有的人"——那个缺少一条腿的女孩有魅力吗？她的魅力体现在哪里？

_____

_____

魅力是一种生活状态。中国形象设计协会秘书长程从正说：不是每个人都有美丽的外表，但每个人都有属于自己独特的魅力。在社会的大舞台上，美丽经不起太多的风吹雨打，只有魅力之花才能永远盛开！

┌─────────────────────────┐
│ 活动二　发现自己的魅力 │
└─────────────────────────┘

别人眼中我的魅力

从小就因为皮肤不白，长得也不算出众，甚至有些像男孩子，所以总是觉得在那些漂亮的女孩子们面前抬不起头，自然也觉得不会引起男孩子们的注意。班级的集体照中你会发现，我总会站在边边的角落里。但是，在初中的同学录里，发现有好几位同学都给我留言说："你的声音很好听，我喜欢听你讲话。"这样的话语在高中、大学也都会经常听到，它似乎具有魔力一样，让我特别喜欢说话，尤其是喜欢在公共场合，让大家都能听到我的声音。我不断地参加演讲比赛、播音主持等活动，锻炼自己。毕业之后，我也找到了一份喜欢的工作，成为了一名培训师，可以在讲台上用自己的声音向大家传递温暖和知识。因为它我变得更加自信和美丽！

1. 在上述经历中，主人公的魅力是什么？她是如何发现自己的魅力的？

_____

_____

2. 让我们探索自己魅力的同时也帮帮别人吧。

请在下列表格中挑选出你认为适合自己魅力的词语放进你的开放区（如果列表中没有，可以自己补充），并在小组伙伴中挑选 1~2 个比较熟悉你的人。请他们看看，如果开放区里你写下的魅力词语他们也表示认同，就打上钩，如果还有你没有发现的，就帮你补充在你的盲区，并告诉你为什么。

我的开放区	我的盲区

魅力词单，看看哪个符合你？

有能力的	乐观的	知识渊博的
可爱的	友好的	有爱心的
勇敢的	慷慨的	性感的
清秀的	助人的	组织能力强的
耐心的	聪明的	独立的
自信的	古灵精怪的	有活力的
帅气的	强壮的	绅士的
好心的	负责任的	抗压能力强的
娴静的	尊重人的	漂亮的
声音甜美的	适应性强的	镇定的
关心人的	优雅的	智慧的

3. 大声讲出你的魅力。把你的魅力与大家一起分享，让我们感受到不同魅力的优美旋律！

_____

_____

第三节　我和我的伙伴

　　友谊是我们青少年时期所拥有的最重要的关系之一，尤其是这些友谊往往会伴随我们度过一生。朋友常常是最理解我们的人。无论我们痛苦或是开心，都会找到他们。在这里将帮助大家，反思"朋友"在我们的生活中所拥有的价值，学会如何更好地与朋友相处。

学习目标

➢　反思朋友在我们生活中所拥有的价值。

➢　学会如何更好地与朋友相处。

课前准备：

　　在活动开始之前，请先画一个"朋友圈"。将自己的名字写在白纸的最中央，将朋友的名字按照关系亲密程度，由近及远写在自己名字周围。没有人数限制。

参考样例：

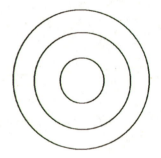

活动一　我的朋友们

世间最美好的东西，莫过于有几个头脑和心地都很正直的严正的朋友。

——爱因斯坦

　　我们在社会中生活，总会与人打交道，有的人离你很近，有的离你很远，有的渐渐地成了你的朋友。而在这些友谊中也有好坏之分，有的可以助你一臂之力，有的则可以让你伤痕累累。

　　1. 请说出一些有益的友情和有害的友情与大家分享，可以是从电视、电影或故事中所知道的。

_____

_____

_____

2. 你可以与你身边的伙伴讨论一下，是什么导致友谊是有益的或是有害的呢？

_____

_____

_____

3. 你的朋友是怎么样的呢，他们给你带来了什么？请把你的朋友圈拿出来做个分析吧。

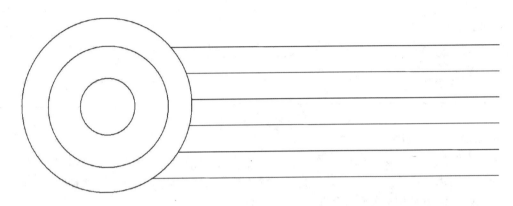

朋友在我们的生活中十分重要。然而，需要思考的是，我们的朋友是否在帮助我们成为我们真正想要成为的人，还是他们让我们做一些我们不愿意做的事情。

4. 通过上面几个环节，朋友对你来说所拥有的价值你已经比较清楚了。那么在与朋友的相处时，哪些特征是你比较看重的呢？你的理想朋友是什么样的呢？

如果现在你手上有15分，你只能选择清单中的10个特征，这些特征是你在一个"理想的朋友"身上想要的。你可以以任何喜欢的方式分配这些点，最重要的特征可以有2点，然而不重要的特征有0.5点或1点。总数应该是15。

5. 现在反过来，如果你自己想成为别人理想的朋友，你想拥有什么样的特征呢？请重复上面的过程，在"自己的特点"栏进行选择。

	理想的朋友	自己的特点
1. 吸引人的		
2. 关心人的		
3. 宽容的		
4. 有趣的		
5. 感激的		
6. 开心的		
7. 诚实的		
8. 理想主义的		
9. 鼓舞人心的		
10. 忠诚的		
11. 有耐心的		

续表

	理想的朋友	自己的特点
12. 热爱和平的		
13. 虔诚的		
14. 尊敬人的		
15. 相似兴趣的		
16. 强壮的		
17. 支持性的		
18. 多才多艺的		
19. 值得信赖的		
总数		

6. 请思考以下问题：

➤ 人们想要朋友身上的一些重要的特征是什么？你有朋友符合这些描述吗？

➤ 人们想要自己身上的一些最重要的特征是什么？你认为你已经是这种朋友了吗？

➤ 两个清单是相似的还是不同的？为什么这样认为？

_____

_____

_____

_____

我们交朋友，有的时候是因为彼此相似，容易相处，而有的时候是因为被对方所吸引，自己也想成为那样的人。无论怎样，我们交朋友的初衷都是为了让自己变得更好。

┌─────────────────────┐
│ 活动二　与朋友相处 │
└─────────────────────┘

在上一活动中我们了解到，尽管彼此是朋友，但是也有很多的不同，在相处中也会出现分歧和争吵。你有没有想过这些争吵和不愉快是因为什么而引起的？不同的价值观？不同的沟通方式？不同的需求？等等。先看看下面的小场景，他们之间发生了什么问题呢？

朋友 A："我渴了，你帮我去找点水喝吧。"

朋友 B："好的，你等着，我去给你找。"

过了一会儿，B 回来了，但是没有水，却见他拿了一个蛋糕。他将蛋糕递给了 A："我没有找到水，但是看到这个蛋糕就买了回来，你吃吧。"

A 很是诧异："可是我渴了，我想喝水，不想吃蛋糕。"

B："你吃吧，这个蛋糕很有营养的，我看了店家的介绍，里面的牛奶和鸡蛋都很多。"

A 有些哭笑不得："我知道蛋糕很有营养，可是我很渴，我不饿啊！我现在最需要的是喝水……"看到 A 这么不开心，B 也有些失落，明明是对 A 好，可是他为什么不开心呢？

看了上面的情景，你觉得 A 与 B 之间出现了什么问题？

_____

_____

现在回想一下你和朋友之间的矛盾有过类似的经历吗？其实很多时候，矛盾的产生就是我们用错了爱的方式。我们觉得自己的做法是对他人好的，可是却忘记了问问他人究竟需要什么。

爱的五种语言

每个人都有爱与被爱的需要，都有一个情绪的爱箱，朋友间也是如此。但不同的人却使用不同的语言来表达和接收爱。查普曼博士发现人们基本上有五种爱的语言：

肯定的言辞（经常夸赞和肯定对方）

精心的时刻（与对方单独相处，享受并专注在一起的时间）

接受礼物（为对方准备精美的礼物）

服务的行动（为对方服务、照料和呵护）

身体的接触（拥抱、拍拍头给予鼓励等）

亲密朋友或爱人之间许多误解、隔阂和争吵都是由于不了解或忽略对方的主要爱语造成的。当双方主动选择使用对方的主要爱语时，就能很好地发展彼此的亲密关系，并积极地处理冲突和失败。

了解了爱的五种语言，你知道你的朋友需要哪几种爱语吗？

_____

_____

如果你不知道的话，可以用不同的方式帮你了解。一方面可以直接来问，如我今天下午有空，可以陪你。你希望我做什么你会比较开心呢？

下面是她/他的回答，你试着看看对方究竟需要的是什么：

只要跟你在一起，咱俩干啥都行。_____

我昨天做了一个手工制品，你跟我到我家去看看。_____

我想你给我买好吃的。_____

我觉得像之前一样，咱俩依偎在大树下，看看风景聊聊天就挺好的。_____

你陪我逛街，帮我买个零钱包作为礼物吧。_____

你也可以通过假设来了解对方的需求，如当你考取了第一名的时候，你希望我通过什么样的方式来为你庆祝呢？

接下来，根据你的朋友所需要的爱语，你跟她/他的相处，你会做出哪些改变呢？

历 史

第一节　炎帝和黄帝到尧舜禹

动脑筋

　　"炎黄子孙"的由来是什么？黄帝对中华民族有什么杰出的贡献？尧舜禹是谁？通过本课的学习，我们将一一了解这些问题。

1937年毛泽东和朱德写了《祭黄帝文》，并派人前往黄帝陵扫墓

伟大的民主革命先行者孙中山
为黄帝陵题词

国民党领导人蒋介石
为黄帝陵题词

黄帝为什么受到后人尊敬？

位于古都西安和革命圣地延安之间有个黄陵县，华夏族始祖黄帝的陵墓就坐落在那里，各地的民众和海外的赤子纷纷前往祭奠和敬拜，表达对黄帝的敬仰之情。国共两党的领导人都很重视尊敬黄帝，并分别写了题词。黄帝对中华文明做出了巨大的贡献，后人尊称他为"人文之祖"。

你了解"炎黄子孙"的由来吗？

炎帝像

黄帝像

距今约四五千年，我国黄河流域和长江流域，活动着许多部落。炎帝和黄帝是我国古老传说中黄河流域著名的部落首领。那时候，部落之间经常发生战争。黄帝部落联合炎帝部落，经过涿鹿之战大败强大的蚩尤部落。从此，炎帝部落和黄帝部落结成联盟，后来逐渐发展成华夏族，我们是华夏族的子孙，也就是炎黄子孙。

黄帝对中华民族有什么杰出的贡献？

黄帝为中华民族创造了丰富灿烂的中华文化。黄帝，是人类进入文明社会的第一个奠基人。黄帝一统了华夏族，设官职，举贤能，大治天下；推历数，祭山川鬼神；造弓矢，建房屋，做衣服，兴文字，制乐器，创医药，造舟车，教蚕桑，种五谷，发明指南车，等等。

根据下面的图形内容，说说黄帝对中华民族做了哪些贡献。

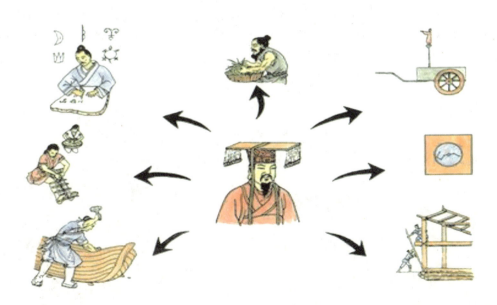

尧舜禹他们是谁?

禹当部落联盟首领时,社会生产力发展,人们的生活水平提高,私有财产更多了。约公元前 2070 年,禹建立夏朝,这是我国历史上第一个王朝。禹也从部落联盟首领转变为奴隶制国家的国王。我国漫长的原始社会到此结束。

黄帝之后,黄河流域的领导人	尧	生活俭朴 克己爱人	禅让制	民主选举 大公无私
	舜	宽厚待人 以身作则		
	禹	领导人民治理洪水 与群众同甘共苦 为治水三过家门而不入		

活动一:请思考一下,炎帝和黄帝是通过什么方式夺取首领位置的?

活动二:请阅读《大禹治水》的故事,分组讨论以下问题:

传说我国在很久以前的尧舜时代洪水经常泛滥,洪水冲塌了房屋,淹没了大片土地,人们的生活用品和赖以生存的动植物资源也被洪水冲失,生命受到了严重的威胁。

大禹的父亲名叫鲧,他接受了当时的首领尧的命令,负责治水。尽管鲧不停地在遭受洪水侵袭的土地上奔波,然而,由于他的治水方法不得当,不懂得兴修水利,整整用了 9 年时间,也没能控制洪水的泛滥。依照当时的规矩,鲧被首领舜杀死了。

舜继承了尧的王位后,同样面临着洪水的侵犯,舜命令鲧的儿子禹继承父亲未竟的事业,负责全国的治水。

禹的治水方法极其有效,但为了指挥治水工程,禹需要一个可以载着他在水上来回行走的工具。于是,他决定找一棵很大的树,以便能浮起他及随从。可是找了许多地方,他都没有找到一棵足够大的树。后来,他听说四川梓潼泥阵山上有一棵直径一丈多的大梓树,就带着木匠去砍伐。树神知道后就化成一名儿童上前阻止,禹非常生气,愤怒地谴责他,砍下了这棵大梓树,造了一只既宽大又轻巧的独木舟。禹乘坐这只独木舟,辗转各地,经过 13 年的努力,终于制服了洪水,消除了水患。

(1)大禹治水反映了当时哪些社会情况?

(2)大禹治水的方法对我们现实生活有哪些启示?

(3)大禹治水有哪些精神值得我们学习?

第二节　中华文化的勃兴

这是灰陶大酒尊，上面刻画的符号，就是原始文字。经过夏商周奴隶社会的发展和春秋战国的纷争，中华文化兴起，在文字、天文、历法、医学、哲学方面都有相应的成就。

中国的汉字怎么来的？

商朝人刻写在龟甲和兽骨上的文字，被称为"甲骨文"。甲骨文已经具备了汉字结构的基本形式，是一种比较成熟的文字。目前，已释读的甲骨文单字有一千多个。我国有文字可考的历史，从商朝开始。

商周的青铜器上铸刻的文字，叫作"金文"，也称"铭文"。金文比甲骨文规范。西周晚期，有人将文字统一整理成一种样式，这种字体称为"大篆"。商朝青铜器上铸刻的文字数量较少。周朝青铜器上铸刻的文字数量多起来，其中有一件青铜器，上面铸刻着近五百字。

龟甲和兽骨上的文字

西周毛公鼎和铭文

动脑筋

通过这个图中的甲骨文，你能猜出相应的生肖吗？

天文、历法、医学、音乐上有哪些成就？

天文	(1) 注意观察天象 (2) 古书记载，夏朝人看见日食，极度恐慌 (3) 商朝甲骨文有日食、月食记录
历法	(1) 夏朝已有历法——今天的农历，又叫夏历 (2) 商朝历法渐完备，一年中有十二个月，分大月、小月，闰年增加一个月 (3) 战国测出一年有十二个节气，以安排生产
医学	(1) 春秋战国有名医扁鹊 (2) 扁鹊治疗疾病的方法：针灸、按摩、汤药 (3) 扁鹊诊断疾病的方法：望、闻、问、切，一直被中医沿用
音乐	(1) 屈原，战国末期楚国人 (2) 抒情长诗《离骚》被译成多种外国文字 (3) 世界和平理事会把屈原定为世界文化名人 (4) 春秋战国有著名的钟鼓之乐，最为珍贵的是编钟

1.同学们知道每年的端午节是什么时候吗？你知道这个节日都有些什么活动吗？
2.这个节日跟屈原有关系吗？说说你了解的情况。

屈原

春秋晚期两大思想家是谁呢？

孔子	春秋时期儒家学派创始人	思想家	(1) 提出"仁"的学说 (2) 主张"爱人"，要求统治者体察民情，爱惜民力 (3) 主张"为政以德"，反对苛政和任意刑杀
		教育家	(1) 创办私学，广收学生，不分贵贱 (2) 因材施教 (3) 孔子的言论被其弟子整理成《论语》，其学说成为封建文化的正统思想
老子	春秋时期道家学派创始人	思想家	(1) 其学说被整理成《道德经》 (2) 学说：任何事物都有对立面 (3) 他善于从正反两方面思考问题

"百家争鸣"局面是如何出现的呢？都有哪些有名的人物？他们各自的观点是什么？

春秋战国时期，社会急剧变化，许多问题亟待解决，各学派纷纷著书立说，发表意见，并相互辩论，形成了"百家争鸣"的学术繁荣局面。

百家争鸣	墨家	(1) 代表人物：墨子 (2) 主张："兼爱"——希望人们互助互爱；"非攻"——反对以大欺小、以强凌弱的侵略战争，支持正义战争
	儒家	(1) 代表人物：孔子 (2) 主张：战争是残酷的，反对一切战争。要求统治者用"仁政"治国，轻徭薄赋。不要过分捕捞鱼鳖，要按时进山伐树
	道家	(1) 代表人物：庄子 (2) 主张：治理国家要"无为而治"，批评孔子要恢复西周的做法
	法家	(1) 代表人物：韩非子 (2) 主张：主张改革，反对空谈仁义，提倡法制。提出建立君主专制中央集权的封建国家
	兵家	(1) 代表人物：孙武 (2) 著书《孙子兵法》是世界上最早的兵书。"知己知彼，百战不殆"的军事格局出于此书

 活动与探究

第三节　闻名世界的中国古代四大发明

中国古代有着辉煌灿烂的文化史，特别是西汉和宋元时期，科学技术的发明位于世界的前列。同学们了解中国古代的四大发明吗？本节我们就专门来了解这个内容。

1. 纸是什么时候开始发明的？谁改进了造纸术

据考证，西汉早期用麻做的纸是目前世界上已知的最早的纸。东汉时，蔡伦总结西汉以来的经验，用树皮、破布、麻头和旧渔网做原料造纸，改进了造纸术。这种纸原料易找到，又便宜，质量也提高了，逐渐普遍使用。为纪念蔡伦的功绩，后人把这种纸叫作"蔡侯纸"。

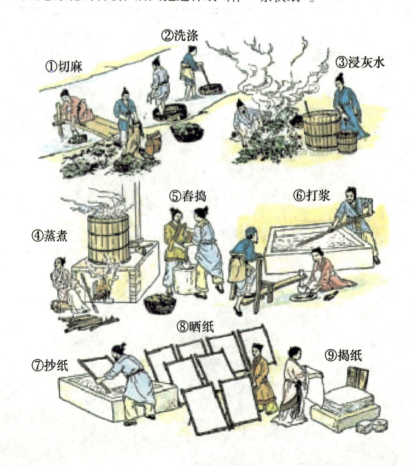

动脑筋

小组讨论：纸广泛用于人类生活的各个领域，你能说说是哪些方面吗？

2. 谁发明了活字印刷术

宋元是我国古代科技发展的高峰时期。活字印刷术的发明，指南针和火药的广泛使用，是这一时期科技的重大成就。

雕版印刷术出现之后，我国刊印了大量精美的书籍。北宋时，毕昇又发明了活字印刷术。毕昇将黏土做成活陶字，用来排版印刷。这种方法既经济又省时，大大促进了文化的传播。活字印刷术后来陆续传到了世界各地。15世纪，欧洲才出现了活字印刷，比我国晚约400年。

毕昇

动脑筋

想一想，雕版印刷和活字印刷有什么不同？为什么说活字印刷"既经济，又省时"？今天的印刷业又有什么新的发展？

元朝科学家王祯发明转轮排字盘。排版时，只要转动放活字的轮盘，就可以拣出要用的字。

3. 指南针的作用是什么

指南针也是我国人民的伟大发明。早在战国时期，人们已发现磁石指南北的特性，制成"司南"，这是世界上最早的指南仪器。北宋时，制成了指南针，并开始用于航海，还由阿拉伯人传入欧洲。这为后来欧洲航海家的航海活动创造了条件。

宋朝人记载指南针在航海中的作用：舟师识地理，夜则观星，昼则观日，阴晦则观指南针。

汉朝的司南（模型）
用磁石制成勺状，放在光滑的铜盘上，用手
转动勺子，当勺子停下来时，勺柄指向南方

宋朝的罗盘针（模型）
把磁针装在有方位标记的
罗盘上，称为罗盘针

动脑筋

想一想，中国的指南针传到
欧洲后，欧洲人主要用指南
针来做什么？

火药什么时候开始用于军事上？

火药是我国古代炼丹家发明的。唐朝中期的书籍里，已有火药配方的记载；唐朝末年，火药开始用于军事上。宋元时期，火药武器广泛用于战争，主要有突火枪、火箭、火炮等。13～14 世纪，火药和火药武器传入了阿拉伯和欧洲。

南宋突火枪

元代火炮

印刷术、指南针、火药和造纸术，是我国古代人民的"四大发明"，是中华民族对世界文明发展的重大贡献。

活动与探究

1. 想一想：观察两幅图，中国古代的火箭和现代航天发射的火箭有何异同？请谈谈你的看法。

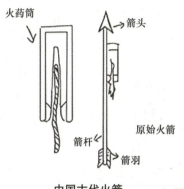

中国古代火箭

现代火箭

2. 动动手：用橡皮泥、胶泥、胡萝卜等试制一些活字，排成你所喜爱的诗句或格言。然后，蘸上墨印在纸上，体会一下活字印刷的效果。制活字时，应该注意什么问题？

第四节　鸦片战争

1. 林则徐虎门销烟

19世纪上半叶，英国成为最强大的资本主义国家。为了开辟国外市场、推销工业品、掠夺廉价的工业原料，英国把侵略矛头指向中国。当时，中国与英国的贸易情况如下：

中国 ⟵ 茶叶、生丝、瓷器（很畅销）／呢绒、布匹（很难卖出去） ⟶ 英国

贸易结果：许多白银流入中国，中国在中英贸易中处于出超地位

为了扭转在中英贸易中的逆差局面，英国从事毒品鸦片贸易，向中国走私鸦片，牟取暴利使许多白银流入英国，加剧了中国的贫弱。

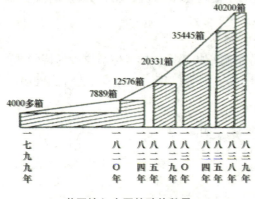

英国输入中国的鸦片数量

清代吸食鸦片的中国人

那时，清朝有见识的大臣林则徐上书道光帝，请求严禁鸦片。他沉痛地指出："如果不赶快禁烟，几十年后，恐怕没有能作战的士兵，也没有充作军饷的白银了。"道光帝感到问题严重，就派林则徐到广东禁烟。

　动脑筋

请把英国走私鸦片对中国的危害写出来。比一比，归纳成几条，看谁归纳得既内容全面又文字简练。

1839年3月，林则徐到达广州。他派人暗访秘查，缉拿烟贩，并强迫外商交出鸦片200多万斤。6月3日，林则徐下令将缴获的全部鸦片，在虎门海滩当众销毁。

虎门销烟是中国人民禁烟斗争的伟大胜利，显示了中华民族反对外来侵略的坚强意志。领导这场斗争的林则徐，是当之无愧的民族英雄。

虎门销烟英雄——林则徐

1839 年的虎门销烟

2. 中英《南京条约》

罪恶的鸦片走私受到中国抵制，英国政府决定发动侵略战争。

1840 年 6 月，英国舰队开到广东海面进行挑衅，鸦片战争爆发。林则徐积极防御，英军无隙可乘，就沿海北上。那时，清军在福建以北防务空虚，英军攻陷浙江定海，又继续北上，直逼天津。道光帝十分惊怒，派直隶总督琦善与英军谈判，后将林则徐撤职查办。1841 年初，英军占领香港岛。清廷感到有失尊严，又同英军作战。但战斗一年多，清军节节失利，英舰到达南京长江江面，清廷被迫派人向英军求和。

1842 年，英国侵略者强迫清政府签订了丧权辱国的中英《南京条约》。条约规定：割香港岛给英国；赔款 2100 万元；开放广州、厦门、福州、宁波、上海五处为通商口岸；英商进出口货物缴纳的税款，中国须同英国商定。

鸦片战争以后，中国开始从封建社会逐步沦为半殖民地半封建社会。鸦片战争是中国近代史的开端。

学生活动一：结合相关知识，分组讨论回答，鸦片战争爆发的直接原因和根本原因分别是什么？

学生活动二：结合中英《南京条约》的内容，说说鸦片战争给中国造成了什么影响？

学生活动三：这次鸦片战争，中国为什么失败？它给我们的教训是什么？

关天培

鸦片战争形势示意图

第五节　第二次鸦片战争期间列强侵华罪行

1. 火烧圆明园

鸦片战争以后，西方列强不满足既得利益，企图进一步打开中国市场，扩大侵略权益。1856 年 10 月至 1860 年 10 月，英法联军为主凶，美俄两国为帮凶，对中国发动了第二次鸦片战争。

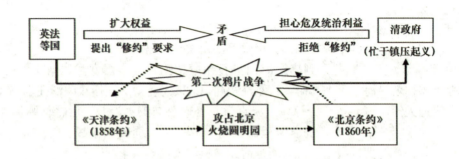

1860 年，英法联军占领天津后，进逼北京。清朝皇帝逃往承德。英法联军一路烧杀，攻入北京，闯进圆明园。这里富丽堂皇的建筑和琳琅满目的珍宝让侵略者惊呆了。他们争先恐后，掠夺珍宝。抢不走的东西，他们就砸碎。为掩人耳目，又放火焚烧。圆明园的大火烧了三天三夜，往日辉煌的宫殿、参天的古树，都化为灰烬。

英国《泰晤士报》报道英法联军掠夺圆明园时的情况：据统计，被劫掠和破坏的财产，总值超过六百万英镑。在场的每个军人都掠夺很多。在进入皇宫的宫殿后，谁也不知道该拿什么东西。为了拿金子，而把银子丢了，为了拿镶有珠玉的饰品和宝石，又把金子丢了，无价的瓷器和珐琅器，因为太多不能运走，竟被打碎。

被焚烧后的圆明园

被焚烧前圆明园的海晏堂

2. 俄国侵占我国大片领土

在第二次鸦片战争前后，俄国趁火打劫，强迫清政府签订了一系列不平等条约，其割占了中国东北和西北领土150多万平方千米。

英法联军在圆明园中抢劫

俄国通过不平等条约割占的中国北方领土

时间	不平等条约名称	割占领土范围	割占领土面积
1858年	中俄《瑷珲条约》	中国东北外兴安岭以南、黑龙江以北	60多万平方千米
1860年	中俄《北京条约》	中国乌苏里江以东，包括库页岛在内	约40万平方千米
1860年 1864年	中俄《北京条约》 中俄《勘分西北界约记》	中国巴尔喀什湖以东以南	44万多平方千米
19世纪 80年代	中俄《改订条约》以及以后五个勘界议定书	中国西北部	7万多平方千米

3. 太平军抗击洋枪

洪秀全领导的太平天国运动

华尔

战争给中国带来了严重后果，战后人民反抗清朝统治的斗争，风起云涌。1851年，农民革命领袖洪秀全在广西桂平金田村发动起义，建号太平天国，起义军称"太平军"。1853年，太平军占领南京，把南京改名为天京，定为都城，建立起与清朝对峙的政权。为推翻清朝统治，太平天国派军队北伐和西征。北伐军一直打到天津郊区，西征军攻占长江中下游许多地方。全盛时，太平天国已拥有中国的半壁江山。

1860年，太平军连克常州、苏州、松江，逼近上海。中外反动势力勾结起来，成立了"洋枪队"，由美国人华尔统领。

1860年8月，洋枪队配合清军进犯青浦的太平军。太平军将领李秀成亲率援军赶到，华尔就指挥用炮火猛轰太平军，太平军镇定自若。华尔误以为太平军没有还手之力，就指挥洋枪队冲锋。太平军瞄准洋枪队冲在前面的士兵，一阵射击，把洋枪队打得落花流水。华尔也身中数枪，从马上摔下来，被部下救走。

1862年9月，在慈溪的战斗中，太平军击毙华尔，严惩了洋枪队。

学生活动一：小组合作探究，为什么说第二次鸦片战争是鸦片战争的继续？

学生活动二：分别列举在第二次鸦片战争中英、法、俄、美的罪行。

学生活动三：填一填。

比较两次鸦片战争的异同

		第一次鸦片战争	第二次鸦片战争
不同	侵略者		
	规模		
	危害		
相同	背景		
	发动者		
	根本原因		
	目的		
	手段		
	性质		
	结果		
	影响		

第六节　中华民族的抗日战争

1. 日本为什么要侵略中国

日本侵略中国的历史背景

根本原因	灭亡中国，称霸西太平洋是日本的既定国策
直接原因	1931 年，受经济危机的冲击，日本一步步建立法西斯专政
有利时机	中国国内局势为国共对峙，英美等国因受经济危机的影响，对日本的侵华活动无暇顾及
重要原因	中国的长期落后

日本签署投降书

20 世纪 30 年代到全面侵华前，日本制造了哪些侵华事件？有何影响？

局部侵华
$\left\{\begin{array}{l}\text{1931 年“九一八事变”}\\ \text{1932 年“一二八事变”}\\ \text{1932 年 3 月建立伪满洲国}\\ \text{1935 年制造“华北事变”威逼平津}\end{array}\right\}$
民族危机步步加深

全面侵华爆发：1937 年 7 月 7 日“七七事变”

1931～1945 年，6000 多个日夜，日军犯下了哪些滔天罪行？

暴行之一：南京大屠杀

暴行之二：潘家峪惨案

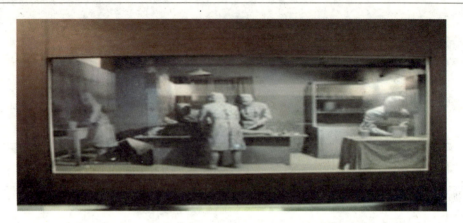

暴行之三：七三一细菌部队

2. 国难当头，中华民族何去何从

1937年8月，中共中央在洛川召开会议，通过了《抗日救国十大纲领》，提出了争取抗战胜利的全面抗战路线。

张学良、杨虎城发动"西安事变"，对蒋介石实行"兵谏"，逼迫蒋介石抗日。1937年9月23日，蒋介石发表讲话，承认中共合法地位，至此，抗日民族统一战线正式形成。

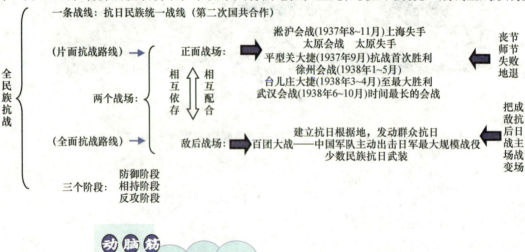

一条战线：抗日民族统一战线（第二次国共合作）

全民族抗战

（片面抗战路线）→ 正面战场：

相互依存 相互配合

两个战场：

淞沪会战(1937年8~11月)上海失手
太原会战 太原失手
平型关大捷(1937年9月)抗战首次胜利
徐州会战(1938年1~5月)
台儿庄大捷(1938年3~4月)至最大胜利
武汉会战(1938年6~10月)时间最长的会战

丧节师节失败地退

（全面抗战路线）→ 敌后战场：

建立抗日根据地，发动群众抗日
百团大战——中国军队主动出击日军最大规模战役
少数民族抗日武装

把成敌抗后日战主场战变场

三个阶段：防御阶段 相持阶段 反攻阶段

动脑筋

想一想，国民党组织的正面战场和共产党组织的敌后战场为什么会出现两种不同的结果？

中国人民的抗日战争为什么能取得胜利？抗日战争的胜利有什么意义？

抗战胜利的原因
- 中国：抗日民族统一战线的建立，全民族的抗战（根本原因）
- 国际：反法西斯联盟的有力配合和世界各国人民的支持
- 日本：发动的战争是侵略性的，非正义的法西斯战争

中国人民抗日战争，是近代以来中国反抗外敌入侵第一次取得完全胜利的民族解放战争。中国人民抗日战争是 20 世纪人类历史上的重大事件，对于中华民族发展和世界文明进步都具有重大而深远的意义。抗日战争是近百年来中国人民第一次取得完全胜利的反侵略。

 活动与探究

通过本课的学习，你能归纳出中国人民在抗日战争中所体现出来的抗日精神吗？

第七节 "文化大革命"的十年(1966~1976年

导读：世纪冤案

1980 年 5 月 17 日，天安门广场国旗在晴空中低垂，气氛格外肃穆，刘少奇追悼大会在人民大会堂隆重举行……刘少奇是原国家主席，1969 年 11 月 12 日逝世，为什么十年后才开追悼大会呢？这要从"文化大革命"的十年内乱讲起……

"文化大革命"期间，刘少奇被诬陷为"叛徒"、"内奸"、"工贼"，开除出党。1969 年 11 月 12 日，刘少奇到开封不足一个月就被折磨致死，死时身边没有任何亲人，甚至连人都没有。死后两天即以"刘卫黄"的名字火化。

1. 探究动乱之因

（1）"左"倾错误发展到阶级斗争为纲（根本原因）。

（2）毛泽东对国际、国内形势的错误判断。

（3）被林彪、江青反革命集团所利用。

（4）当时国家政治生活当中个人崇拜现象严重。

2. 感受动乱与灾难

1966 年，中共中央接连发出开展"无产阶级文化大革命"的决定，成立"文革小组"，对所谓的刘少奇、邓小平资产阶级司令部进行了错误的斗争。林彪、江青、康生、张春桥等利用"文革小组"名义，趁机煽动"打倒一切，全面内战"。那时候，全国出现了学校停课、工厂停工"闹革命"的动乱局面。一些党政机关受到冲击，广大干部和知识分子遭到严重迫害。

毁文物

烧古籍

拆寺庙 斗和尚

吴晗
北京市副市长，历史学家，
1968 年 10 月 1 日狱中自杀，
死前头发被拔光

熊十力
国学大师
1968 年 5 月 24 日绝食身亡

李达
中央一大代表，
哲学家，武汉大学校长，
1966 年 8 月 24 日自杀

青年"上山下乡"

　　广大人民特别是广大青少年，为这场狂热的运动所付出的代价，是过于沉重了。成千上万的纯真无瑕的青少年，在艰苦的劳动中和坎坷的遭际中，也许获得了某种有利于他们思想和体力成熟和发展的收益；但是，一个无可回避和无可补救的问题是：数以千万计的青少年（在他们当中肯定有许多人是富于才能和理想甚至是在某方面才智过人的），却因而丧失了继续学习，继续获得科学文化知识，从而也就丧失了发挥自己的才华和创造潜力的机会。

——冯牧

　　3. 粉碎林彪和江青反革命集团
　　林彪、江青一伙，在"文化大革命"中相互勾结，形成了两个反革命集团。1970～1971 年，林彪反革命集团阴谋夺取最高权力，策动反革命武装政变。毛泽东、周恩来机智地粉碎了这次政变。1971 年 9 月 13 日，林彪等人乘飞机仓皇出逃，在蒙古温都尔汗机毁人亡。

林彪反革命集团被粉碎后，以江青为首的"四人帮"，却借批林彪，把矛头指向周恩来等老一辈革命家，虽遭到毛泽东多次批评，仍不罢休，全国再度陷入混乱。1976年，周恩来、毛泽东相继逝世后，江青反革命集团加紧夺取党和国家最高领导权的阴谋活动。

1976年10月，华国锋、叶剑英等代表中央政治局采取果断措施，一举粉碎了江青反革命集团，结束了"文化大革命"这场内乱，从危机中挽救了中国社会主义事业。人民拍手称快，举国欢腾。

粉碎林彪反革命集团和江青反革命集团

学生活动一：思考并讨论十年"文化大革命"带来了什么危害？

学生活动二：结合我们今天的社会主义现代化建设，谈谈如何做到以史为鉴？

第八节 香港和澳门的回归

1. 香港、澳门问题的由来

香港的别离

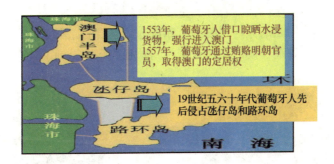

澳门的别离

 知识链接

1984 年，邓小平曾跟英国外交大臣杰弗里·豪说，解决香港、澳门问题可以有两种方式，一种是非和平方式，一种是和平方式。非和平方式，或者说用武力解决问题，总是不好的。怎样能用和平方式解决问题呢？这必须充分照顾到香港和澳门的历史和实际情况。

请思考：香港和澳门地区的历史和实际情况怎样？怎样才能照顾香港和澳门地区的历史和实际情况呢？

进入改革开放的新时期后，邓小平从维护祖国和中华民族根本利益出发，创造性地提出了"一国两制"的伟大构想。"一国两制"就是中华人民共和国境内，大陆实行社会主义制度，台湾、香港和澳门实行资本主义制度。"一国两制"，为实现祖国统一大业指明了前景，赢得了海内外人士的好评。

2. 香港和澳门回归祖国

五个不变

有利于港澳台地区的稳定、繁荣和发展

(1) 香港的现行社会、经济制度不变。
(2) 法律基本不变。
(3) 生活方式不变。
(4) 香港自由港的地位和国际贸易、金融中心的地位不变。
(5) 北京除了派军队外，不向香港特别行政区派干部。

　　"一国两制"构想的提出，为香港和澳门回归祖国开辟了途径。随后，中英两国政府经过两年谈判，于 1984 年底，正式签署联合声明，宣布中华人民共和国将于 1997 年 7 月 1 日对香港恢复行使主权，设立直辖于中央人民政府的香港特别行政区。1987 年 4 月，中葡两国政府也签署联合声明，宣布中华人民共和国政府将于 1999 年 12 月 20 日对澳门恢复行使主权。

　　3. "一国两制"的构想

　　学生活动一：香港、澳门回归有什么重要意义？

　　学生活动二：港澳回归的原因有哪些？你认为最主要的原因是什么？

　　学生活动三：你从香港、澳门两地被割占到顺利回归中得到了什么启示？

1997 年 7 月 1 日中英香港政权交接仪式

紫荆盛开　香港回归

欢庆澳门回归

回归后的澳门

第五部分

物　理

过山车中的物理知识

　　过山车是一项富有刺激性的娱乐工具，那种风驰电掣、有惊无险的快感令不少人着迷。如果你对物理学感兴趣，那么在乘坐过山车的过程中不仅能够体验到冒险的快感，还有助于理解力学定律。实际上，过山车的运动包含了许多物理学原理，人们在设计过山车时巧妙地运用了这些原理。如果能亲身体验一下由能量守恒、加速度和力交织在一起产生的效果，那感觉真是妙不可言。这次同物理学打交道不用动脑子，只要收紧你的腹肌，保护好肠胃就行了，当然，如果身体条件和心理承受能力受限制，无法亲身体验过山车带来的种种感受，你不妨站在一旁仔细观察过山车的运动和乘坐者的反应。

　　在开始旅行时，过山车的小列车是靠一个机械装置的推力推上最高点的，但在第一次下行后，就再也没有任何装置为它提供动力了。事实上，从这时起，带动它沿着轨道行驶的唯一的"发动机"将是重力势能，即由重力势能转化为动能，又由动能转化为重力势能这样一种不断转化的过程构成的。即重力势能是物体因其所处位置而自身拥有的能量，是由于它的高度和由重力产生的加速度而产生的。对过山车来说，它的势能在处于最高点时达到了最大值，也就是当它爬升到"山丘"的顶峰时最大。当过山车开始下降时，它的势能就不断地减少（因为高度下降了），但它不会消失，而是转化成了动能，也就是运动能。不过，在能量的转化过程中，由于过山车的车轮与轨道的摩擦而产生了热量，从而损耗了少量的机械能（动能和势能）。这就是为什么要设计成随后的小山丘比开始时的小山丘要低的原因：过山车已经没有上升到像前一个小山丘那样的高度所需要的机械能了。过山车最后一节小车厢里是过山车赠送给勇敢的乘客最为刺激的礼物。事实上，下降的感受在过山车的尾部车厢最为强烈。因为最后一节车厢通过最高点时的速度比过山车头部的车厢要快，这是由于引力作用于过山车中部的质量中心的缘故。这样，乘坐在最后一节车厢的人就能快速地达到和跨越最高点，从而产生一种要被抛离的感觉，因为质量中心正在加速向下。尾部车厢的车轮是牢固地扣在轨道上的，否则在到达顶峰附近时，小车厢就可能脱轨甩出去。车头部的车厢情况就不同了，它的质量中心在"身后"，在短时间内，它虽然处在下降的状态，但是它要"等待"质量中心越过高点被引力推动。

　　到达"疯狂之圈"时，沿直线轨道行进的过山车突然向上转弯。这时，乘客就会有一种被挤压到轨道上的感觉，因为这时产生了一种表观的离心力。事实上，是在环形轨道上由于铁轨与过山车相互作用产生的一种向心力。这种环形轨道是略带椭圆形的，目的是为了"平衡"引力的制动效应。当过山车达到圆形轨道的最高点时，事实上它会慢下来，但如果弯曲的程度较小时，这种现象会减弱。一旦过山车走完了它的行程，机械制动装置就会非常安全地使过山车停下来。减速的快慢是由汽缸来控制的。

自行车中的物理知识

自行车是我们日常生活中一种普遍的交通工具，常见的有普通载重自行车、轻便自行车、山地自行车、童车、赛车、电动自行车等。它结构简单，方便实用，下面分别介绍自行车的有关原理和其中涉及的相关物理知识。

一、自行车的有关原理

（一）车体设计原理

（1）手把连接前轮的转向机制是轮轴的运用，一般女式车手把大多比较宽，就是因为把"轮"的半径加大，可以更省力，骑起来很优雅。

（2）刹车把手是一个简单的杠杆，使用者用很小的力就可对刹车片产生很大的压力。

（3）前刹片是利用摩擦力使车轮减速，同时在接地点产生向后的摩擦力来使车体减速，以前轮夹式刹车和传统后轮轴心的盘式刹车来比较，对同样大小的刹车压力而言，前者因力臂较长，会比后者有较大的力矩，效果较佳。

（4）接地的轮胎也是靠摩擦力使车子前进，刹车也是同样道理。

（5）轮轴中央用滚珠轴承加黄油来减少摩擦，提高传动效率。

（6）踏板是轮轴的运用。

（7）前后齿轮是利用链条传动的齿轮系统，因为前大后小，所以费力而省时，可以把车子加速到很快。

（8）后齿轮传动给后轮是一种作用力施加在轴上的轮轴系统。

（9）有些坐垫下方是以弹簧为避震器，这是弹簧在日常生活中除了作为弹簧秤外的另一大用途。

（10）有的新型自行车会装上油压避震器，这是帕斯卡原理的运用。

（二）为何自行车刚骑动时手把会不自觉转动

自行车基本上是两点着地，骑动时可以不倒下是因为两轮滚动时产生水平方向的角动量；当车子几乎静止时角动量消失了，质心要通过底座（人和车体在地面的投影）的机会非常少，不可避免就要倒下，此时若转动手把就会产生垂直方向的角动量，使车子保持平衡，这点和飞盘转动时可以保持平稳飞行有异曲同工之妙，但因为转动不是很完整，方向又一再改变，所以一般不能撑很久。

（三）变速原理

设前齿轮半径为 a、后齿轮半径为 b，a/b 的比值越大越省力，但省力一定较费时，所以车骑得不快，一般在起动时会把 a/b 调小一点，比较容易克服最大静摩擦力，之后再把比值变大。一辆十段变速的自行车有两个不同半径的前轮，后面有五个，一共有十种组合。

（四）刹车原理

从运动学的角度来看，急刹车时车子可能向前翻倒。先考虑前轮刹死的情形：此时以前轮着地点为支点，因车子有向前的惯性（人车的质心明显在支点右上方），很容易有向前翻的情形发生；那后轮刹车的情形又如何呢？如果后轮刹死了，车子的惯性一样向前，但此时前轮对地面的压力会增大，相对减小后轮的下压力，所以翻车的概率较小，当然若是向前的惯性实在太大，车子一样会以前轮为支点旋转而使后轮上翘。

综合以上可知：自行车最好不要单独刹前轮，若只有一个刹车系统应装在后轮，当然两轮一起刹车最理想。不论用哪一轮刹车，前轮的下压力一定会增大，后轮的下压力一定减小，所以前轮的刹车摩擦力比后轮的大。所以在机车或汽车上，效果较佳（当然也较贵）的碟式刹车装在前轮，后轮装鼓式刹车，此即常在汽车广告中听到的"前碟后鼓"，但注意使用的前提是前后刹车一定同时作用，以免翻车。

二、自行车中的物理知识

图 1 和图 2 是两种常见的自行车，在其中涉及很多物理知识，包括杠杆、轮轴、摩擦、压强、能量的转化等力学、热学及光学知识，下面具体来分析一下。

图 1　轻便自行车　　　　　　　　　　　图 2　山地自行车

（一）力学知识

1. 摩擦方面

（1）自行车的轮胎、车把套、脚踏板以及刹车块均刻有一些花纹，增大接触面粗糙程度，增大摩擦力。

（2）车轴处经常上一些润滑油，通过减小接触面的粗糙程度来减小摩擦力。

（3）所有车轴处均有滚珠，通过变滑动摩擦为滚动摩擦来减小摩擦，转动方便。

（4）刹车时，需要攥紧刹车把，以增大刹车块与车圈之间的压力，从而增大摩擦力。

（5）紧蹬自行车前进时，后轮受到的摩擦力方向向前，是自行车前进的动力，前轮受到的摩擦力方向向后，是自行车前进的阻力；自行车靠惯性前进时，前后轮受到的摩擦力方向均向后，这两个力均是自行车前进的阻力。

2. 压强方面

（1）一般情况下，充足气的自行车轮胎着地面积大约为：$S = 2 \times 10cm \times 5cm = 100cm^2$，当一普通的成年人骑自行车前进时，自行车对地面的压力大约为：$F =$ （500N + 150N） =650N，可以计算出自行车对地面的压强为 $6.5 \times 10^4 Pa$。

（2）在车轴拧螺母处要加一个垫圈，来增大受力面积，减小压强。

（3）自行车的脚踏板做得扁而平，来增大受力面积，以减小它对脚的压强。

（4）自行车的内胎要充够足量的气体，在气体的体积、温度一定时，气体的质量越大，压强越大。

（5）自行车的车座做得扁而平，来增大受力面积，以减小它对身体的压强。

3. 轮轴方面

（1）自行车的车把相当于一个轮轴，车把相当于轮，前轴为轴，是一个省力杠杆，如图3所示。

（2）自行车的脚踏板与中轴也相当于一个轮轴，实质为一个省力杠杆。

（3）自行车的飞轮也相当于一个省力的轮轴。

图3　自行车车把

4. 杠杆方面

自行车的刹车把相当于一个省力杠杆。

5. 惯性方面

（1）当骑自行车前进时，停止蹬自行车后，自行车仍然向前走，是因为它有惯性。

（2）当骑自行车前进时，若遇到紧急情况，一般情况下要先捏紧后刹车，然后再捏紧前刹车，或者前后一起捏紧，这样做是为了防止人由于惯性而向前飞出去。

6. 能量转化方面

（1）当骑自行车下坡时，速度越来越快，是由于下坡时人和自行车的重力势能转化为人和自行车的动能。

（2）骑自行车上坡前要紧蹬几下，目的是增大速度，来增大人和自行车的动能，这样上坡时动能转化为重力势能，能上得更高一些。

7. 声学方面

自行车的金属车铃发声是由于铃盖在不停地振动，而汽笛发声是由于汽笛内的气体不断地振动而引起的。

8. 齿轮传动方面

线速度和角速度的关系，设齿轮边缘的线速度为 v，齿轮的半径为 R，齿轮转动的角速度为 ω，则有 $v = \omega R$。

（二）热学知识

夏天自行车轮胎内的气体不能充得太足，是为了防止自行车爆胎，因为对于质量、体积一定的气体，温度越高，压强越大，当压强达到一定程度时，若超过了轮胎的承受能力，就会发生爆胎的情况。

（三）光学知识

在日常生活中，自行车的后面都装有一个反光镜，它的设计很巧妙，它是由三个相互垂直的平面镜组成一个立体直角，用其内表面作为反射面，这叫角反射器。当有光线从任意角度射向尾灯时，它都能把光"反向射回"，当光线射向反光镜时，会使后面的人很容易看到。在夜间，当汽车灯光照到前方的自行车尾灯上时，无论入射方向如何，反射光都能反射到汽车上，其光强远大于一般的漫反射光，就如发光的红灯，足以让汽车的司机观察到。

（四）电学方面

在有些自行车上装有小型的发电装置，它利用摩擦转动，就像我们在实验室中看到的手摇发电机一样，发出的电能供给车灯工作，起到一定的照明作用。

问题与思考：在测量跑道的长度时，可运用自行车。如普通车轮的直径是 0.71 米，让车沿着跑道滚动，记下滚动的圈数为 n，则跑道的长是多少米？

江河大堤与水库大坝

一般江河大堤和水库大坝的横截面如图1所示。

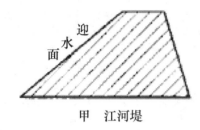 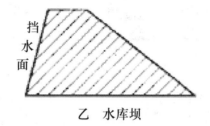

甲　江河堤　　　　　　　　乙　水库坝

图1

比较上面两图，不难发现，它们的共同之处都是上窄下宽，不同的是江河堤的迎水面坡度缓，背水面坡度陡，而水库坝则恰恰相反，挡水面坡度陡，背水面坡度缓。

一、为什么江河大堤与水库大坝都修成上窄下宽

无论是江河大堤，还是水库大坝都修成上窄下宽，其目的主要是为了"三防"。

1. 防水压

根据液体内部压强公式 $p = \rho g h$ 可知，堤坝内的水越靠近堤坝底，水深 h 越大，水产生的压强也越大。堤坝下宽能承受较大的水压，确保堤坝的安全。

2. 防渗漏

堤坝下部受水的压强越大，水越容易渗进坝体。把下部修得宽些，就可以延长堤坝内水的渗透路径，增大渗透阻力，从而提高堤坝的防渗透性能。

3. 防滑动

堤坝内水的压力总有将大堤向外水平推动和将大坝推向下游的运动趋势，堤坝基底需要有与之抗衡的静摩擦力，才能保持堤坝平衡。将堤坝下部修宽既可增大坝体的重力，也可增大迎水面（挡水面）上水对坝体竖直向下的压力，因此，可以增强坝体与坝基间的最大静摩擦力，达到防止堤坝滑动的目的。

二、为什么江河大堤和水库大坝两边的坡度陡缓状况修的恰恰相反

对于两岸拦水的大堤来说，奔腾的江河水的冲击力方向朝下游，水对堤坝的作用力主要是压力，如图2所示，水的压力垂直于堤面，根据力的分解知识有：$F_x = F\sin\theta$，$F_y = F\cos\theta$，因此，对于同样大小的水的压力 F，坡度平缓的堤面所受横向水平压力较小，即 $F_x < F'_x$；所受竖直向下的压力较大，即 $F_y > F'_y$。所以对于江河大堤，迎水面坡度缓，水对大堤水平向外的推力 F_x 小，同时竖直向下的力 F_y 大，有利于增大堤坝基底与堤坝的静摩擦力，即可以防滑。

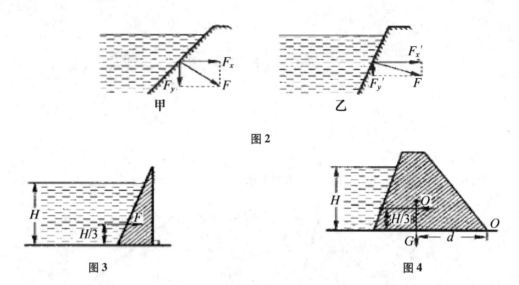

对于水库大坝受力分析，如图 3 所示，根据液体压强公式 $p = \rho g h$，水库大坝的挡水面各处承受的压强跟水深成正比，呈三角形分布，故总水压力通过压强的三角形分布距坝底 $H/3$。设水库大坝的总重力为 G，重心在 O' 处，为便于分析，设水库中水对大坝的总压力 F 水平向外（大坝外侧），如图 4 所示。因受水的压力 F 的作用，坝体会以水库外侧大坝的坝脚 O 为支点有沿顺时针方向倾覆的趋势，其倾覆力矩为 $M_F = F \times H/3$，而大坝依靠自身的重力 G 产生的抗倾覆力矩 $M_G = Gd$。把坝体修得沿背水面坡度缓一些，能够达到既增大重力，又增大力臂 d 的效果，从而达到增大抗倾覆力矩 M_G 的效果。

由此可见，在建设大堤和大坝的土石方、用料及造价相同的前提下，迎水面比背水面缓的江河大堤更牢固，挡水面比背水面陡的水库大坝更稳定。

体育中的物理知识

一、跑的力学

跑是不断重复的周期性运动。波动的速率与频率及波长的关系如下：

速率 = 频率 × 波长

同理，跑的速率与步频（每秒钟所跑的步数）和步长（每跑一步的距离）的关系如下：

速率 = 步频 × 步长

要增大跑的速率，就要设法增大步频和步长。例如，一短跑者平均步频为每秒 4.6 步，平均步长为 1.8 米，故其平均速率为 8.28 米/秒。如果以此速率跑 100 米，就要 12.08 秒。

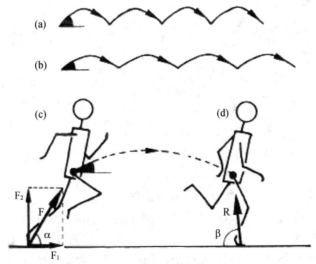

设有体力相同的 A、B 两人，分别采用图（a）和（b）两种跑步方式：（a）的起步角较（b）大，则（a）每跑一步由于把身体升得较高，要费较长时间才能着地跑下一步。这样，步频自然较小。另外，由于（a）的起步角较大，升高身体的分速度较大而水平向前的分速度较小，故步长就较短。故（a）跑得比（b）慢。

每跑一步的速度，是由前一步保留下的速度（惯性）以及下一步用力后所补充的速度的向量和。每跑一步所补充的速度，同由脚蹬向地面而获得，如图（c）所示。脚后蹬的力为 F，则地面也给人体一个大小等于 F 的反作用力，人体由于这个力在后蹬时间内获得补充的速度。F 与地面的夹角 α 叫作后蹬角。

F 可分解为 F_1 和 F_2 两分力。F_1 使人获得水平前进的加速度，而 F_2 则获得垂直上升的加速度。后蹬角 α 决定 F_1 和 F_2 的分配。后蹬角不应过大，否则力量 F 用在升高身体太大而用在前进太小，这就减小了步频和步长。短跑的后蹬角应在 $52° \sim 60°$，视体力与技术而定。

完成后蹬动作后，人体就向前跑动一步。接着，另一条腿由摆动腿转为支撑腿而着地，如图 (d) 所示，这动作叫作前蹬。前蹬地面的力 R 和地面的夹角 β 叫作前蹬角。人脚受到地面的反作用力和 R 大小相等而方向相反。前蹬时，应脚掌着地，以减小作用力 R。

由图可知，R 是斜向后的，会减小前进速度。因此，前蹬角 β 宜大，也就是脚掌不要太早着地，要摆至接近身体下方才着地，这就要减小 R 向后的分力。

二、为什么短跑要采用蹲踞的姿势

在桌面上竖立一段木棒，在底部轻轻水平推动，木棍可以直立移动，但如果用力过大，木棒就会向后翻倒。

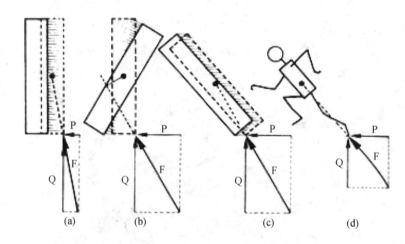

(a)　　　(b)　　　(c)　　　(d)

如图 (a) 所示，木棒被推时，它的底部受到两个力，一是推力 P，二是桌面的托力 Q。这两力的合力为 F。

如果 F 通过木棒的重心，木棒就不会发生倾斜。

反之，如果 F 不通过重心，木棒就发生倾斜而向后翻倒，如图 (b) 所示。

现在，左手托着木棒使它斜立，突然放手，同时，以右手用力推动木棒底部。若 P 力大小适合，木棒就不会向后翻倒，能够向前加速一段路程，如图 (c) 所示。

短跑是分秒必争的竞赛，必须争取较大的起跑加速度，也就是起跑向前推力 P 要足够大。如果直立起距，就会发生身体后仰的现象。因此，采用蹲踞的姿势起跑，使地面（或助跑器）作用于足部的合力 F 通过人体的重心，如图 (d) 所示，人体就不会后仰。

三、在游自由泳时，下肢怎样获得推进力

由牛顿第三运动定律：作用力与反作用力大小相等而方向相反。

蛙泳时，双脚向后蹬水，水受到向后的作用力，则人体受到向前的反作用力，这就是人体获得的推进力。但是，在自由泳时，下肢是上下打水，为什么却获得向前的推进力呢？

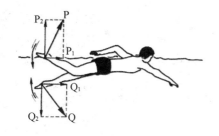

图中表示人体自由泳时，下肢在某一时刻的运作：右脚向下打水，左脚向上打水。由图可见，由于双脚与水的作用面是倾斜的，故双脚所受的反作用力 P 和 Q 是斜向前的（水所受的作用是斜向后的）。P 的分力为 P_1 和 P_2，而 Q 的分力为 Q_1 和 Q_2。P_1 和 Q_1 都是向前的分力，也就是下肢获得的推进力。

同样道理，鱼类在水中左右摆尾，却获得向前的推进力，也是由于向前的分力所致。

四、拔河比赛只是比力气吗

拔河比赛比的是什么？很多人会说：当然是比哪一队的力气大喽！实际上，这个问题并不那么简单。

根据牛顿第三定律（即当物体甲给物体乙一个作用力时，物体乙必然同时给物体甲一个反作用力，作用力与反作用力大小相等，方向相反，且在同一直线上），对于拔河的两个队，甲对乙施加了多大拉力，乙对甲也同时产生一样大小的拉力。可见，双方之间的拉力并不是决定胜负的因素。对拔河的两队进行受力分析就可以知道，只要所受的拉力小于与地面的最大静摩擦力，就不会被拉动。因此，增大与地面的摩擦力就成了胜负的关键。首先，穿上鞋底有凹凸花纹的鞋子，能够增大摩擦系数，使摩擦力增大；其次是队员的体重越重，对地面的压力越大，摩擦力也会增大。大人和小孩拔河时，大人很容易获胜，关键就是由于大人的体重比小孩大。

例如，在拔河比赛中，胜负在很大程度上还取决于人们的技巧。比如，脚使劲蹬地，在短时间内可以对地面产生超过自己体重的压力。再如，人向后仰，借助对方的拉力来增大对地面的压力，等等。其目的都是尽量增大地面对脚底的摩擦力，以夺取比赛的胜利。

五、为什么滑水运动员站在滑板上而不会沉下去呢

看到滑水运动员在水面上乘风破浪快速滑行时，你有没有想过，为什么滑水运动员站在滑板上不会沉下去呢？

原因就在这块小小的滑板上。你看，滑水运动员在滑水时，总是身体向后倾斜，双脚向前用力蹬滑板，使滑板和水面有一个夹角。当前面的游艇通过牵绳拖着运动员时，运动员就通过滑板对水面施加了一个斜向下的力。而且，游艇对运动员的牵引力越大，运动员对水面施加的这个力也就越大。因为水不易被压缩，根据牛顿第三定律（作用力与反作用力定律），水面就会通过滑板反过来对运动员产生一个斜向上的反作用力。这个反作用力在竖直方向的分力等于运动员的重力时，运动员就不会下沉。因此，滑水运动员只要依靠技巧，控制好脚下滑板的倾斜角度，就能在水面上快速滑行。

六、"香蕉球"的奥秘

如果你经常观看足球比赛的话，一定见过罚前场直接任意球。这时，通常是防守方五六个球员在球门前组成一道"人墙"，挡住进球路线。进攻方的主罚队员，起脚一记劲射，球绕过了"人墙"，眼看要偏离球球门飞出，却又沿弧线拐过弯来直入球门，让守门员措手不及，眼睁睁地看着球进了大门。这就是颇为神奇的"香蕉球"。

为什么足球会在空中沿弧线飞行呢？原来，罚"香蕉球"的时候，运动员并不是拔脚踢中足球的中心，而是稍稍偏向一侧，同时用脚背摩擦足球，使球在空气中前进的同时还不断地旋转。这时，一方面空气迎着球向后流动；另一方面由于空气与球之间的摩擦，

球周围的空气又会被带着一起旋转。这样，球一侧空气的流动速度加快，而另一侧空气的流动速度减慢。物理知识告诉我们：气体的流速越大，压强越小（伯努利方程）。由于足球两侧空气的流动速度不一样，它们对足球所产生的压强也不一样，于是，足球在空气压力的作用下，被迫向空气流速大的一侧转弯了。

乒乓球中，运动员在削球或拉弧圈球时，球的线路会改变，道理与"香蕉球"一样。

GPS——全球定位系统

一、发展历史

20 世纪 50 年代末，原苏联发射了人类的第一颗人造地球卫星，美国科学家在对其的跟踪研究中，发现了多普勒频移现象，并利用该原理促成了多普勒卫星导航定位系统 TRANSIT 的建成，在军事和民用方面取得了极大的成功，是导航定位史上的一次飞跃，我国也曾引进了多台多普勒接收机，应用于海岛联测、地球勘探等领域。但由于多普勒卫星轨道高度低、信号载波频率低，轨道精度难以提高，使得定位精度较低，只能满足大地测量或工程测量的要求，不可能用于天文地球动力学研究。为了提高卫星定位的精度，美国从 1973 年开始筹建全球定位系统 GPS（Global Positioning System）。在经过了方案论证、系统试验阶段后，于 1989 年开始发射正式工作卫星，并于 1994 年全部建成，投入使用，历时 20 年，耗资 200 亿美元，是具有在海、陆、空进行全方位实时三维导航与定位能力的新一代卫星导航与定位系统。

二、基本组成

GPS 系统包括三大部分：空间星座部分——GPS 卫星；地面控制部分——地面监控系统；用户设备部分——GPS 信号接收机。

1. 空间星座部分

按目前的方案，全球定位系统的空间部分使用 21 颗工作卫星和 3 颗在轨备用卫星组成 GPS 卫星星座，记作（21＋3）GPS 星座，高度约 2.02 万千米，均为近圆形轨道，运行周期约为 11 小时 58 分，分布在六个轨道面上（每个轨道面 4 颗），轨道倾角为 55°。卫星的分布使得在全球的任何地方、任何时间都可观测到 4 颗以上的卫星，并能保持良好定位解算精度的几何图形（DOP）。这就提供了在时间上连续的全球导航能力。

卫星向地面发射两个波段的载波信号，载波信号频率分别为 1575.442 兆赫兹（L1 波段）和 1227.6 兆赫兹（L2 波段），卫星上安装了精度很高的原子钟，以确保频率的稳定性，在载波上调制有表示卫星位置的广播星历，用于测距的 C/A 码和 P 码，以及其他系统信息，能在全球范围内向任意多的用户提供高精度、全天候、连续、实时的三维测速、三维定位和授时。

2. 地面控制部分

GPS 系统的控制部分由设在美国本土的四个监控站、一个上行注入站和一个主控站组成。监控站的主要任务是取得卫星观测数据并将这些数据传送至主控站。

主控站设在范登堡空军基地，主要任务是收集各监控站对 GPS 卫星的全部观测数据，利用这些数据计算每颗 GPS 卫星的轨道和卫星钟改正值。

上行注入站也设在范登堡空军基地，它的任务主要是在每颗卫星运行至上空时把这类导航数据及主控站的指令注入卫星。

手持式 GPS 定位器

这个 GPS 定位器此刻处于我国哪个城市的什么部位？从显示屏中你还能获得哪些信息？

3. 用户设备部分

用户接收机：GPS 接收机能够捕获到按一定卫星高度截止角所选择的待测卫星的信号，并跟踪这些卫星的运行，对所接收到的 GPS 信号进行变换、放大和处理，以便测量出 GPS 信号从卫星到接收机天线的传播时间，解译出 GPS 卫星所发送的导航电文，实时地计算出用户接收机所处的三维位置，甚至三维速度和时间。

GPS 卫星发送的导航定位信号是一种可供无数用户共享的信息资源。对于陆地、海洋和空间的广大用户，只要用户拥有能够接收、跟踪、变换和测量 GPS 信号的接收设备，即 GPS 信号接收机。可以在任何时候用 GPS 信号进行导航定位测量。根据使用目的的不同，用户要求的 GPS 信号接收机也各有差异。目前，世界上已有几十家工厂生产 GPS 接收机，有几百种产品。这些产品可以按照原理、用途、功能等来分类。

三、定位原理

由于卫星的位置精确可知，在 GPS 观测中，我们可得到卫星到接收机的距离，利用三维坐标中的距离公式，利用 3 颗卫星，就可以组成 3 个方程式，解出观测点的位置（X、Y、Z）。考虑到卫星的时钟与接收机时钟之间的误差，实际上有 4 个未知数，X、Y、Z 和钟差，因而需要引入第 4 颗卫星，形成 4 个方程式进行求解，从而得到观测点的经纬度和高程。

事实上，接收机往往可以锁住 4 颗以上的卫星，这时，接收机可按卫星的星座分布分成若干组，每组 4 颗，然后通过算法挑选出误差最小的一组用作定位，从而提高精度。

在 GPS 观测量中包含了卫星和接收机的钟差、大气传播延迟、多路径效应等误差，在定位计算时还要受到卫星广播星历误差的影响，在进行相对定位时大部分公共误差被抵消或削弱，因此定位精度将大大提高，双频接收机可以根据两个频率的观测量抵消大气中电离层误差的主要部分，在精度要求高，接收机间距离较远时（大气有明显差别），应选用双频接收机。

其他提高精度技术：联测定位技术、伪卫星技术、无码 GPS 技术、GPS 测角技术、精密星历使用技术、反 SA 技术、GPS/GLONASS 组合接收技术、GPS 组合导航技术等。

四、应用领域

（一）民用领域

（1）车辆自导航。车船管理调度——在出租车、长途运输、租车服务等行业能够对车辆进行跟踪、调度管理。在拥挤的停车场、火车调度场能够准确地确定车辆的位置，有效地调动车辆。

（2）邮递服务、民航运输。邮递服务：对重要的货物、包裹与信函等进行跟踪、引导与保护。对货场物品入库与出库的调度能有效地确定货物的存放地点，提高出货效率，增加管理手段、避免积压。

民航运输：使飞机着陆时驾驶员通过仪表操作对准跑道。

（3）渔业生产。GPS能满足渔猎对定位的要求。同时能为捕鱼船队在法律上避免发生捕鱼边界的纠纷，提高在经济专属区的作业效率。

（4）公路水路维护。能准确地引导维护人员调查需维护的交通设施。

（5）火警、警察、救护的应急调遣。提高紧急事件处理部门对火灾现场、犯罪现场、交通事故现场、交通堵塞等紧急事件的响应效率。

（6）E – 911。美国通信委员会（FCC）要求将所有的移动电话安装无线电定位装置，以便用户在通过移动电话向911请求帮助时可找到用户位置，实现快速援助。GPS将是满足FCC要求的一种精确、成本低廉的方式。

（7）搜索与求援。将更加有效地对在人迹罕至、条件恶劣的航海、登山探险、滑雪、沙漠作业中的失踪人员进行求援搜索。

（8）道路支持。车在路上坏了时，能提高救援车辆找到你的速率。

（9）突发事件临战状态准备。如在洪水发生时，需要快速地为救灾工作做好准备，如绘制洪水边界图、排洪国界图、排洪通道、防洪大堤的调查。

（10）可随时查找运输车辆的当前位置，可获得车辆的定位数据和状态信息，实施跟踪一个或多个指定的运输车辆，使它们落在电子地图的窗口内。

（二）军用领域

GPS是自动化指挥系统、先进武器系统及新的战役战术理论的一项关键性基本保障技术，能为地面车辆、人员以及航空、航海、航天等领域的飞机、船只、潜艇、卫星、航天飞机进行导航定位；武器发射、侦察、飞机进场着陆、交通管制、搜索营救，战场部队、车辆以及单兵定位。

五、GPS 系统主要特点

（1）GPS系统的实时导航定位精度很高。美国在1992年起实行了所谓的SA政策，即降低广播星历中卫星位置的精度，降低星钟改正数的精度，对卫星基准频率加上高频的抖动（使伪距和相位的量测精度降低），后又实行了A – S政策，即将P码改变为Y码，即对精密伪距测量进一步限制，而美国军方和特许用户不受这些政策的影响，但美国为了获得更大的商业利益，这些政策终将被取消。

（2）全球全天候。GPS能为全球任何地点或近地空间的各类用户提供连续的全天候全球导航能力。用户不用发射信号，因而用户数量无限。

六、GPS 的干扰问题

GPS信号很弱，易于干扰。一家俄罗斯公司提供的一种4瓦功率的手持GPS干扰机，不到4000美元就买得到。如果从零售电子商店购买部件组装，花400美元就可以造一个干扰半径 16 千米以上的干扰机。

伊拉克战争开战之前，美国就已经预料到伊拉克方面会干扰 GPS 信号。美国其实早已经给其 GPS 炸弹和导弹装载了抗干扰技术，使这些 GPS 导引的武器能够在干扰的情况下继续使用 GPS 信号；即使 GPS 信号丢失，这些武器还可以使用自身的其他导引系统如惯性导航、激光制导等，使自己到达目标。

汽车安全气囊系统组成及其工作原理

随着高速公路的发展和汽车性能的提高，汽车的行驶速度越来越快，特别是由于汽车拥有量的迅速增加，交通越来越拥挤，使得事故更为频繁，所以汽车的安全性就变得尤为重要。

一、安全气囊发展史

安全气囊从1952年就取得了专利，但在应用推广中经历了几上几下的波折，足足走过了30多年的漫长路途。直至1984年，汽车碰撞安全标准（FMVSS208）在美国经多次被废除后又重新被认可并开始实施，其中规定从1995年9月1日以后制造的轿车前排座前均应装备安全气囊，同时还要求1998年以后的新轿车都装备驾驶者和乘客用的安全气囊，自此才确认了安全气囊的作用。如今，这个在当年颇具创意性的发明已转为千百万个产品，种类也发展为正面气囊、侧面气囊、安全气帘等。各国生产的中高级轿车，大多数都装有安全气囊，有些轿车已将安全气囊列入必装件。在国内，随着CMVDR294碰撞安全法规的开始实施，国内消费者对汽车被动安全性能的要求也越来越高，但目前除了极少数高级车装备了侧面气囊之外，大部分车型还只是安装了正面气囊。

驾驶员处的安全气囊存放在方向盘衬垫内，因此，当您看见方向盘上标有"SRS"或"Airbag"字样，就可知此车装有安全气囊。安全气囊系统主要由传感器、微处理器、气体发生器和气囊等主要部件组成。传感器和微处理器用以判断撞车程度，传递及发送信号；气体发生器根据信号指示产生点火动作，点燃固态燃料并产生气体向气囊充气，使气囊迅速膨胀。气囊装在方向盘毂内紧靠缓冲垫处，其容量为50~90升，做气囊的布料具有很高的抗拉强度，多以尼龙材质制成，折叠起来的表面附有干粉，以防安全气囊黏在一起在爆发时被冲破；为了防止气体泄漏，气囊内层涂有密封橡胶；同时气囊设有安全阀，当充气过量或囊内压力超过一定值时会自动泄放部分气体，避免将乘客挤压受伤；气囊中所用的气体多是氮气。

二、安全气囊的工作原理

典型的气囊系统包括两个组成部分：探测碰撞点火装置（或称传感器）和气体发生器的气囊（或称气袋）。当传感器开关启动后，控制线路即开始处于工作状态，并借着侦测回路来判断是否真有碰撞发生。如果信号是同时来自两个传感器的话才会使安全气囊开始作用。由于汽车的发电机及蓄电池通常都处于车头易受损的部位，因此，安全气囊的控制系统皆具有自备的电源以确保作用的发挥。在判定施放安全气囊的条件正确之后，控制回路便会将电流送至点火器，借着瞬时快速加热，将内含的氮化钠推进剂点燃。在近乎爆炸的化学反应快速发生的同时，会产生大量无害的以氮气为主的气体，将气囊充气至饱满的状态，并借着强大的冲击力，气囊能够冲开方向盘上的盖而完全展开，以保护驾驶者头部不受伤害。同时在推进剂点燃的过程之中，点火器中的金属网罩可冷却快速膨胀的气体，随即气囊可由设计好的小排气口排气，以发挥逐渐缓冲功能，并避免在车身仍继续移动时阻碍碰撞后的视线。

需要特别说明的是，传感器只有在满足了一定的条件下才会工作。安全气囊传感器的设计有很多种，有的采用摆锤或杠杆式开关，还有的是弹簧负载的转轮式，此外还有用水银开关的产品。但不论感测器开关型式如何，都必须有足够的撞击力才能使得开关启动，同时这个撞击力必须来自正的方向才行。通常这个撞击力约等于以时速 25～50 千米左右碰撞固定物所产生的结果。当汽车受到这种高速碰撞时，装在车前端的碰撞传感器和装在汽车中部的安全传感器，就可检测到车速突然减速，并将这一信号迅速传递给安全气囊系统的控制电脑，电脑在经过分析确认之后，才会引爆安全气囊包内的电热点火器，使气囊发生迅速膨胀。

据计算，正规的安全气囊必须在发生汽车碰撞后的 0.01 秒内微处理器开始工作，0.03 秒内点火装置启动，0.05 秒内高压气体进入气囊，0.08 秒内气囊向外膨胀，0.11 秒内气囊完全胀大，此刻之后，驾车者才会撞上气囊。

可见，气囊的打开与否与撞击角度和撞击速度都有关，一般来说在汽车翻转、轻微碰撞、侧面碰撞或后面碰撞时，气囊均不会打开，比如桑塔纳 2000 升级版在车身正面左右各 30 度以内受到重创时才会打开安全气囊。再有一点，对于撞击速度而言，安全气囊系统测定的是撞击后车辆的减速度，因此，在做安全碰撞实验时，一般都是让车笔直地撞在不能移动且不能变形的墙上。

三、安全气囊的安全性

安全气囊可将撞击力均匀地分布在头部和胸部，防止脆弱的乘客身体与车身产生直接碰撞，大大减少受伤的可能性。安全气囊对于在遭受正面撞击时，的确能有效保护乘客，即使未系上安全带，防撞安全气囊仍足以有效降低伤害。据统计，配备安全气囊的车发生正面碰撞时，可降低乘客受伤的程度高达 64%，甚至在其中有 80% 的乘客未系上安全带。至于来自侧方及后座的碰撞，则仍有赖于安全带的功能。

此外，气囊爆发时的音量大约只有 130 分贝，在人体可忍受的范围；气囊中 78% 的气体是氮气，十分安全且不含毒性，对人体无害；爆出时带出的粉末是维持气囊在折叠状态下不黏在一起的润滑粉末，对人体亦无害。

万事都是一把"双刃剑"，安全气囊同样也有它不安全的一面。据计算，若汽车以 60km 的时速行驶，突然的撞击会令车辆在 0.2 秒之内停下，而气囊则会以大约 300km/h 的速度弹出，而由此所产生的撞击力约有 180kg，这对于头部、颈部等人体较脆弱的部位就很难承。因此，如果安全气囊弹出的角度、力度稍有差错，就有可能酿造一场"悲剧"。

安全气囊在近几年得到了飞速的发展，价格大幅度下降，装备了安全气囊的轿车也从过去的中高级轿车向中低级轿车发展。同时，有些轿车前排安装了乘客用的安全气囊（即双安全气囊规格），乘客用的安全气囊与驾车者用的安全气囊相似，只是气囊的体积要大些，所需的气体也多一些而已。进入 20 世纪 90 年代以来，安全气囊的安全性能已被人们普遍接受，并被视为一种现代化和高档次的安全装置。了解安全气囊的工作原理及注意事宜对我们更好地保护自己有很重要的作用，但对于驾驶员来说，安全驾驶才是第一位的，这是任何先进的安全装置都无法替代的！

四、安全气囊是怎样发明的

安全气囊为一次性产品，每个气囊只能使用一次，也就是说气囊只要引爆就不再有下一次保护的能力，也不能塞回去再使用，引爆后须回厂换一个新的气囊。在美国，重新装置一套新气囊和感应系统及整组电脑控制器，一般需要 3000 美元左右，虽说比较贵，但为了生命安全，这点钱还是不能省的。

由于气囊是通过爆发起作用，而设计者往往是从大多数正常的碰撞模拟试验中寻找最佳方案，但生活中，每一位乘驾者都有自己的乘驾习惯，这就造成了人与气囊会有不同的位置关系，也就决定了气囊工作的不稳定性。因此，要保证安全气囊真正起到安全的作用，驾乘人员一定要养成良好的驾乘习惯，保证胸部与方向盘保持一定距离。而最有效的措施就是系好安全带，安全气囊只是辅助安全系统，需与安全带配合使用才能发挥最大的安全保护效果。

注意不要在气囊的前方、上方或近处放置物品，因为在紧急时刻这些物品有可能妨碍气囊充气或被抛射出去，造成更大的危险。在车室内安装收音机、CD 机等附件时，要遵照汽车厂的规定，不要随意修改属于安全气囊系统的零件及线路，否则会影响气囊工作。

要注意观察位于仪表盘上的安全气囊警告灯。在正常情况下，点火开关转到"ACC"或"ON"位置时，警告灯会亮大约 6 秒钟，进行自检，然后熄灭，若警告灯一直亮，则表明安全气囊系统有故障，应立即进行修理。否则，有可能出现气囊不起作用或误弹出的情况。

电饭锅工作原理及保养常识

一、电饭锅工作原理

电饭锅是利用发热板，在铝质锅的底部煮饭。发热板内藏电热线，这电热线是由自动开关控制。

发热板的中央有一圆孔，孔内有一感温软磁，它借着弹簧向上顶贴着锅底。这是一种纯铁氧体。它在100℃或以下时，可以被永久磁铁吸引。但当升至103℃时，则失去磁性，不再受永久磁铁吸引。

当按下开关按键，如图（a）所示。开关横杆把磁铁向上顶贴着感温软磁。这时，发热线接通，开始加热。

当锅内的饭沸腾后，锅内的水就渐渐减少。当水开始蒸干，锅内的温度就由100℃上升。当升至103℃时，感温软磁就不受磁铁吸引，开关的杠杆因弹簧的弹力及本身的重力而下降，气压使接触点分开，发热线就断电，如图（b）所示。同时，接通另一保温电路（图中略去），保持饭的温度在70℃左右。

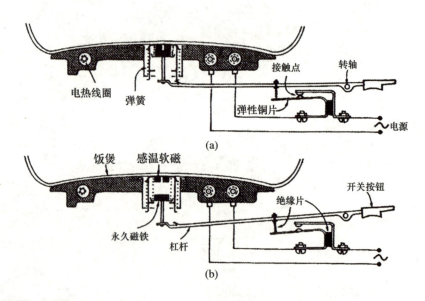

二、保养小常识

电饭锅因其美观、方便实用和耗电量小而备受人们的青睐，但保养不当也会缩短使用寿命。为了合理地使用和保养电饭锅，以延长其使用寿命应该注意以下几点：

（1）使用过后，内锅经洗涤后，外表的水必须揩干后再放入电饭锅内。

（2）锅底部应避免碰撞变形。发热盘与内锅之间必须保持清洁，切忌饭粒掉入影响热效率甚至损坏发热盘。

（3）内锅可用水洗涤，但外壳及发热盘切忌浸水，只能在切断电源后用湿布抹净。

（4）不宜煮酸、碱类食物，也不要放在有腐蚀性气体或潮湿的地方。

（5）使用时，应将蒸煮的食物先放入锅内，盖上盖，再插上电源插头；取出食物之前应先将电源插头拔下，以确保安全。

微波炉的工作原理

　　1946 年，斯潘瑟还是美国雷声公司的研究员。一个偶然的机会，他发现微波溶化了糖果。事实证明，微波辐射能引起食物内部的分子振动，从而产生热量。1947 年，第一台微波炉问世。

　　顾名思义，微波炉就是用微波来煮饭烧菜的。微波是一种电磁波。这种电磁波的能量不仅比通常的无线电波大得多，而且还很有"个性"，微波一碰到金属就发生反射，金属根本没有办法吸收或传导它；微波可以穿过玻璃、陶瓷、塑料等绝缘材料，但不会消耗能量；而含有水分的食物，微波不但不能透过，其能量反而会被吸收。

　　微波炉正是利用微波的这些特性制作的。微波炉的外壳用不锈钢等金属材料制成，可以阻挡微波从炉内逃出，以免影响人们的身体健康。装食物的容器则用绝缘材料制成。微波炉的心脏是磁控管，是个微波发生器，它能产生每秒钟振动频率为 24.5 亿次的微波。这种肉眼看不见的微波，能穿透食物达 5cm，并使食物中的水分子也随之运动，剧烈的运动产生了大量的热能，于是食物"煮"熟了，这就是微波炉加热的原理。用普通炉灶煮食物时，热量总是从食物外部逐渐进入食物内部的。而用微波炉烹饪，热量则是直接深入食物内部，所以烹饪速度比其他炉灶快 4~10 倍，热效率高达 80% 以上。目前，其他各种炉灶的热效率无法与它相比。

　　而微波炉由于烹饪的时间很短，能很好地保持食物中的维生素和天然风味。例如，用微波炉煮青豌豆，几乎可以使维生素 C 一点都不损失。另外，微波还可以消毒杀菌。

　　使用微波炉时，应注意不要空"烧"，因为空"烧"时，微波的能量无法被吸收，这样很容易损坏磁控管。另外，人体组织是含有大量水分的，一定要在磁控管停止工作后，再打开炉门，提取食物。

一、微波炉的基本结构

　　在微波炉的内部，安装有称作"磁控管"的装置。加热食物所用的微波，就是在这里产生的。发出的微波，通过波导管送入内部。内壁由金属制成，微波碰撞之后也会弹回，为了将微波照到食物上动了不少脑筋。在门上覆盖有过滤器，这样微波就不会泄漏到外部。然后是位于正中央的转盘，关于转盘的结构，在下面将更详细地做一些了解。

　　（1）门安全联锁开关。确保炉门打开，微波炉不能工作，炉门关上，微波炉才能工作。

（2）视屏窗。有金属屏蔽层，可透过网孔观察食物的烹饪情况。

（3）通风口。确保烹饪时通风良好。

（4）转盘支撑。带动玻璃转盘转动。

（5）玻璃转盘。装好食物的容器放在转盘上，加热时转盘转动，使食物烹饪均匀。

（6）控制板。控制各挡烹饪。

（7）炉门开关。按此开关，炉门打开。

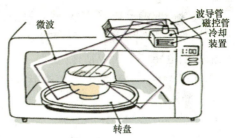

微波炉的基本外形和构造

二、工作原理

1. 炉腔

炉腔是一个微波谐振腔，是把微波能变为热能对食品进行加热的空间。为了使炉腔内的食物均匀加热，微波炉炉腔内设有专门的装置。最初生产的微波炉是在炉腔顶部装有金属扇页，即微波搅拌器，以干扰微波在炉腔中的传播，从而使食物加热更加均匀。目前，则是在微波炉的炉腔底部装一只由微型电机带动的玻璃转盘，把被加热食品放在转盘上与转盘一起绕电机轴旋转，使其与炉内的高频电磁场做相对运动，来达到炉内食品均匀加热的目的。国内独创的自动升降型转盘，使得加热更均匀，烹饪效果更理想。

2. 炉门

炉门是食品的进出口，也是微波炉炉腔的重要组成部分。对它要求很高，即要求从门外可以观察到炉腔内食品加热的情况，又不能让微波泄漏出来。炉门由金属框架和玻璃观察窗组成，观察窗的玻璃夹层中有一层金属微孔网，既可透过它看到食品，又可防止微波泄漏。由于玻璃夹层中的金属网的网孔大小是经过精密计算的，所以完全可以阻挡微波的穿透。

为了防止微波的泄漏，微波炉的开关系统由多重安全联锁微动开关装置组成。炉门没有关好，就不能使微波炉工作，微波炉不工作，也就谈不上有微波泄漏的问题了。

为了防止在微波炉炉门关上后微波从炉门与腔体之间的缝隙中泄漏出来，在微波炉的炉门四周安有抗流槽结构，或装有能吸收微波的材料，如由硅橡胶做的门封条，能将可能泄漏的少量微波吸收掉。抗流槽是在门内设置的一条异型槽结构，它具有引导微波反转相位的作用。在抗流槽入口处，微波会被它逆向的反射波抵消，这样微波就不会泄漏了。

由于门封条容易破损或老化而造成防泄作用降低，因此现在大多数微波炉均采用抗流槽结构来防止微波泄漏，很少采用硅橡胶门封条。抗流槽结构是从微波辐射的原理上得到的防止微波泄漏的稳定可靠的方法。广东格兰仕企业（集团）公司生产的格兰仕微波炉所采用的就是国际上最先进的抗流槽结构和生产工艺，加上其开发研制的多重防微波泄漏技术，使微波泄漏控制技术达到了国际先进水平。

3. 电气电路

电气电路分高压电路、控制电路和低压电路三部分。

（1）高压电路。高压变压器次级绕组之后的电路为高压电路，主要包括磁控管、高压电容器、高压变压器、高压二极管。

（2）磁控管。磁控管是微波炉的心脏，微波能就是由它产生并发射出来的。磁控管工作时需要很高的脉动直流阳极电压和 $3\sim4V$ 的阴极电压。由高压变压器及高压电容器、高压二极管构成的倍压整流电路为磁控管提供了满足上述要求的工作电压。

（3）低压电路。高压变压器初级绕组之前至微波炉电源入口之间的电路为低压电路，也包括控制电路。主要包括保险管、热断路器保护开关、联锁微动开关、照明灯、定时器及功率分配器开关、转盘电机、风扇电机等。

4. 定时器

微波炉一般有两种定时方式，即机械式定时和计算机定时。基本功能是选择设定工作时间，设定时间过后，定时器自动切断微波炉主电路。

5. 功率分配器

功率分配器用来调节磁控管的平均工作时间（即磁控管断续工作时，"工作"、"停止"时间的比例），从而达到调节微波炉平均输出功率的目的。机械控制式微波炉一般有3~6个刻度文件位，而计算机控制式可有10个调整挡位。

6. 联锁微动开关

联锁微动开关是微波炉的一组重要安全装置。它有多重联锁作用，均通过炉门的开门按键或炉门把手上的开门按键加以控制。当炉门未关闭好或炉门打开时，断开电路，使微波炉停止工作。

7. 热断路器

热断路器是用来监控磁控管或炉腔工作温度的组件。当工作温度超过某一限值时，热断路器会立即切断电源，使微波炉停止工作。

三、使用、维护上的禁忌

1. 使用微波炉的注意事项

（1）微波炉要放置在通风的地方，附近不要有磁性物质，以免干扰炉腔内磁场的均匀状态，使工作效率下降，还要和电视机、收音机离开一定的距离，否则会影响视、听效果。

（2）炉内未放烹饪食品时，不要通电工作。不可使微波炉空载运行，否则会损坏磁控管，为防止一时疏忽而造成空载运行，可在炉腔内置一盛水的玻璃杯。

（3）凡金属的餐具、竹器、塑料、漆器等不耐热的容器，有凹凸状的玻璃制品，均不宜在微波炉中使用。瓷制碗碟不能镶有金、银花边。盛装食品的容器一定要放在微波炉专用的盘子中，不能直接放在炉腔内。

（4）微波炉的加热时间要视材料及用量而定，还和食物新鲜程度、含水量有关。由于各种食物加热时间不一，故在不能肯定食物所需加热时间时，应以较短时间为宜，加热后可视食物的生熟程度再追加加热时间。否则，如时间太长，会使食物变得发硬，失去香、色、味。按照食物的种类和烹饪要求，调节定时及功率（温度）旋钮，可以仔细阅读说明书，加以了解。

（5）带壳的鸡蛋、带密封包装的食品不能直接烹调，以免爆炸。

（6）一定要关好炉门，确保联锁开关和安全开关的闭合。微波炉关掉后，不宜立即取出食物，因此时炉内尚有余热，食物还可继续烹调，应过1分钟后再取出为好。

（7）炉内应经常保持清洁。在断开电源后，使用湿布与中性洗涤剂擦拭，不要冲洗，勿让水流入炉内电器中。

（8）定期检查炉门四周和门锁，如有损坏、闭合不良，应停止使用，以防微波泄漏。不宜把脸贴近微波炉观察窗，防止眼睛因微波辐射而受损伤。也不宜长时间受到微波照射，以防引起头晕、目眩、乏力、消瘦、脱发等症状，使人体受损。

2. 使用微波炉的 9 个禁忌

（1）忌用普通塑料容器。一是热的食物会使塑料容器变形，二是普通塑料会放出有毒物质，污染食物，危害人体健康。要使用专门的微波炉器皿盛装食物放入微波炉中加热。

（2）忌用金属器皿。因为放入炉内的铁、铝、不锈钢、搪瓷等器皿，微波炉在加热时会与之产生电火花并反射微波，既损伤炉体又加热不熟食物。

（3）忌使用封闭容器。加热液体时应使用广口容器，因为在封闭容器内食物加热产生的热量不容易散发，使容器内压力过高，易引起爆破事故。即使在煎煮带壳食物时，也要事先用针或筷子将壳刺破，以免加热后引起爆裂、飞溅弄脏炉壁，或者溅出伤人。

（4）忌超时加热。食品放入微波炉解冻或加热，若忘记取出，如果时间超过 2 小时，则应丢掉不要，以免引起食物中毒。

（5）忌将肉类加热至半熟后再用微波炉加热。因为在半熟的食品中细菌仍会生长，第二次再用微波炉加热时，由于时间短，不可能将细菌全杀死。冰冻肉类食品须先在微波炉中解冻，然后再加热为熟食。

（6）忌再冷冻经微波炉解冻过的肉类。因为肉类在微波炉中解冻后，实际上已将外面一层低温加热了，在此温度下细菌是可以繁殖的，虽再冷冻可使其繁殖停止，却不能将活菌杀死。已用微波炉解冻的肉类，如果再放入冰箱冷冻，必须加热至全熟。

（7）忌油炸食品。因高温油会发生飞溅导致火灾。如万一不慎引起炉内起火时，切忌开门，而应先关闭电源，待火熄灭后再开门降温。

（8）忌将微炉置于卧室，同时应注意不要用物品覆盖微波炉上的散热窗栅。

（9）忌长时间在微波炉前工作。开启微炉后，人应远离微波炉或距离微波炉至少在 1 米之外。

3. 如何清除微波炉顽垢

清洁时，用中性清洁剂的稀释水先擦一遍，再分别用清水洗过的抹布和干抹布做最后的清洁，如果仍不能将顽垢除掉，可以利用塑料卡片之类来刮除，千万不能用金属片刮，以免伤及内部。最后，别忘了将微波炉门打开，让内部彻底风干。

激 光

激光这一名词对大家来说一点也不陌生。在日常生活中，我们常常接触到激光，例如在课堂上所用的激光指示器，以及在计算机或音响组合中用来读取光盘资料的光驱等。在工业上，激光常用于切割或微细加工。在军事上，激光被用来拦截导弹。科学家也利用激光非常准确地测量了地球和月球的距离，涉及的误差只有几厘米。激光的用途那么广泛，究竟它是如何产生的呢？以下我们将会阐释激光的基本原理。激光的发展有很长的历史，它的原理早在1917 年已被著名的物理学家爱因斯坦发现，但是直到1958 年激光才被首次成功制造。

激光英文名是 LASER（Light Amplification by the Stimulated Emission of Radiation），激光的英文全名已完全表达了制造激光的主要过程。但在阐释这个过程之前，我们必先了解物质的结构，以及光的辐射和吸收的原理。

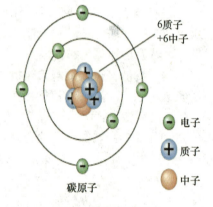

图 1　碳原子示意图

物质由原子组成。图 1 是一个碳原子的示意图。原子的中心是原子核，由质子和中子组成。质子带有正电荷，中子则不带电。原子的外围布满着带负电的电子，绕着原子核运动。有趣的是，电子在原子中的能量并不是任意的。描述微观世界的量子力学告诉我们，这些电子会处于一些固定的"能阶"，不同的能阶对应于不同的电子能量。为了简单起见，我们可以如图 1 所示，把这些能阶想象成一些绕着原子核的轨道，距离原子核越远的轨道能量越高。此外，不同轨道最多可容纳的电子数目也不同，例如最低的轨道（也是最近原子核的轨道）最多只可容纳 2 个电子，较高的轨道则可容纳 8 个电子等。事实上，这个过分简化了的模型并不是完全正确的，但它足以说明激光的基本原理。

电子可以透过吸收或释放能量从一个能阶跃迁至另一个能阶。例如，当电子吸收了一个光子时，它便可能从一个较低的能阶跃迁至一个较高的能阶（见图 2a）。同样地，一个位于高能阶的电子也会透过发射一个光子而跃迁至较低的能阶（见图 2b）。在这些过程中，电子吸收或释放的光子能量总是与这两能阶的能量差相等。由于光子能量决定了光的波长，因此，吸收或释放的光具有固定的颜色。

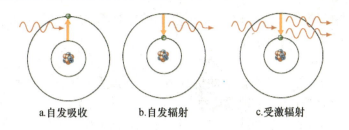

a.自发吸收　　　b.自发辐射　　　c.受激辐射

图2　原子内电子的跃迁过程

当原子内所有电子处于可能的最低能阶时，整个原子的能量最低，我们称原子处于基态。

图1显示了碳原子处于基态时电子的排列状况。当一个或多个电子处于较高的能阶时，我们称原子处于受激态。前面说过，电子可通过吸收或释放在能阶之间跃迁。跃迁又可分为三种形式：

（1）自发吸收。电子通过吸收光子从低能阶跃迁到高能阶（见图2a）。

（2）自发辐射。电子自发地透过释放光子从高能阶跃迁到较低能阶（见图2b）。

（3）受激辐射。光子射入物质诱发电子从高能阶跃迁到低能阶，并释放光子。入射光子与释放光子有相同的波长，此波长对应于两个能阶的能量差。一个光子诱发一个原子发射一个光子，最后就变成两个相同的光子（见图2c）。

激光基本上就是由第三种跃迁机制产生的。

图3显示红宝石激光的原理。它由一只闪光灯、激光介质和两面镜所组成。激光介质是红宝石晶体，当中有微量的铬原子。在开始时，闪光灯发出的光射入激光介质，使激光介质中的铬原子受到激发，最外层的电子跃迁到受激态。此时，有些电子会通过释放光子，回到较低的能阶。而释放出的光子会被设于激光介质两端的镜子来回反射，诱发更多的电子进行受激辐射，使激光的强度增加。设在两端的其中一面镜子会把全部光子反射，另一面镜子则会把大部分光子反射，并让其余小部分光子穿过；而穿过镜子的光子就构成我们所见的激光。

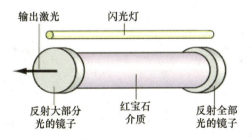

输出激光　　　闪光灯

反射大部分　　红宝石　　反射全部
光的镜子　　　介质　　　光的镜子

图3　红宝石激光的示意图

产生激光还有一个巧妙之处，就是要实现所谓粒子数反转的状态。以红宝石激光为例（见图4），原子首先吸收能量，跃迁至受激态。原子处于受激态的时间非常短，大约10^{-7}秒后，它便会落到一个称为亚稳态的中间状态。原子停留在亚稳态的时间很长，大约是10^{-3}秒或更长的时间。电子长时间留在亚稳态，导致在亚稳态的原子数目多于在基态的原子数目，此现象称为粒子数反转。粒子数反转是产生激光的关键，因为它使透过受激辐射由亚稳态回到基态的原子，比透过自发吸收由基态跃迁至亚稳态的原子多，从而保证了介质内的光子可以增多，以输出激光。

激光通过受激辐射产生，有以下三大特性（见图5）：

（1）激光是单色的，在整个产生的机制中，只会产生一种波长的光。这与普通的光不同，例如阳光和灯光都是由多种波长的光合成的，接近白光。

（2）激光是相干的，所有光子都有相同的相，相同的偏振，它们叠加起来便产生很大的强度。而在日常生活中所见的光，它们的相和偏振是随机的，相对于激光，这些光就弱得多了。

（3）激光的光束很狭窄，并且十分集中，所以有很强的威力；相反，灯光分散向各个方向传播，所以强度很低。

以能量划分，激光可大致可分为三类：第一类是低能量激光，这类激光通常以气体为激光介质，例如在超级市场中常用的条形码扫描仪，就是用氦气和氖气作为激光介质的；第二类是中能量激光，例如在课堂上用的激光指示器；第三类为高能量激光，一般用半导体作为激光介质，输出的功率可高达 500mW。用于热核聚变实验的激光可发射出时间极短但能量极高的激光脉冲，其脉冲功率竟可达 10^{14} W。这激光可产生达 1 亿摄氏度的高温，引发微粒状的氘—氚燃料进行热核聚变。

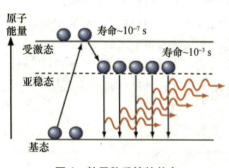

图4 粒子数反转的状态

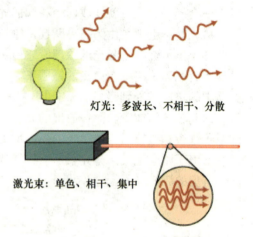

图5 普通灯光与激光的比较

磁浮火车

要以最快的速度从一个地方到数百公里，甚至数千公里以外的地方，一般人都会选择乘搭飞机。可是，在不久的将来，一种新的交通工具将会带领人们以高速于城市之间穿梭。

目前，一般的子弹火车能以 200km/h 的速度前进。由于火车与路轨之间的摩擦力限制了火车的最高速度，所以人们便开始研究能悬浮于路轨之上的火车，于是磁浮火车便出现了。

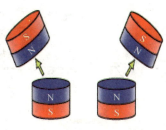

顾名思义，磁浮火车是利用磁力使火车悬浮于路轨之上。磁浮火车经常被称为 Mag Lev（Magnetically Levi-tated train），但是，利用一般的磁铁并不能把火车稳定地浮起。要是你将两块磁铁的北极相对，你会发现无法

图 1　我们无法使一块磁铁稳定地浮在另一块磁铁上

使一块磁铁稳定地浮在另一块上（见图 1）。所以，要把火车浮起并不如想象中般简单。

真正的磁浮火车是如何浮起来的？目前，磁浮火车还在试验阶段。德国科学家设计了一个名为 Transrapid 的系统，利用了"电磁力悬浮法"（EMS）把火车浮起（见图 2）。在这个系统中，火车的底部包着一条导轨，在火车底部起落架的电磁铁向着导轨，磁力使火车悬浮在导轨之上约 1 厘米，即使在静止的时候，火车仍然保持浮起。其他导引磁铁则能使火车在行驶时保持稳定。

日本的科学家则利用了"电动力悬浮法"（EDS）把火车浮起。还记得什么是"电磁感应"吗？当磁铁在导体附近移动，导体内的磁场会因而改变（见图 3），并感应出电流。感应电流又能产生磁场，根据楞次定律，这样产生出来的磁场总是倾向于抗拒引起这个感应的改变。电动力悬浮法应用了电磁感应的原理。图 4（a）显示了这种磁浮火车的原理。火车在导槽内行走，槽的两边安有一系列"8"字形的线圈。当一辆列车快速驶过时，火车两边的超导磁铁便会在线圈上感应出电流。巧妙的是，超导磁铁在"8"字形的线圈中心以下经过，因此，"8"字形线圈下半部分的磁通量改变比上半部大，感应出如图 4（b）所示的电流，产生磁力。"8"字形线圈下半部分的磁极与超导磁铁的磁极相同，上半部分则与之相反，结果是这两部分的线圈对超导磁铁产生的磁力，都有一个向上的分力，把列车悬浮起来。由于"8"字形线圈只有在超导磁铁运动时才能感应出电流并产生磁性，因此当火车静止的时候，便不能浮起。所以，火车在激活时会首先靠轮子来滑行，直到产生的磁力足以承托火车的重量，才将轮子收起来，就好像飞机起飞一样。

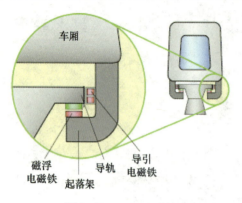

图 2　Transrapid 系统

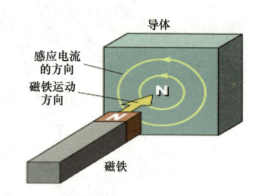

图 3　磁铁在导体附近移动，便会感应出电流

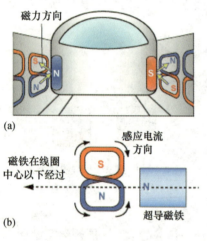

图 4　电动力悬浮法

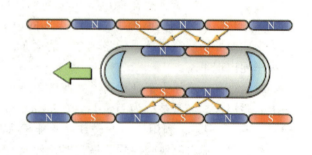

图 5　如何推动磁浮火车

那么，磁浮火车是怎样被推动的？它的基本原理很简单。以日本的磁浮火车为例：移动的列车带同超导磁铁在导槽两边的线圈感应出电流，根据这些信息，系统便会把交流电输入导槽两边的推进线圈，产生南北梅花间竹的磁极（见图 5），对超导磁铁造成拉力和推力，使列车加速。

磁浮火车能悬浮在路轨上行驶，免除了火车与路轨之间的摩擦力，故能以高速飞驰。估计未来的磁浮火车能以高达 500km/h 的速度行驶，比现在最快的火车速度要高 1 倍。此外，磁浮火车非常宁静。在磁浮火车路轨附近工作，会几乎察觉不到有火车经过。但磁浮火车有一个缺点，就是建造导轨的费用昂贵。磁浮火车只能在这些导轨上走，大大限制了它的发展。估计未来的铁路发展，仍会以传统火车为主。

值得中国人民兴奋的是，世界上第一条商用的磁浮铁路于 2003 年在中国面世。这个计划耗资 26 亿元人民币。到时 Transrapid 磁浮火车将会带领人们以 200km/h 的高速穿梭于上海市中心和浦东国际机场之间，整个旅程只需 10 分钟。

超声波的应用

　　我们的耳朵只能分辨频率为 20~20000 赫兹的声音，频率比人的听频范围高的声波就叫作超声波。不同的动物可听到的声波频率范围不尽相同。狗可以听到一些超声波，所以狗的训练员可以用超声波哨子呼唤狗。超声波对于蝙蝠更为重要，这种动物是靠超声波来"看"世界。

　　蝙蝠先会发出一连串超声的尖叫声，声波遇到障碍物便会反射，就像我们向山谷拍手会听到回声一样。由于超声波的频率高，相对较少出现绕射现象，所以回声十分清晰。蝙蝠分析回声的方向和回传时间，便可以知道环境的精确图像。人们根据蝙蝠"看"事物的原理，发明了声呐探测器，用来测量水深。船只上的发射器先向海底发射超声波，再由另一些仪器接收和分析反射回来的信息，从而得到整个海床的面貌。医学的超声波扫描术可以说是超声波最重要的应用。超声波扫描不涉及有害的辐射，远比 X－射线等检验工具安全，所以常用于产前检查（见图1）。医生会将一个发出高频超声波（频率为 1~5 兆赫）的手提换能器，贴着母亲的肚皮进行扫描。声波到达各种身体组织的边界时会有不同程度的反射（如液体及软组织的边界、软组织及骨的边界）。接收器收到反射波，便可计算出反射的强度及反射面的距离，以分辨不同的身体组织，并得到胎儿的影像。接收器使用了压电的原理，把超声波所产生的压力转变成电子信号，再输送到仪器分析。超声波扫描可以帮助医生量度胎儿的大小以确定产期，检查胎儿的性别、生长速度、头的位置是否正常向下、胎盘的位置是否正常、羊水是否足够，以及监察抽羊水的过程，以保障胎儿的安全等。此外，超声波扫描术也用于妇科检查，它可以帮助医生有效地把生长在乳房或卵巢的恶性组织分辨出来。

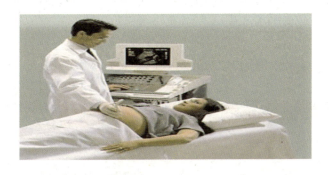

图1　超声波扫描术常用于产前检查

超声波扫描术的两个重要分支——多普勒超声波扫描术和立体超声波成像技术，更扩大了超声波在医学上的用途。

多普勒超声波扫描术已应用了颇长的时间，此技术利用了波动的多普勒效应。反射超声波物体的运动，会改变回声的频率；当物体正向着接收器移动时，频率便会升高，相反当物体正在远去时，频率便会降低。从回声的频率改变，仪器便可计算到物体的运动速度。多普勒超声波扫描术主要用于检查血液在心脏及主要动脉中的流动速度。血液的流动情况会以一个颜色的影像显示出来，不同的颜色代表不同的流速。这有助于医生及早发现胎儿的先天性心脏病。

立体超声波成像技术是很新的技术。检查员首先从多个不同角度拍摄胎儿的二维超声波影像，然后利用计算机技术合成胎儿的立体影像。利用此技术可清晰地显示胎儿的样貌（见图2），甚至摄录到胎儿细致如踢脚或转身等动态，为准父母带来不少惊喜。

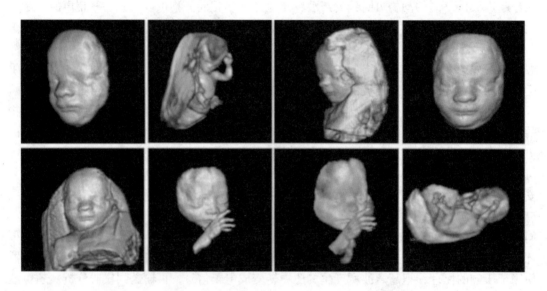

图2　利用立体超声波成像技术显示胎儿的立体影像

此外，高频的超声波带有强大的振动能。将超声波入射载满水的容器，再放入需要清洗的对象，水的振动便可去除对象上的尘垢，而不需直接接触对象的表面，眼镜公司洗眼镜时就是用这种方法。如果将高能超声波聚焦，能量甚至足以震碎石块，所以可以用来击碎体内结石，使患者免受手术之苦。

载人航天三大难题

载人航天是集国家政治、军事、科技实力为一体的高难度系统工程。要真正把人送入太空乃至使人长时期在太空生活，必须要突破三大技术难题。

（1）研制出推力足够大、可靠性极端好的运载工具。苏联发射东方号、上升号、联盟号等载人飞船的运载火箭运载能力都是 5 吨以上，而且在发射中极少发生事故。为了确保发射时万无一失，运载火箭及飞船的关键部件必须是双备份或三备份，火箭、飞船在上天前，必须经过一系列极严格的地面测试和模拟飞行，直到没有一丝隐患才能放行上天。据记载，苏联近百次发射载人飞船，运载火箭出现问题宇航员使用逃逸塔救生设备的仅 1 次。美国航天飞机的近百次飞行，也只有挑战者号爆炸一次灾难性事故。难怪有专家说，由于对可靠性的重视，实际上，与航海、航空及陆上各种交通运输工具比较，航天器的活动有着最好的安全记录。

（2）获得空间环境对人体影响的足够信息，了解人体所能承受的极限条件并找到防护措施。

空间环境与陆地环境有着天壤之别。太空中高度真空，没有氧气没有水，如果没有任何保护，人体暴露在这样的环境里，不消 1 分钟，就会由于身体内外的巨大压差而爆炸，体液会迅速沸腾汽化。太空中温差极大，由于没有空气对流，航天器朝阳面温度可达 100℃以上，而背阴面则会在 -100℃以下，在远离地球的深空中，温度则达到人体根本无法耐受的 -273℃。太空中还充满了有害的宇宙辐射。另外太空失重环境，特别是飞船上升、返回阶段的加速度和减速度会使人体发生平衡功能紊乱、体内组织位移、肌肉萎缩、骨质脱钙等病变。

要在这种环境里保证人的生存，就必须研制出密封的防辐射飞船，飞船中要配备能供人正常生活的空气、水、温度等基本生命保障条件。同时还要为宇航员装备上宇航服，一旦宇航员要走出飞船座舱到太空中工作，所有的生命保障系统便全由宇航服提供。

在近 40 年的载人航天实践中，苏联/俄罗斯研制出了东方号、上升号、联盟号三代载人飞船，美国也成功使用了水星号、双子星座号和阿波罗号三代载人飞船以及航天飞机。乘坐这些航天器，截至 1997 年 4 月已有 727 人次宇航员成功地进入了太空。

（3）可靠的救生技术及安全返回技术。载人航天与不载人航天最大的区别就在于救生技术的应用和安全返回的绝对可靠。

载人航天的救生装置有弹射座椅、逃逸塔、分离座舱和载人机动装置等。它们在飞行的不同高度发挥各自的作用。

一般来说，飞行高度在 10 千米左右时，宇航员可以采用弹射座椅的方式弹出发生危险的航天器，跳伞救生。也可以启动逃逸塔，让逃逸塔拉着飞船甩掉出毛病的火箭另行降落救生。如果火箭高空发生问题，宇航员跳伞不行了，逃逸塔已按飞行程序抛掉了，则只有采取分离飞船座舱的办法，让飞船座舱自己返回救生。飞船入轨后，一旦自身遭到损坏或宇航员生病，需营救时，那么只有暂时采用船上救生装置等待地面发射飞船救生的办法。

飞船的安全返回也不容易，它需要启动反推火箭减速、调姿、进入返回轨道等技术，还要闯过三道"鬼门关"：一是过载关，飞船高速进入稠密大气层时会产生巨大的冲击过载，就像飞机撞山一般；二是火焰关，飞船返回与空气的剧烈摩擦会产生几千摄氏度的高温，没有防护的话钢筋铁骨也会化为灰烬；三是撞击关，飞船降落尽管有降落伞，但它的降落速度仍达每秒 14 米，不采取措施，就是壮汉也会被摔死。此外，落点的精度也是大问题，苏联的一艘飞船返回时出现落点偏差，结果营救人员找不到宇航员，宇航员被困在冰天雪地的森林里差点冻死。

尽管载人航天困难重重，但人类正在一步步地掌握它的规律。中国航天科学家已经成功地解决了这三大难题，载人航天工程已经取得了可喜的成绩。

了解冰箱的构造

一、冰箱的构造

沿着如图所示的黑色箭头，可以了解气体是以怎样的流向发生变化的。

带有黄色、红色、蓝色的箭头，是发生气体循环的情况。其各自的作用如下：

压缩机：对气体加压，使它变为液体。

散热器：将热量排到冰箱外部。

冷却器：减压，将气体还原为气态，用这时被带
走的汽化热冷却冰箱

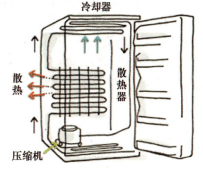

二、冰箱如何进行汽化热交换

除了门以外的部分，冰箱遍布充入气体的管子。
原本是气态的气体，当加压时会变成液体，减压时又
会变成气体。在从液体转变为气体的同时，发生带走
汽化热的交换作用。

冰箱反复地进行着这种气体→液体→气体的流程。

三、冰箱与地球环境的关系

冰箱之所以能够制冷，是借助于氟利昂这种气体。刚开始使用氟利昂气体时，用的是
一种叫作"特定氟利昂"的物质。然而此后，发现这种特定氟利昂会破坏包围地球的臭
氧层。

臭氧层是遮挡来自太阳的紫外线的大气层。臭氧层一旦被破坏，紫外线就会变得过
多，给生物带来恶劣的影响。据说，由于这也不利于植物的生长，一旦臭氧层的损坏程度
加剧，可能会因此而导致谷物和蔬菜等减产，从而引起食物不足的状况发生。

于是，现在开发出一种能够取代特定氟利昂的叫作"替代氟利昂"的物质，并开始
在冰箱中使用。现在，不采用氟利昂类气体而达到冷冻效果的冰箱正在兴起。这被称做
"无氟"冰箱。

遗憾的是，人类创造的东西有时会伤害到宝贵的地球。在正确使用方便的东西时，还
要注意保护环境。

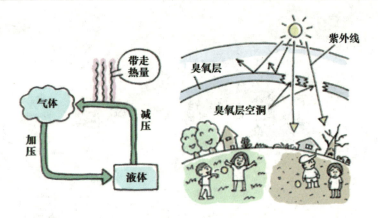

四、不必要地开关冰箱门为什么不好

大家有没有经常开关冰箱门，比如打开门之后再想"喝什么"的时候，被爸爸妈妈责怪。知道这是为什么吗？对，是因为浪费电的缘故。

为了保持食品的新鲜度，冰箱总能保持内部温度一致。不过，如果开好几次门，或是一直开着门的话，由于外部温度的影响，内部的温度会不断上升。这样一来，为了恢复到以前的温度，冰箱需要使用许多的电力。

迅速开关冰箱门，能够大大地避免这种浪费。这不仅是为了降低电费，可能你会觉得有点夸张，但事实是它对于保护地球环境也是十分重要的。

为什么小鸟站在电线上不会触电

　　高高的输电铁塔上醒目地写着："高压危险！切勿靠近！"可是在那上万伏甚至几十万伏的高压裸导线上，却常常站着一只又一只的鸟儿，无视禁令，毫不在乎，也丝毫没有触电的征兆，一个个显得悠闲自得。如果有人不小心碰到高压线就会触电身亡，难道鸟儿有什么"特异功能"吗？

　　同样是一根高压线，为什么小鸟站在上面却不会触电呢？我们知道，电源分为正负两极。在正负两极之间连接上导体，电流就会从导体上流过。同样输电线也分为火线与零线两根。在正负两极之间连接上导体，电流就会从导体上流过。人体是导体，人的身体较大，在碰到火线和零线时，把两根电线连在一起，形成短路，人体上就有大电流流过，这就是人触电身亡的原因。

　　我们在做电学实验时如果用电压表测导线的上电压几乎为0，这是为什么呢？因为导线的电阻基本为0，由欧姆定律可知导线电压很小，几乎为0。

　　由于小鸟身体较小，它只接触了一根电线，它的身体和所站的那根电线是并联，也可以认为导线把小鸟短路了，身体上没有电流通过，所以它们不会触电。

　　下面通过具体计算来说明这个问题：

　　原来，鸟儿的两只爪子是立在同一根导线上。输送22万伏高压的LGJ型钢芯铝绞线，其横截面积是95平方毫米，容许通过电流为325安培。如果小鸟两爪间距离是5厘米，这段5厘米长的导线电阻只有1.63×10^{-6}欧姆，其两端电压U = IR，不会超过5.3×10^{-3}伏特。这就是加在小鸟身上的电压。如果鸟儿身体的电阻是10000欧姆，那么通过鸟儿身体的电流仅0.53微安。电流很弱，因此鸟儿不会触电。

　　但是，如果蛇爬到电线上就危险了，它的身体较长，当它爬到高压线上后会把火线与零线连接在一起造成触电死亡。我们知道，电业工人在高压线上的带电作业，就是如同小鸟站在一根电线上的道理是一样的，所以能够安全操作。喜鹊和乌鸦等鸟类喜欢在电线杆子上垒窝，这也同样是十分危险的，这样很容易形成短路，造成灾害。

　　但是，如果鸟儿站在导线上，企图用嘴去啄输电铁塔，那就要大祸临头了。因为导线与铁塔之间的电压很高，因此不等鸟儿接触铁塔，高压电弧就会把它烧焦，同时还会因短路造成停电事故。因此，人们常常在铁塔上加装障碍物，不让鸟儿啄到铁塔。

窗户中的物理知识

（1）在天气寒冷时，教室的窗户玻璃会变得模糊起来，而家里的窗户玻璃却没有这种现象？

在天气寒冷时，教室内的水蒸气遇到冷玻璃而液化，并吸附在窗户玻璃上，所以玻璃变得模糊。教室内人多，空气中水蒸气的含量比家里大得多，所以在教室里这种现象就非常明显，而在家里却不明显。

（2）寒冷的冬天，窗户玻璃室内的一面会结上一层冰花，而室外却没有？

在寒冷的冬天，特别是在深夜，气温特别低，室内的空气中的水蒸气遇冷凝结成冰而吸附在玻璃上。但室外的气温一直很低，空气中的水蒸气含量少，所以窗户玻璃室外的那一面不会有冰花。

（3）外面骤然降温，而关紧门窗的室内仍然较暖和？

在室外，由于空气的运动，冷空气代替了热空气，所以外面的气温骤降。如果门窗紧关着，室内的热空气不能与室外的冷空气交换，室内也就比较暖和。夏天打开空调时要关好门窗也是这个道理。

（4）小轿车的挡风玻璃为什么是倾斜的而大货车的挡风玻璃却是竖直的？

轿车比较低，司机看前方时视线接近平视。如果轿车的挡风玻璃是竖直的，在夜晚车内开灯时，车内的人和物体就可以在玻璃上成像。根据平面镜成像的特点，它们所成的像就会在司机的正前方，从而容易使司机产生错觉。挡风玻璃做成倾斜的，车内的人和物体的像在司机的斜上方，就不会干扰司机。而大货车比较高，司机的视线向下。挡风玻璃是竖直的，夜晚行车车内有灯时，车内的人和物所成的像在司机的正前方，并不会干扰司机的视线。

（5）浴室、卫生间的窗户大多用毛玻璃，它有什么作用？

毛玻璃又称磨砂玻璃，它是将平板玻璃的表面经机械喷砂、手工研磨或用氢氟酸溶蚀等方法处理成均匀毛面而成。光射到玻璃上时能发生折射，但由于表面粗糙，它的折射杂乱无章，因而它具有透光而不能透视的特点。这种玻璃多用于需要隐蔽或不受干扰的房间，如浴室、卫生间和办公室的门窗等。

（6）透过窗户玻璃看物体有时会变形，这是为什么？

室外的物体发出（或反射的光线）通过玻璃时要发生折射，有时由于玻璃不均匀（物质、厚度等）或表面不平整而导致折射光线偏离，这些光线再射进人的眼睛，人所看见的物体就变了形。

（7）夜晚，我们在教室内看不清外面的物体，但可以看见教室内的物体在玻璃中的成像；而在白天，可以看见室外的物体，却看不见室内物体在玻璃中的成像。

我们知道，光线射到玻璃上时既发生反射，又发生折射。夜晚，教室内有灯，玻璃反射室内的光线比室外射进室内的光要强得多，因此室内的人就可以清楚地看见室内的物体通过玻璃所成的像，而看不见室外的物体。白天的情况正好相反。

（8）起风时，若窗户没关严，留有小的缝隙就会听到呜呜的响声。这是怎么回事呢？

这是因为窗户没有关严，留有一些小的缝隙，空气快速通过小的缝隙时，就像我们打口哨一样，引起空气的振动而发出响声，并且风越大声音的响度就越大；缝隙越小，声音的音调就越高。

（9）为什么关紧门窗外面的噪声变小了？

减弱噪声有三种途径：在声源处减弱、在传播过程中减弱、在人耳处减弱。如果噪声声源在室外，关紧门窗，就在传播过程中减弱了噪声，噪声就会变得小了。门窗的密闭性能越好，就越能减弱噪声。

（10）用干抹布擦玻璃时，为什么玻璃上总会黏上一些轻小的物体？

用干抹布擦玻璃时，抹布和玻璃发生摩擦，使玻璃带电，而吸引轻小物体。

其他的还有，如汽车上的窗户玻璃多用钢化玻璃，是因为这种玻璃在破碎时成颗粒状，不易伤人；轿车的后窗玻璃多用电热玻璃，是因为在天气寒冷时给玻璃通电产生热，防止车内的水蒸气液化吸附在玻璃上而影响司机观后；还有一种玻璃具有单视效果，这种玻璃是在平板玻璃表面涂覆金属或金属氧化物薄膜制成的。它在迎光的一面具有镜子的特性，而在背光的一面则具有普通玻璃的透明效果。白天，人们从室内透过热反射玻璃幕墙可以看到外面车水马龙的热闹街景，但室外却看不见室内的景物，可起到屏幕的遮挡作用。晚间的情况正好相反，由于室内光线的照明作用，室内看不见玻璃幕墙外的事物，给人以不受外界干扰的舒适感，但对不宜公开的场所应用窗帘等加以遮蔽。还有一种夹层玻璃（也称中空玻璃），用它作窗户玻璃具有隔热、隔音的功能。

第六部分

化　学

基础知识

第一节　化学元素与元素符号

从古至今，人们一直在探索，世上万物由哪些成分组成？经过长期努力探索，人们终于知道了，自然界中的万物都是由 100 多种元素组成的（其中含有人工合成的元素 20 多种）。

一、元素

利用化学方法分析众多的物质，发现组成它们的基本成分——元素，其实只有 100 多种，就像可拼写出数十万个英文单词的字母只有 26 个一样。例如，蛋壳、贝壳和石灰石的主要成分都是碳酸钙，而碳酸钙是由碳、氧、钙这三种元素组成。再比如，氧气（O_2）和水（H_2O）的组成和性质不同，但它们都含有氧元素。

蛋壳、贝壳和石灰石的主要成分

氧气分子和水分子中都含有氧原子，这些氧原子的原子核内都含有 8 个质子，即核电荷数都为 8，化学上将质子数（即核电荷数）为 8 的所有氧原子统称为氧元素。同样，将质子数为 1 的所有氢原子统称为氢元素，将质子数为 17 的所有氯原子统称为氯元素。由此可见，**元素**是指质子数（即核电荷数）相同的一类原子的总称。

物质发生化学变化时，原子的种类不变，元素也不会变。

 想一想

在下列化学反应中，反应物与生成物相比较，分子是否发生了变化？原子是否发生了变化？元素是否发生了变化？

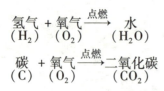

氧48.60%
硅26.30%
铝7.73%
铁4.75%
钙3.45%
钠2.74%
钾2.47%
镁2.00%
氢0.76%
其他1.20%

地壳中的元素含量（质量分数）

地壳中各元素的含量是不同的，其中含量最多的是氧元素，它的含量几乎占了总含量的一半，其次是硅元素。地壳中含量最多的金属元素是铝元素。

二、元素符号

世界上有很多种语言和文字，如果用文字来表示 100 多种元素以及由它们组成的几千万种物质将会十分麻烦。

因此，国际上统一采用元素的拉丁文名称的第一个字母（大写）来表示元素，如碳元素的符号为 C，氧元素的符号为 O。如果几种元素名称的第一个字母相同，就在第一个字母（必须大写）后面加上元素名称中另一个字母（必须小写）以示区别，如用 Fe 表示铁元素，用 Zn 表示锌元素。

元素符号的写法要注意遵循"一大二小"的原则，即由两个字母表示的元素符号，第一个字母必须大写，第二个字母必须小写，如 Fe、Cu、Mg、Cl、H 等。

元素符号表示一种元素，还可以表示这种元素的一个原子，大多数固态单质也常用元素符号表示。例如，元素符号"Fe"既表示铁元素，又表示铁元素的一个原子，也可以表示铁单质。

常见的元素符号及名称

名称	符号	相对原子质量	名称	符号	相对原子质量	名称	符号	相对原子质量
氢	H	1	铝	Al	27	铁	Fe	56
氦	He	4	硅	Si	28	铜	Cu	63.5
碳	C	12	磷	P	31	锌	Zn	65
氮	N	14	硫	S	32	钡	Ag	108
氧	O	16	氯	Cl	35.5	银	Ba	137
氟	F	19	氩	Ar	40	金	Pt	195
氖	Ne	20	钾	K	39	铂	Au	197
钠	Na	23	钙	Ca	40	汞	Hg	201
镁	Mg	24	锰	Mn	55	碘	I	127

第二节　化学式与化合价

我们已经知道元素可以用元素符号来表示。那么，由元素组成的各种单质和化合物怎样表示呢？

一、化学式

我们用名称来表示物质，就很难确切地标识一种物质的组成，而用化学式就可以简单明了地标识物质的组成。化学式和元素符号一样，是国际通用的。

那么，什么是化学式呢？

用元素符号和数字的组合表示物质组成的式子，叫作**化学式**。例如，水的化学式是 H_2O，氧气的化学式是 O_2，二氧化硫的化学式是 SO_2。

只有纯净物才能用化学式表示其组成，一种物质只能用一个化学式来表示。

一个化学式可以表示什么意义呢？

化学式 H_2O 的意义

可见，一个化学式可以表示一种物质，而由分子构成的物质的化学式还可以表示该物质的一个分子。此外，通过化学式还可以知道物质是由哪些元素组成的，该物质的一个分子由哪些原子构成，每种原子各有几个。例如，CO_2 可以表示二氧化碳这种物质，也可以表示一个二氧化碳分子，还可以表示二氧化碳是由碳元素和氧元素组成的，最后还表示一个二氧化碳分子是由两个氧原子和一个碳原子构成的。

物质的组成是通过实验测定的，因此化学式的书写必须依据实验的结果，不能凭空想象，主观臆断。

（一）单质的化学式的书写

稀有气体、金属、常温下为固态的大多数非金属，它们的化学式直接用元素符号表示；由双原子或多原子分子构成的非金属，书写它们的化学式时要在元素符号右下角标出原子个数。

（二）化合物的化学式的书写

由于化合物是由不同种元素组成的纯净物，因此在书写某种化合物的化学式时不但要知道这种化合物是由哪几种元素组成，还要知道组成该化合物的各元素的原子个数之比，知道了这些信息后，就可以先把组成这种物质的各元素的符号按一定顺序写在一起，然后再在元素符号右下角写上小数字来表示该物质的一个分子里所含元素的原子个数。

此外，在书写化合物的化学式时还要注意以下几点：

（1）当某组成元素原子个数比为 1 时，1 可以省略。如 CO。

（2）氧化物的化学式，一般把氧的元素符号写在右边，另一种元素的符号写在左边。如 CO_2。

（3）由金属元素与非金属元素组成的化合物，一般把金属的元素符号写在左边，非金属元素的符号写在右边，如 NaCl。

（4）一般把显正价的元素符号写在左边，把显负价的元素符号写在右边，如 SiO_2。

二、化合价

化合物有固定的组成，即形成化合物的元素有固定的原子个数比，如 HCl 的 H 原子和 Cl 原子的个数比为 1：1，H_2O 的 H 原子和 O 原子的个数比为 2：1。

那么，如何知道不同的元素以什么样的原子个数比相结合呢？一般情况下，通过元素的化合价可以认识其中的规律。

一种元素一定数目的原子跟其他元素一定数目的原子相互化合的性质叫作化合价。元素的化合价有正价和负价之分，在化合物里正负化合价的代数和为 0。

有一些物质，如 Ca（OH）$_2$、$CaCO_3$ 等，它们中的一些带电的原子团，如 OH^-、CO_3^{2-}，常作为一个整体参加反应，这样的原子团，又叫作根。根也有化合价，如 OH^- 为 −1 价。

常见元素的化合价

金属元素	元素符号	常见的化合价	非金属元素	元素符号	常见的化合价
钾	K	+1	氢	H	+1
钠	Na	+1	氟	F	−1
银	Ag	+1	氧	O	−2
钙	Ca	+2	氯	Cl	−1、+1、+5、+7
镁	Mg	+2	溴	Br	−1、+5、+7
钡	Ba	+2	碘	I	−1、+5、+7
锌	Zn	+2	氮	N	−3、+2、+4、+5
铝	Al	+3	磷	P	−3、+5
铜	Cu	+1、+2	硫	S	−2、+4、+6
铁	Fe	+2、+3	碳	C	−4、+2、+4
锰	Mn	+2、+4、+6、+7	硅	Si	−4、+4

常见原子团的化合价

原子团	离子符号	电荷	化合价
氢氧根	OH^-	−1	−1
硝酸根	NO_3^-	−1	−1
碳酸氢根	HCO_3^-	−1	−1
铵根	NH_4^+	+1	+1
硫酸根	SO_4^{2-}	−2	−2
碳酸根	CO_3^{2-}	−2	−2

在确定元素的化合价时，需要注意以下几点：

（1）金属元素跟非金属元素化合时，金属元素显正价，非金属元素显负价。

（2）某些元素在不同的物质中可显不同的化合价。例如，FeO 中铁显 +2 价，Fe_2O_3 中铁显 +3 价。

（3）在单质里，元素的化合价为 0。

第三节 化学方程式

一、化学方程式

化学方程式也称**化学反应方程式**，是用化学式表示不同物质之间化学反应的式子。化学方程式反映化学反应的客观事实。因此书写化学方程式要遵守两个原则：一是必须以客观事实为基础；二是要遵守质量守恒定律，即反应前后原子的种类与数目必须相等。

那么，如何正确书写化学方程式呢？

下面我们以氢气燃烧生成水的反应为例，说明书写化学方程式的具体步骤。

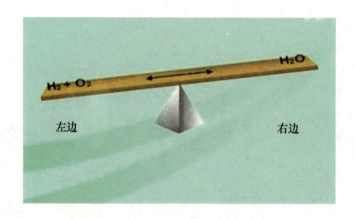

氢气与氧气反应化学方程式配平

（1）根据实验事实，在式子的左、右两边写出反应物和生成物的化学式，并在式子左、右两边之间画一条短线。

$H_2 + O_2 \text{——} H_2O$

（2）配平化学方程式，使式子左、右两边各元素原子的种类和数量相等。

$2H_2 + O_2 \text{——} 2H_2O$

（3）标明化学反应发生的条件，并把短线改成等号。

$2H_2 + O_2 \xrightarrow{\text{点燃}} 2H_2O$

化学反应只有在一定条件下才能发生，因此，书写化学方程式时需要注明反应发生的条件。例如，把加热（常用"Δ"号表示）、点燃、催化剂等条件，写在等号的上方。

此外，如果生成物中有气体，在气体物质的化学式右边要注"↑"；溶液生成物中如果有固体，在固体物质的化学式右边要注"↓"。例如：

$2KMnO_4 \xrightarrow{\Delta} K_2MnO_4 + MnO_2 + O_2 \uparrow$

$CuSO_4 + 2NaOH = Na_2SO_4 + Cu(OH)_2 \downarrow$

但是，如果反应物和生成物中都有气体，则气体生成物就不能注"↑"，同样，溶液中反应物和生成物中如果都有固体，固体生成物也不能注"↓"。

例如：

$C + O_2 \xrightarrow{\text{点燃}} CO_2$

$$Zn + CuSO_4 = Cu + ZnSO_4$$

二、关于化学方程式的简单计算

研究物质的化学变化，常要涉及量的计算，根据化学方程式的计算就可以从量的方面研究物质的变化。下面，我们就以实例来说明利用化学方程式进行计算的步骤和方法。

例题1： 电解36克水，能够得到的氧气的质量是多少？（结果保留一位小数）

【分析】此题属已知反应物的质量，求生成物的质量。已知水的质量，求氧气的质量，因此解题关系是通过化学方程式找到反应物水和生成物氧气间的质量关系，列比例式求解。

解：（1）设未知量。设生成氧气的质量为 x。

（2）书写正确的化学方程式。

$$2H_2O \xrightarrow{\text{通电}} 2H_2\uparrow + O_2\uparrow$$

（3）写出相关物质之间的质量关系以及已知量、未知量。

$$2H_2O \xrightarrow{\text{通电}} 2H_2\uparrow + O_2\uparrow$$
$$2\times18 \qquad\qquad\quad 32$$
$$36 \qquad\qquad\qquad\quad x$$

（4）列比例式，求解未知量：

$$2H_2O \xrightarrow{\text{通电}} 2H_2\uparrow + O_2\uparrow$$
$$36 \qquad\qquad\qquad 32$$
$$36 \qquad\qquad\qquad x$$

$$\frac{36}{32} = \frac{36}{x}$$

$$x = \frac{32\times36}{32} = 32 \ (\text{克})$$

答：电解36克水，能够得到的氧气的质量是32克。

例题2： 工业上，电解食盐（NaCl）可以制得烧碱（NaOH）、氯气（Cl_2）和氢气（H_2）。如果要制取8t烧碱，需要食盐的质量是多少？

解： 设需要食盐的质量是 x 吨。

$$2NaCl + 2H_2O \xrightarrow{\text{通电}} 2NaOH + Cl_2\uparrow + H_2\uparrow$$
$$2\times58.5 \qquad\qquad\quad 2\times40$$
$$x \qquad\qquad\qquad\qquad 8$$

$$\frac{2\times58.5}{2\times40} = \frac{x}{8t}$$

$$x = \frac{2\times58.5\times8}{2\times40} = 11.7 \ (\text{t})$$

答：要制取8t烧碱，需要食盐的质量是11.7t。

需要注意的是，在实际的生产和科学研究中，所用的原料很多是不纯的，在进行计算的时候应考虑杂质问题。

练习

一、填空题

1. 植物进行光合作用时，可表示为：水 + 二氧化碳→淀粉 + 氧气，由此可以判断淀粉的组成中一定含有_____元素，可能含有_____元素。

2. 某元素 R，它的氧化物的化学式为 R_2O_3，则它的氯化物的化学式是_____。

3. 配平下列化学方程式：

（1）$Al + O_2$——Al_2O_3

（2）$N_2 + H_2$——NH_3

（3）$CO + Fe_2O_3$——$Fe + CO_2$

4. $3Cu + 8HNO_3 \Longrightarrow 3Cu（NO_3）_2 + 2X\uparrow + 4H_2O$，求 X 的化学式为_____。

二、选择题（每小题有一个答案是正确的）

1. 地壳中含量最多的元素是（   ）。

A. 氧元素　　　　B. 硅元素　　　　C. 铁元素　　　　D. 铝元素

2. 空气中含量最多的元素是（   ）。

A. 氧元素　　　　B. 硅元素　　　　C. 铝元素　　　　D. 氮元素

3. 5 个 SO_2 分子和 5 个 CO_2 分子一样的是（   ）。

A. 含氧分子数　　B. 含氧原子数　　C. 相对分子质量　　D. 氧元素的质量含量

4. 相同元素的原子一定具有相同的（   ）。

A. 质子数　　　　B. 中子数　　　　C. 电子数　　　　D. 相对原子质量

5. 长期饮用奶制品，体内就不会缺钙。这里的"钙"是指（   ）。

A. 钙这种金属　　B. 钙原子　　　　C. 钙元素　　　　D. 钙分子

6. 某化合物的化学式是 H_2RO_n，已知该化合物中 R 的化合价为 +6 价，则 n 的值为（   ）。

A. 1　　　　　　B. 2　　　　　　C. 3　　　　　　D. 4

7. 下列物质的化学式，书写错误的是（   ）。

A. 氯化亚铁 $FeCl_3$　　　　　　　　B. 氢氧化钠 NaOH

C. 氧化镁 MgO　　　　　　　　　　D. 碳酸钠 $NaCO_3$

8. X、Y、Z 三种元素的化合价分别为 +1，+4，−2，则这三种元素所组成的化合物的化学式可能为（   ）。

A. XYZ　　　　　B. X_4YZ_3　　　　C. X_2YZ_3　　　　D. X_3YZ_2

9. 某元素的相对原子质量为 27，化合价为 +3，则其氧化物中含氧的质量分数为（   ）。

A. 47.1%　　　　B. 26.5%　　　　C. 77.1%　　　　D. 72%

三、问答题

电解水可以得到氧气和氢气，某工厂若要用这种方法制取 64kg 的氧气，则需消耗水的质量是多少？同时还可以得到的氢气的质量是多少？

金属和金属材料

一、几种重要的金属

你见过下面这些物品吗？你知道它们是用什么材料制成的吗？

常见生活用品

　　这些在我们日常生活中随处可见的物品，都是用金属材料制成的。金属材料一般是指工业应用中的纯金属以及它们的合金。在遥远的古代，人类就学会了使用铜和铁这两种金属材料。至今，铜和铁这两种金属材料一直被广泛应用着。

　　近100多年来，由于铝具有密度小和抗腐蚀性强等优良性能，铝得到了广泛应用。目前世界上铝的年产量已超过铜，次于铁，居世界第二位。

夏商周时期的青铜器

自然界中大约有 70 多种纯金属，其中常见的有铁、铜、铝、锡、镍、金、银、铅、锌等，这些种类繁多的金属材料已成为人类社会发展的重要物质基础。

生活中，我们知道铁锅、铝锅可以用来炒菜；铝丝、铜丝可以导电，用作电线；铝、铜、银可以压成薄片等。由此可见，金属具有一些共同的物理性质和用途。

但是，金属除了具有一些共同的物理性质外，还有各自的特性。例如，铁、铝、银等大多数金属都是银白色的，但铜却呈紫红色，金呈黄色；在常温下，大多数金属是固态的，但汞是液态的；此外，不同的金属，其导电性、导热性、密度、熔点、硬度等物理性质差别也较大。

河北沧州的铁狮子，造于 953 年，高 5.3 米，长 6.5m，重约 40 吨

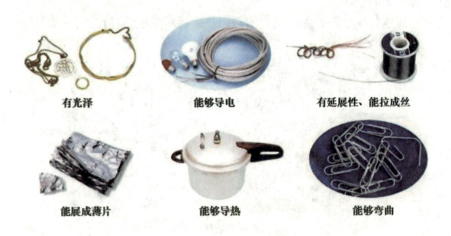

有光泽　　　　能够导电　　　　有延展性、能拉成丝

能展成薄片　　　能够导热　　　　能够弯曲

金属的一些物理性质和用途

? 想一想

（1）为什么菜刀、镰刀、锤子等用铁制而不用铅制？

（2）银的导电性比铜好，为什么电线一般用铜制而不用银制？

记一记：

金属之最

地壳中含量最高的金属元素——铝

人体中含量最高的金属元素——钙

目前世界年产量最高的金属——铁

导电、导热性最好的金属——银

硬度最高的金属——铬

熔点最高的金属——钨

熔点最低的金属——汞

密度最大的金属——锇

密度最小的金属——锂

（3）为什么灯泡里的灯丝用钨制而不用锡制？如果用锡制的话，可能会出现什么情况？

（4）为什么有的铁制品如水龙头等要镀铬？如果镀金会怎样？

二、合金

合金是一种金属与其他一种或几种金属（或非金属）熔合形成的有金属特性的混合物。例如，生铁和钢就是含碳量不同的两种铁合金。生铁的含碳量为 2% ～4.3% ，钢的含碳量为 0.03% ～2% 。当然，除含碳外，生铁中还含有硅、锰等，而不锈钢中还含有铬、镍等。组成的不同，也使得合金性能随之不同。比如，纯铁较软，而生铁比纯铁硬；不锈钢不仅比纯铁硬，而且其抗腐蚀性能也比纯铁要好得多。因此，合金的用途比纯金属更广泛，日常使用的金属材料，大多数属于合金。

目前，人类已制得的纯金属只有 90 多种，而由这些纯金属制得的合金却已达几千种。其中，以钛为基础加入其他元素组成的钛合金是一种新型金属材料，因具有强度高、耐腐蚀性好、耐热性高、易于加工等特点，被广泛用于火箭、导弹、航天飞机、船舶、化工和通信设备等领域。

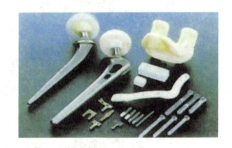
钛合金人工骨

第二节　金属的化学性质

金属的用途不仅与它们的物理性质有密切关系，还与它们的化学性质有密切关系。你知道金属都有哪些化学性质吗？

铁丝、镁带和氧气的反应

金属的化学反应

一、金属与氧气的反应

实验表明，大多数金属都能与氧气反应，但反应的难易程度和剧烈程度是不同的。例如，镁、铝等金属在常温下就能与氧气发生反应：

$$4Al + 3O_2 = 2Al_2O_3$$

$$2Mg + O_2 = 2MgO$$

铁、铜等金属在常温下几乎不与氧气反应，但在高温时就能与氧气反应：

$$3Fe + 2O_2 \xrightarrow{\text{点燃}} Fe_3O_4$$

$$2Cu + O_2 \xrightarrow{\Delta} 2CuO$$

而金即使在高温下也不与氧气反应。由此可见，镁、铝比较活泼，铁、铜次之，金最不活泼。

二、金属与盐酸、稀硫酸的反应

很多金属不仅能与氧气反应，而且还能与盐酸、稀硫酸等反应。金属与盐酸或稀硫酸能否反应，可反映金属的活动性。例如，镁、锌、铁与盐酸（或稀硫酸）的反应：

$$Mg + 2HCl = MgCl_2 + H_2 \uparrow$$

$$Zn + 2HCl = ZnCl_2 + H_2 \uparrow$$

$$Fe + 2HCl = FeCl_2 + H_2 \uparrow$$

上述几种反应都是由一种单质与一种化合物反应，生成另一种单质和另一种化合物。这种由一种单质与一种化合物反应，生成另一种单质和另一种化合物的反应叫作**置换反应**。

三、金属活动性顺序

不同的金属与盐酸或稀硫酸反应的情况不同，这说明金属的活动性不同。那么，如何判断金属活动性的强弱呢？

经过大量实验探究，人们归纳和总结出了一些常见金属在溶液中的活动顺序如下：

K	Ca	Na	Mg	Al	Zn	Fe	Sn	Pb	（H）	Cu	Hg	Ag	Pt	Au
钾	钙	钠	镁	铝	锌	铁	锡	铅	（氢）	铜	汞	银	铂	金

金属活动性由强逐渐减弱

金属活动性顺序在工农业生产和科学研究中有重要的应用，它可以给我们提供一些判断的依据：

（1）在金属活动性顺序里，金属的位置越靠前，它的活动性越强。

（2）在金属活动性顺序里，位于氢前面的金属能置换出盐酸、稀硫酸中的氢。

（3）在金属活动性顺序里，位于前面的金属能把位于后面的金属从它们化合物的溶液里置换出来（K、Ca、Na 三种金属除外）。

第三节 金属资源的利用和保护

地球上金属资源很丰富，广泛存在于地壳和海洋中，除极少数不活泼的金属（如铂、金、银等）有单质形式存在；其余大多数以化合物的形式存在。

金属化合物在自然界中以矿物的形式存在。含有矿物的岩石称为矿石，例如，赤铁矿、磁铁矿就是常见的铁矿石。工业上就是从金属矿石中提炼金属的。

赤铁矿

磁铁矿

我国是世界上已知矿物种类比较齐全的少数国家之一，矿物储量也很丰富，其中钨、钼、钛、锡、锑等储量居世界前列，铜、铝、锰等储量在世界上也占有重要地位。

大自然向人类提供了丰富的金属矿物资源，人类每年要提炼数以亿吨计的金属用于工农业生产和其他领域。其中，提取量最大的是铁。

一、铁的冶炼

炼铁的原理是利用一氧化碳与氧化铁的反应：

$$Fe_2O_3 + 3CO \xrightarrow{\text{高温}} 2Fe + 3CO_2$$

工业上，铁矿石冶炼成铁是一个复杂的过程。把铁矿石、焦炭和石灰石一起加入高炉，在高温下，利用炉内反应生成的一氧化碳把铁从铁矿石中还原出来。

二、金属资源的保护

据有关资料报道，现在全世界每年被腐蚀而报废的金属设备和材料相当于年产量的 20% ~ 40%，金属锈蚀给

我国古代炼铁

人类带来了巨大的损失。因此，防止金属腐蚀已成为科学研究和技术领域中的重大问题。

1. 金属的腐蚀与防护

铁制品锈蚀的过程，实际上是铁与空气中的氧气、水蒸气等发生化学反应的过程。可见，铁制品锈蚀需要条件，就是要有能够发生反应的物质，反应物要能相互接触，并且生成物不会对反应起到阻碍作用。

了解了铁制品锈蚀的条件，就可以根据这些条件寻找防止铁制品锈蚀的方法，更好地保护金属资源。

2. 金属资源的保护

金属矿物资源的储量是有限的，而且是不可再生的，因此，金属矿物资源的可供开采是有年限的。

那么，怎样保护金属资源呢？首先，应防止金属的腐蚀；其次，保护金属资源的另一条有效途径是金属的回收利用；最后，保护金属资源还应该有计划、合理地开采矿物，严禁不顾国家利益的滥采矿。当然，其他途径还有寻找金属的代用品等。

📝 **练习**

一、填空题

1. 炒菜用的铁铲，一般要装上木柄，是因为铁有＿＿＿＿＿性，而电工用的钳子必须装上橡胶柄是因为铁有＿＿＿＿＿性，理发店工人用＿＿＿＿＿的方法可以方便地收集散落在地上的铁发夹。

2. 初中化学课学完以后，化学学习兴趣小组对"金属活动性顺序"从内容、规律以及应用等方面进行了总结。请你认真填写下面的空白内容：

（1）金属活动性顺序表：K Ca Na ＿＿＿＿＿ Al Zn Fe Sn Pb （H） Cu ＿＿＿＿＿ Ag Pt Au。

（2）金属与酸反应的规律是＿＿＿＿＿＿＿＿＿＿＿＿＿＿。试举出实际应用的实例（可用化学方程式表示）＿＿＿＿＿＿＿＿＿＿＿＿＿。

（3）生铁是常用的合金，生铁属于＿＿＿＿＿＿（填"纯净物"或"混合物"）。

（4）黄铜是铜锌合金，将纯铜片和黄铜片互相刻画，纯铜片上留下明显的划痕，说明＿＿＿＿＿＿＿＿＿＿。

二、选择题

1. 白炽灯泡中的灯丝是由（　　）制成的。

A. 铁　　　　　　B. 银　　　　　　C. 锡　　　　　　D. 钨

2. 地壳中含量最多的金属元素的氧化物的化学式为（　　）。

A. Fe_2O_3　　　　B. Fe_3O_4　　　　C. MgO　　　　D. Al_2O_3

3. 下列事实和解释相符的是（　　）。

A. 铜丝作导线——铜有良好的导电性

B. 盐酸清除铁锈——盐酸能与铁反应

C. 汽油清洗油污——汽油起乳化作用

D. 活性炭净水——活性炭能与水中杂质反应

4. 金属材料在人类活动中应用越来越广泛，下列性质属于金属共性的是（　　）。

A. 硬度很大、熔点很高　　　　　　B. 是银白色的固体

C. 易与酸反应产生氢气　　　　　　D. 能够导电、能够导热

5. 遇稀盐酸不产生气体的是（　　）。

A. 铁片　　　　　　B. 铜片　　　　　　C. 铝片　　　　　　D. 石灰片

6. 收藏家收藏的清末铝制艺术品，至今保存完好，该艺术品未被锈蚀的主要原因是（　　）。

A. 铝不易被氧化

B. 铝的氧化物容易发生还原反应

C. 铝不易发生化学反应

D. 铝表面的氧化铝具有保护作用

7. 铝能制成铝箔是因为铝具有良好的（　　）。

A. 导电性　　　　　B. 延展性　　　　　C. 导热性　　　　　D. 抗腐蚀性

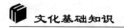

8. 下列物质不属于合金的是（   ）。

A. 不锈钢   B. 生铁   C. 铁锈   D. 球墨铸铁

9. 合金是重要的金属材料：

（1）下列物品所使用的主要材料属于合金的是_____（填字母序号，下同）。

A. 青花瓷瓶   B. 橡胶充气艇   C. 不锈钢锅

溶 液

日常生活中我们经常见到一些物质，例如，海洋、糖水、各种饮料、实验室中的各种化学试剂等，其实，这些物质都属于一种混合物——溶液。

一、溶液

同学们，你们喝过糖水吗？糖水是怎样制作的呢？

现在，让我们做一个小实验：在 20ml 水中加入一匙蔗糖并搅拌，会看到什么现象呢？

实验室化学试剂

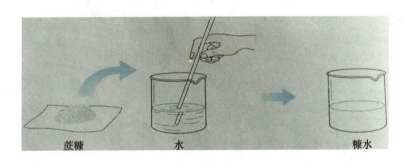

蔗糖　　　　　水　　　　　糖水

蔗糖溶解

蔗糖放进水中后，很快就"消失了"，它到哪里去了呢？原来，是蔗糖均匀地分散到水中，形成了一种稳定的混合物——蔗糖溶液。如果把食盐放到水中，食盐也会向水里扩散，同样形成稳定的溶液——食盐溶液。像这样一种或几种物质分散到另一种物质里，形成均一、稳定的混合物，就叫作**溶液**。能溶解其他物质的物质叫作**溶剂**，被溶解的物质叫作**溶质**。例如，蔗糖溶液中，蔗糖是溶质，水是溶剂；在食盐溶液中，食盐是溶质，水是溶剂。

水能溶解很多种物质，是一种最常用的溶剂。汽油、酒精等也可以做溶剂，如汽油能溶解油脂，酒精能溶解碘，等等。

溶液在日常生活、工农业生产和科学研究中具有广泛的用途，与人们生活息息相关。

 想一想

溶液在生产和科研中具有广泛的用途，与人们的生活息息相关。联想生活中的实例，谈谈溶液的用途。

二、溶解时的吸热或放热现象

物质在溶解时，常常会使溶液的温度发生改变。这说明物质在溶解过程中通常伴随着热量的变化，有些物质在溶解时会出现吸热现象，有些物质在溶解时会出现放热现象。例如，氢氧化钠溶解时会放出大量的热使溶液温度升高，而硝酸铵溶解时则会出现吸热现象使溶液温度降低。

第二节　溶解度

我们已经知道，蔗糖或食盐很容易溶解在水里形成溶液。但是，它们能不能无限制地溶解在一定量的水中呢？

一、饱和溶液

实验1：在室温下，往盛有 20ml 水的烧杯中加入 5g 氯化钠，搅拌；等溶解后，再加入 5g 氯化钠，搅拌，观察现象。然后再加入 15ml 水，搅拌，观察现象。

实验2：在室温下，往盛有 20ml 水的烧杯中加入 5g 硝酸钾，搅拌；等溶解后，再加入 5g 硝酸钾，搅拌，观察现象。当烧杯中硝酸钾固体有剩余而不再溶解时，加热烧杯一段时间，观察剩余固体有什么变化。然后再加入 5g 硝酸钾，搅拌，观察现象。

氯化钠在水中的溶解

硝酸钾在水中的溶解

在一定温度下，向一定量溶剂里加入某种溶质，当溶质不能继续溶解时，所得到的溶液叫作这种溶质的**饱和溶液**；还能继续溶解的溶液，叫作这种溶质的**不饱和溶液**。

实验说明，在增加溶剂或升高温度的情况下，饱和溶液可以变成不饱和溶液。因此，只有指明"在一定量溶剂里"和"在一定温度下"，溶液的"饱和"和"不饱和"才有确定的意义。

二、溶解度

通过实验，我们知道：在室温下，20ml 水中所能溶解的氯化钠或硝酸钾的质量都有一个最大值，这个最大质量就是形成它的饱和溶液时所能溶解的质量。这说明，在一定温度下，在一定量溶剂里溶质的溶解量是有一定限度的。化学上用**溶解度**表示这种溶解的限度。

固体的溶解度是指在一定温度下，某固态物质在 100g 溶剂里达到饱和状态时所溶解的质量。如果不指明溶剂，通常所说的溶解度是指物质在水里的溶解度。例如，在 20℃ 时，100g 水里最多能溶解 36g 氯化钠（这时溶液达到饱和状态），我们就说，在 20℃ 时，氯化钠在水里的溶解度是 36g。

多数固体物质的溶解度随温度的升高而增大，如硝酸钾、氯化铵等；少数固体物质的溶解度受温度变化的影响很小，如氯化钠；极少数固体物质的溶解度随温度的升高而减少，如氢氧化钙。

气体的溶解度通常用体积来表示。气体的溶解度是指该气体的压强为 101kPa 和一定温度时，在 1 体积水里溶解达到饱和状态时气体体积。例如，氮气的压强为 101kPa 和 0℃ 时，1 体积水里最多能溶解 0.024 体积的氮气，就说，在 0℃ 时，氮气的溶解度为 0.024。

第三节　溶液的浓度

生活中我们都有这样的经验：在等量的 2 杯水中分别加入 1 勺糖和 2 勺糖，完全溶解后这两杯糖水的甜度是不一样的，这就是我们通常所说的两杯糖水的浓稀不同。

三种浓稀不同的硫酸铜溶液

此外，对于有色溶液来说，根据颜色的深浅也可以区分溶液是浓还是稀。但这些方法比较粗略，不能准确地表明一定量的溶液里究竟含有多少溶质。

在实际应用中，常常要准确知道一定量溶液里含有溶质的质量。例如，在施用农药时，就应该较准确地知道一定量的药液里所含农药的量，因为如果药液过浓，会毒害农作物；如果药液过稀，又不能有效地杀虫灭菌。因此，我们需要准确知道溶液的浓度。

那么，化学上如何定量表示溶液的浓稀呢？

表示溶液浓度的方法很多，这里主要介绍溶质的质量分数。

溶液中溶质的质量分数是溶质质量与溶液质量之比，可用下式计算：

$$溶质的质量分数 = \frac{溶质质量}{溶液质量} \times 100\%$$

例题 1：在农业生产上，常常需要用质量分数为 16% 的氯化钠溶液来选种。现要配制 150kg 这种溶液，需要氯化钠和水的质量各是多少？

解：$溶质的质量分数 = \dfrac{溶质质量}{溶液质量} \times 100\%$

溶质质量 ＝ 溶液质量 × 溶质的质量分数 ＝ 150kg × 16% ＝ 24kg

溶剂质量 ＝ 溶液质量 － 溶质质量 ＝ 150kg － 24kg ＝ 126kg

答：配制 150kg 质量分数为 16% 的氯化钠溶液需 24kg 氯化钠和 126kg 水。

例题 2：化学实验室现有 98% 的浓硫酸，但在实验中常需要用较稀的硫酸。要把 50g 质量分数为 98% 的浓硫酸稀释为质量分数为 20% 的硫酸，需要水的质量是多少？

【分析】溶液稀释前后，溶质的质量不变。

解：设稀释后溶液的质量为 x。

$50 \times 98\% = x \times 20\%$

$x = \dfrac{50 \times 98\%}{20\%} = 245$（g）

需要水的质量 ＝ 245 － 50 ＝ 195（g）

答：把50g质量分数为98%的浓硫酸稀释成质量分数为20%的硫酸，需要195g水。

练习

一、选择题

1. 下列物质中属于溶液的是（　　　）。

A. 石灰水　　　　　B. 液氧　　　　　C. 牛奶　　　　　D. 冰水

2. 市场上有一种罐装饮料，在饮料罐的夹层中分别装入一种固体物质和水，饮用前摇动饮料罐使它们混合，罐内饮料温度就会降低，这种固体物质可能是（　　　）。

A. 硝酸铵　　　　　B. 烧碱　　　　　C. 食盐　　　　　D. 熟石灰

3. 有一瓶密封保存长期放置的氯化钠溶液，下列说法正确的是（　　　）。

A. 瓶口附近的溶液较稀　　　　　　　B. 瓶底附近的溶液较浓

C. 瓶底会有固体析出　　　　　　　　D. 瓶内各部分溶液的浓度都相同

4. 一定温度下，向氯化钠饱和溶液中加入氯化钠晶体后，则（　　　）。

A. 晶体质量不变　　　　　　　　　　B. 晶体质量减少

C. 氯化钠溶解度增大　　　　　　　　D. 溶质质量分数增大

5. 打开汽水瓶盖会有大量气泡冒出，原因是二氧化碳的溶解度随（　　　）。

A. 压强增大而减小　　　　　　　　　B. 压强减小而减小

C. 温度升高而升高　　　　　　　　　D. 温度降低而减小

6. 将20℃的硝酸钾饱和溶液升温至80℃时，下列说法正确的是（　　　）。

A. 溶液中溶质的溶解度减少　　　　　B. 溶液质量减少

C. 溶液中溶质质量分数不变　　　　　D. 溶液仍为饱和溶液

二、计算题

1. 某温度时，蒸干35g氯化钾溶液得到10g氯化钾，求该溶液中溶质的质量分数。

2. 把100g质量分数为98%的硫酸稀释成10%的稀硫酸，需要水的质量是多少？

酸、碱、盐

"酸"对大家来说一定不陌生，我们调味用的食醋中就含有醋酸；还有一些水果有酸味，是因为水果里含有各种果酸。大家对"碱"可能就不太熟悉了，但是其实大家应该也见过，比如石灰水里就含有氢氧化钙，炉具清洁剂中含有氢氧化钠，它们都属于碱。酸和碱是两类不同的物质。

一、什么是酸和碱

酸是指由氢离子和酸根离子构成的化合物。例如，硫酸（H_2SO_4）、盐酸（HCl）、硝酸（HNO_3）、碳酸（H_2CO_3）、醋酸（CH_3COOH）等。而碱是指由金属离子和氢氧根离子构成的化合物。例如，氢氧化钠（NaOH）、氢氧化钙［Ca（OH）$_2$］、氢氧化钾（KOH）等。

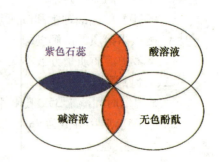

酸、碱与指示剂反应现象

实验表明，酸能使紫色石蕊溶液变成红色，不能使无色酚酞溶液变色；而碱既能使紫色石蕊溶液变成蓝色，也能使无色酚酞溶液变成红色。例如，在稀盐酸中滴加紫色石蕊溶液，溶液会变成红色，若在稀盐酸中滴加无色酚酞溶液，溶液则不变色；在氢氧化钠溶液中滴加紫色石蕊溶液，溶液会变成蓝色，若在氢氧化钠溶液中滴加无色酚酞溶液，溶液则变成红色。这类能使酸或碱显示颜色的石蕊溶液和酚酞溶液叫作**酸碱指示剂**，通常简称指示剂。由此可见，酸和碱都能与指示剂反应，使指示剂显示不同的颜色。

二、常见的酸

1. 几种常见的酸

盐酸、硫酸都属于酸，它们的用途非常广泛。盐酸是重要的化工产品，可用于金属表面除锈、制造药物等。而硫酸是重要的化工原料，用于生产化肥、农药、火药、染料以及冶炼金属等；此外，浓硫酸具有吸水性，在实验室中常用它做干燥剂。

此外，实验室和化工生产中常用的酸还有硝酸（HNO_3）、醋酸（CH_3COOH）等。另外，生活中有很多物质也含有酸。

2. 浓硫酸的腐蚀性

浓硫酸有很强烈的腐蚀性，它能夺取纸张、木材、布料、皮肤中的水分，生成黑色的碳。因此，使用浓硫酸的时候应该非常小心。

浓硫酸稀释的正确与错误操作

稀释浓硫酸的正确方法是将浓硫酸缓慢地注入水中并不断搅拌。这是因为浓硫酸的密度比水大，而且稀释时会放出很大的热量，如果将水倒入浓硫酸中，放出的热量可能会使浮在表面的水沸腾，造成硫酸液滴向四周飞溅，对人造成伤害。

如果不慎将浓硫酸沾到皮肤上，应立即用大量的水冲洗，然后再涂上 3% ~ 5% 的碳酸氢钠溶液。

3. 酸的化学性质

实验证明，在不同的酸溶液中都含有 H^+ 离子，因此，酸具有一些相似的化学性质。

（1）酸能与指示剂作用。盐酸、硫酸都能使紫色的石蕊溶液变成红色，而不能使无色的酚酞溶液变色。实验证明，酸都能与指示剂作用，酸能使紫色石蕊溶液变成红色，不能使无色酚酞溶液变色。事实上，具有酸性的物质都能与指示剂作用，如苹果汁、橘子汁都能使石蕊溶液变红。

（2）酸能与活泼金属反应。酸能与某些活泼金属反应放出氢气。例如，稀盐酸和稀硫酸都能和镁、铝、铁等金属反应生成氢气。

$$Mg + 2HCl = MgCl_2 + H_2 \uparrow$$
$$2Al + 6HCl = 2AlCl_3 + 3H_2 \uparrow$$
$$Fe + 2HCl = FeCl_2 + H_2 \uparrow$$

（3）酸能与某些金属氧化物反应。我们可用这一性质，用稀盐酸或稀硫酸除铁锈，化学方程式如下：

$$Fe_2O_3 + 6HCl = 2FeCl_3 + 3H_2$$
$$Fe_2O_3 + 3H_2SO_4 = Fe_2(SO_4)_3 + 3H_2O$$

三、常见的碱

1. 几种常见的碱

氢氧化钠是一种常见的碱，俗称苛性钠、火碱或烧碱。氢氧化钠有很强的腐蚀性，如果不慎沾到皮肤上，要用大量的水冲洗，再涂上硼酸溶液。氢氧化钠暴露在空气中容易吸收水分，表面潮湿并逐渐溶解，这种现象叫潮解。因此，氢氧化钠可以用作某些气体的干燥剂。

氢氧化钠的用途很广泛，它是一种重要的化工原料，应用于肥皂、石油、造纸、纺织和印染等工业。氢氧化钠能与油脂反应，在生活中可用来去除油污，比如炉具清洁剂中含有氢氧化钠，就是利用这一反应原理。

氢氧化钙也是一种常见的碱，俗称熟石灰或消石灰。氢氧化钙是白色粉末状物质，微溶于水，其水溶液俗称石灰水。氢氧化钙可由生石灰（CaO）与水反应得到：$CaO + H_2O = Ca(OH)_2$。

氢氧化钙在生产和生活中应用广泛，它广泛用于建筑行业、保护树木防虫害、改良酸性土壤等方面。

除了氢氧化钠、氢氧化钙外，常见的碱还有氢氧化钾（KOH）、氨水（$NH_3 \cdot H_2O$）等。

2. 碱的化学性质

与酸一样，在不同的碱溶液中都含有 OH^-，因此，不同的碱也具有一些相似的化学性质。

（1）碱能与指示剂作用。实验证明，碱溶液能使无色的酚酞试剂变红，使紫色的石蕊试剂变蓝。

（2）碱能与某些非金属氧化物反应。比如：

苛性钠暴露在空气中变质：$2NaOH + CO_2 =\!\!=\!\!= Na_2CO_3 + H_2O$

苛性钠吸收二氧化硫气体：$2NaOH + SO_2 =\!\!=\!\!= Na_2SO_3 + H_2O$

消石灰放在空气中变质：$Ca(OH)_2 + CO_2 =\!\!=\!\!= CaCO_3\downarrow + H_2O$

第二节 酸和碱的中和反应

一、中和反应

实验表明，酸有相似的化学性质，碱也有相似的化学性质，那么，酸和碱能不能发生反应呢？

 观察

在烧杯中加入约 10ml 的氢氧化钠溶液，滴入几滴酚酞溶液，然后再向烧杯中慢慢滴加稀盐酸，并不断搅拌溶液，观察溶液颜色有什么变化？

向含有酚酞的氢氧化钠溶液中逐渐滴加稀盐酸

从上述实验中，我们能观察到烧杯中溶液的颜色随着稀盐酸的滴入慢慢变淡，最后变成无色，这说明氢氧化钠与盐酸发生了反应。反应的化学方程式如下：

$NaOH + HCl = NaCl + H_2O$

事实上，其他的酸和碱也能发生类似的化学反应。例如：

$Ca（OH）_2 + 2HCl = CaCl_2 + 2H_2O$

$KOH + HNO_3 = KNO_3 + H_2O$

$2NaOH + H_2SO_4 = Na_2SO_4 + 2H_2O$

上述反应中生成的氯化钠（$NaCl$）、氯化钙（$CaCl_2$）、硝酸钾（KNO_3）和硫酸钠（Na_2SO_4）都是由金属离子和酸根离子构成，这种由金属离子和酸根离子构成的化合物叫作**盐**。酸和碱发生反应生成盐和水的反应叫作**中和反应**。

中和反应在日常生活和工农业生产中有广泛的应用。

在农业生产中，根据土壤情况，可以利用中和反应原理，在土壤中加入酸性或碱性的物质，调节土壤的酸碱性，以利于农作物生长。例如，在偏酸性土壤中加入适量的熟石灰，以中和其酸性。

工厂生产中产生的污水，也可以利用中和反应进行处理。例如，硫酸厂的污水中含有硫酸等酸性物质，可以用熟石灰进行中和处理后再排放。印染厂的污水呈碱性，可加入硫酸进行中和处理。

人的胃液里含有适量盐酸，可以帮助消化。但是如果饮食不当，导致胃酸过量，会造成胃部不适而消化不良，在这种情况下，可以遵医嘱服用某些含有碱性物质的药物，以中和过多的胃酸。

此外，人被一些蚊虫叮咬后，蚊虫在人的皮肤内分泌出蚁酸，使叮咬处很快肿成大包而痛痒，如果涂上一些含有碱性物质的溶液，就可以减轻痛痒。

二、溶液酸碱度的表示方法——pH

通过学习，我们已经知道酸具有酸性，碱具有碱性，用酸碱指示剂可以检测溶液的酸碱性。但是，如何才能知道溶液的酸碱性强弱呢？

溶液的酸碱性强弱程度就叫作**溶液的酸碱度**。

溶液的酸碱度常用 pH 来表示，pH 的范围通常为 0~14，酸性溶液的 pH 小于 7，碱性溶液的 pH 大于 7，而中性溶液的 pH 等于 7。pH 越小，说明溶液的酸性越强；反之，pH 越大，说明溶液的碱性越强。测定 pH 最简单的方法就是使用 pH 试纸。

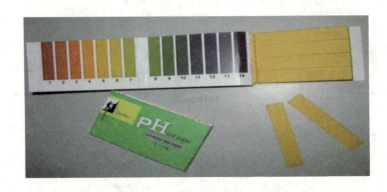

一种 pH 试纸和比色卡

了解溶液的酸碱度，对于生活、工农业生产以及人类生命活动都有很重要的意义。例如，在化工生产中，很多反应必须在一定的 pH 溶液中才能发生；在农业生产中，农作物一般在 pH 等于 7 或接近 7 的土壤中生长，因此，调节土壤的 pH 是改良土壤的方法之一；人体健康的体液必须维持在一定的 pH 范围内，如胃液的 pH 在 0.9~1.5，如果出现异常，人就可能导致疾病。

 练习

一、填空题

1. 稀释浓 H_2SO_4 时，应_____。

2. 因为氢氧化钠具有强烈的_____性，所以它俗称_____、_____、_____。氢氧化钠暴露在空气中，不但因吸收空气中的_____而形成_____，而且还与空气中的_____反应变质，生成_____，故氢氧化钠必须_____存在。

3. 制作松花蛋所用的配料主要有纯碱、食盐、生石灰、草木灰（主要成分是碳酸钾）、水等物质，制作时需要将它们混合并充分搅拌，根据所学知识写出能反应的化学方程式：_____。

二、选择题

1. 某工厂排放的五色废水经测定 pH＝2，为治理废水，需将此废水的 pH 调至 7～8，为达此目的，并采用经济可行的方法，需在此废水中加入（　　）。

A. 生石灰　　　　　　B. 氢氧化钠　　　　　C. 铁粉　　　　　　D. 盐酸

2. 下面是一些食物及其 pH，胃酸过多的病人空腹时最宜食用的是（　　）。

A. 橘子（pH 为 3～4）　　　　　　　　B. 葡萄（pH 为 3.5～4.5）

C. 牛奶（pH 为 6.3～6.6）　　　　　　D. 玉米粥（pH 为 6.8～8.0）

3. 当被蚊虫叮咬后，蚊虫能在人的皮肤内分泌蚁酸（具有酸的性质），从而使皮肤肿痛。要减轻痛痒，应在叮咬处涂抹家庭生活中一些常见物质中的（　　）。

A. 食醋（pH 为 2～3）

B. 牛奶（pH 为 6～7）

C. 食盐水（pH 等于 7）

D. 牙膏（pH 为 8～9）或肥皂水（pH 为 9～10）

4. 鱼胆弄破后会使鱼肉沾上难溶解于水的胆汁酸（一种酸）而变苦，要减少这种苦味，用来洗涤的最佳物质是（　　）。

A. 水　　　　　　　　B. 食盐　　　　　　　C. 纯碱　　　　　　D. 食醋

5. 常温下，一些物质的 pH 如下，其中显酸性的物质是（　　）。

A. 柠檬汁 pH＝2　　B. 鸡蛋清 pH＝8　　C. 蒸馏水 pH＝7　　D. 肥皂水 pH＝10

6. 下列人体体液中，酸性最强的是（　　）。

A. 唾液（pH 为 6.6～7.1）　　　　　　B. 血液（pH 为 7.35～7.45）

C. 胆汁（pH 为 6.8～7.4）　　　　　　D. 胃酸（pH 为 0.8～1.5）

7. 下列对实验意外事故的处理错误的是（　　）。

A. 若不慎将燃着的酒精灯碰倒，洒出的酒精在桌上燃烧，应立刻用湿抹布扑盖

B. 若不慎将烧碱溶液沾到皮肤上，要用较多的水冲洗，再涂上硼酸溶液

C. 若不慎将腐蚀性药液溅入眼睛，要先用手揉眼睛，再立即用水冲洗

D. 若不慎将浓硫酸沾到皮肤上，立即用大量水冲洗，然后涂上 3%～5% 的碳酸氢钠溶液

8. 能一次性鉴别 $NaCl$、$BaCl_2$、Na_2CO_3 三种无色溶液的试剂是（　　）。

A. 稀硫酸　　　　　　B. 盐酸　　　　　　　C. 石灰水　　　　　　D. 硝酸银溶液

盐、化肥

第一节 生活中常见的盐

生活中我们所说的盐，通常是指食盐（主要成分是 NaCl）；但是化学中的盐，就不仅是指食盐，而是指由金属离子和酸根离子构成的化合物。

除了氯化钠外，生活中常见的盐还有碳酸钠（Na_2CO_3，俗称纯碱、苏打）、碳酸氢钠（$NaHCO_3$，俗称小苏打）、高锰酸钾（$KMnO_4$）以及碳酸钙（$CaCO_3$，石灰石和大理石的主要成分）等。下面我们就简单来了解几种生活中常见的盐。

一、氯化钠

氯化钠是生活中重要的调味品，如果炒菜的时候不放食盐，那菜就食之无味了。氯化钠同时也是人体组织中的一种基本成分，对保证体内正常的生理、生命活动和功能起着重要作用。人体中所含的氯化钠大部分以 Na^+ 和 Cl^- 形式存在于体液中，在体内最主要的作用是控制细胞、组织液和血液内的电解质平衡，以保持体液的正常流通和控制体内的酸碱平衡。人体的许多重要功能都与 Na^+、Cl^- 有关，若体内 Na^+、Cl^- 出现不平衡（多或少），都会对身体产生不利影响。

盐的来源

例如，运动过度、出汗太多时，体内的 Na^+、Cl^- 大为降低，就会出现不平衡，使肌肉和神经反应受到影响，导致恶心、呕吐、衰竭和肌肉痉挛等现象。因此，运动员在训练或比赛前后，需喝特别配制的饮料，以补充失去的盐分。那就是说，人们每天一定要摄入一些食盐来补充由于出汗、排尿等排出的氯化钠，以满足人体的正常需要（每天需 3~5 克食盐），长期食用过多食盐也不利于人体健康。

除此之外，氯化钠在工业、农业等方面也有广泛的用途。例如，用氯化钠配制医疗上的生理盐水；农业上还可以用氯化钠溶液来选种；工业上可以用氯化钠来制造纯碱和烧碱及其他化工产品，矿石冶炼等。此外，氯化钠经常被用来腌制蔬菜、鱼、肉、蛋等，使这些食品不仅风味独特，而且能保存更长的时间。氯化钠还可以用来消除公路上的积雪，等等。

氯化钠在自然界中分布很广，如海水、盐湖、盐井、盐矿中就含有大量的氯化钠。

二、碳酸钠、碳酸氢钠和碳酸钙

在工业上，碳酸钠被广泛应用于玻璃、造纸、纺织和洗涤剂的生产等方面。碳酸氢钠可用于制作发酵粉以及在医疗上用于治疗胃酸过多等方面。而碳酸钙是石灰石和大理石的主要成分，石灰石和大理石是很重要的建筑材料；此外，碳酸钙还可以用作补钙剂。

大理石是重要的建筑材料

实验证明，碳酸钠、碳酸氢钠和碳酸钙都可以与稀盐酸反应，都有 CO_2 生成，化学方程式表示如下：

$$Na_2CO_3 + 2HCl = 2NaCl + CO_2\uparrow + H_2O$$

$$NaHCO_3 + HCl = NaCl + CO_2\uparrow + H_2O$$

$$CaCO_3 + 2HCl = CaCl_2 + CO_2\uparrow + H_2O$$

此外，碳酸钠溶液和氢氧化钙溶液也可以相互作用生成一种白色的沉淀，即碳酸钙。化学方程式表示如下：

$$Na_2CO_3 + Ca(OH)_2 = CaCO_3\downarrow + 2NaOH$$

分析上述几种反应会发现它们有共同的特点：它们都发生在溶液中，都是由两种化合物相互交换成分，生成了另外两种化合物，这样的反应叫作**复分解反应**。

三、复分解反应发生的条件

是不是所有的酸、碱、盐之间都可以发生复分解反应呢？

 观察

在三支试管中各加入少量硫酸铜溶液，然后往三支试管中分别滴加氢氧化钠溶液、氯化钡溶液和硝酸钠溶液，观察现象并填写下表。

	现象	化学方程式
$CuSO_4$溶液 + NaOH 溶液		
$CuSO_4$溶液 + $BaCl_2$ 溶液		
$CuSO_4$溶液 + $NaNO_3$ 溶液		

实验表明，酸、碱、盐之间并不是都能发生复分解反应。只有当两种化合物相互交换成分，生成物中有沉淀或有气体或有水生成时，复分解反应才能发生。

第二节　化学肥料

　　植物生长需要养分，土壤所能提供的养分是有限的，因此要靠施肥来补充。人类最初使用的肥料是人畜粪便、植物体等沤制的天然有机肥料。18 世纪中期，随着人们对化学元素与植物生长关系的了解，出现了以化学和物理方法制成的含农作物生长所需营养元素的化学肥料（简称化肥）。现在，增施化肥已经成为了农作物增产的最有力措施，施用化肥的增产作用占各增产因素总和的 30% ~60% 。

各种化学肥料

一、化肥简介

　　农作物所必需的营养元素有碳、氢、氧、氮、磷、钾、钙、镁等，其中，氮、磷、钾的需要量较大，因此，氮肥、磷肥、钾肥是最主要的化学肥料。

缺氮小白菜与正常小白菜对比

缺磷水稻与正常水稻对比

氮肥、磷肥和钾肥的化学成分及其主要作用

分类	化学成分	主要作用
氮肥	含氮化合物：尿素［$CO(NH_2)_2$］、氨水（$NH_3 \cdot H_2O$）、铵盐，如碳酸氢铵（NH_4HCO_3）和氯化铵（NH_4Cl），以及硝酸盐，如硝酸铵（NH_4NO_3）和硝酸钠（$NaNO_3$）等	氮是植物体内蛋白质、核酸和叶绿素的组成元素。氮肥有促进植物茎、叶生长茂盛，叶色浓绿，提高植物蛋白质含量的作用
磷肥	磷酸盐：磷矿粉［$Ca_3(PO_4)_2$］、钙镁磷肥（钙和镁的磷酸盐）、过磷酸钙［$Ca(H_2PO_4)_2$（磷酸二氢钙）和 $CaSO_4$ 的混合物］等	磷是植物体内核酸、蛋白质和酶等多种重要化合物的组成元素，磷可以促进作物生长，还可增强作物的抗寒、抗旱能力
钾肥	硫酸钾（K_2SO_4）、氯化钾（KCl）等	钾在植物代谢活跃的器官和组织中的分布量较高，具有保证各种代谢过程的顺利进行、促进植物生长、增强抗病虫害和抗倒伏能力等功能

有些化肥中同时含有两种或两种以上的营养元素，如磷铵〔$NH_4H_2PO_4$（磷酸二氢铵）和（NH_4）$_2HPO_4$（磷酸氢二铵）的混合物〕和硝酸钾（KNO_3）等，这样的化肥叫作复合肥料。这类肥料的特点是能同时均匀地供给作物几种养分，充分发挥营养元素间的相互作用，有效成分高。

缺钾的葡萄（左）、甘蓝（右）

化肥对提高农作物的产量具有重要作用。但是，由于化肥中常含有一些重金属元素、有毒有机物和放射性物质，施入土壤后形成潜在的土壤污染；另外，化肥在施用过程中因某些成分的积累、流失或变化，可能引起土壤酸化、水域氮和磷含量升高、氮化物和硫化物气体（N_2O、NH_3、H_2S 等）排放等，造成土壤退化和水、大气环境的污染。因此，要根据土壤和气候条件、作物营养特点、化肥性质及其在土壤中的变化等，有针对性、均衡适度地施用化肥，提高施用效率，减少负面作用。

除了化学肥料之外，化学农药对农业的高产丰收也具有重要的作用。农药是保护和提高农业、林业、畜牧业、渔业生产的药剂（化肥除外），包括杀虫剂、杀菌剂、除草剂、杀鼠剂和植物生长调节剂等。全世界每年因病虫害而减少的谷物量为预计收成量的20% ~ 40%，在今后相当一段时期内，施用农药仍是最重要的作物保护手段。但农药本身就是有毒物质，使用不当会带来对自然环境的污染和对人体健康的危害。因此，在施用农药时，要根据有害生物的发生、发展规律，对症下药、适时用药，并按照规定的施用量、浓度、次数合理混用农药和交替使用不同类型的农药，以便充分发挥不同农药的特性，以最少量的农药获得最高的防治效果；同时又延长或防止抗药性的产生，从而减少农药对农产品和环境的污染。

二、化肥的简易鉴别

化学肥料种类繁多，贮藏一段时间后，其包装上的标识会变得不清晰甚至无法辨认，给使用造成不便。那么，怎样对几种常用化肥进行简易鉴别呢？

（1）外观鉴别法。氮肥除石灰氮略呈浅褐色外，其他均为白色结晶状；钾肥为白色结晶，但加拿大钾肥为红褐色；磷肥一般呈粉状，多为灰白色或灰色。

（2）溶解度鉴别法。一般氮肥和钾肥都可溶于水，而磷肥仅部分溶于水或不溶于水，其中过磷酸钙部分溶于水且有酸味，而钙镁磷肥与磷矿粉不溶于水。

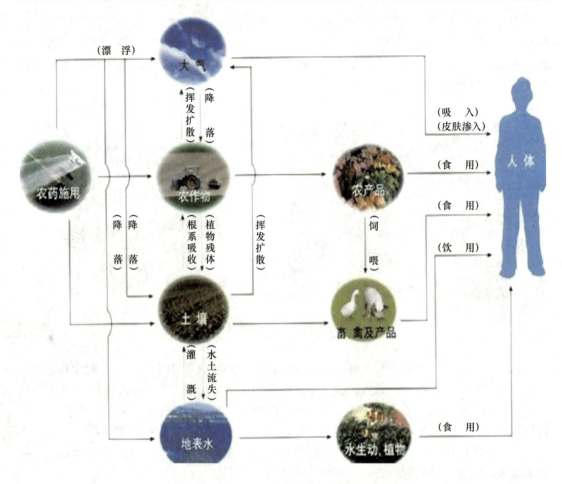

农药在自然界中的转移

（3）与碱性物反应。取少许肥料与等量的熟石灰一起混合，加以研磨，能嗅到刺鼻的氨气气味的，则为含氮的氮肥或复合肥，否则为不含氮的化肥。

（4）燃烧法。将化肥放在一块铁板上，灼烧，观察现象：大量冒白烟，有刺鼻的氨气气味，无残渣，为磷酸氢铵；不熔融，直接升华或分解，有酸味，为氯化铵；可熔融成液体或半液体，大量冒白烟，有氨气气味和刺鼻的二氧化硫气味，残留物冒黄泡，为硫酸铵；灼烧时化肥没有明显变化，但有爆裂声，开炸跳动，撒在火中，火焰呈紫色，为钾肥；其中跳动剧烈而在水中溶解很慢的为硫酸钾，反之为氯化钾；撒在烧红的木炭上有助燃作用的为硝酸钾。

 练习

选择题

1. 既能与锌发生置换反应，又能与烧碱发生复分解反应的是（　　）溶液。

A. $CuCl_2$　　　　B. NaCl　　　　C. $MgSO_4$　　　　D. K_2CO_3

2. 下列各组物质在溶液中不能发生复分解反应的是（　　）。

A. HNO_3、Ca（OH）$_2$　　　　B. KNO_3、NaCl

C. $AgNO_3$、HCl　　　　　　　　　　D. Na_2CO_3、H_2SO_4

3. 将下列各组物质分别放入水中，可能得到无色透明溶液的是（　　）。

A. K_2SO_4、HNO_3、$BaCl_2$　　　　　B. $BaCl_2$、Na_2CO_3、HCl

C. $CaCl_2$、KOH、Na_2CO_3　　　　　D. NaCl、$FeCl_3$、HCl

4. 下列物质中能与澄清石灰水反应，但反应若不加指示剂则无明显现象的是（　　）。

A. 氯化铁溶液　　B. 碳酸钠溶液　　C. 稀盐酸　　　D. 硝酸钠溶液

5. 下列各组内的离子在溶液中不能大量共存的是（　　）。

A. H^+、Ba^{2+}、NO_3^-、SO_4^{2-}　　　　B. H^+、NO_3^-、Cl^-、Ca^{2+}

C. K^+、Mg^{2+}、NO_3^-、Cl^-　　　　　D. K^+、Na^+、Mg^{2+}、SO_4^{2-}

6. 某同学种植的花草植株矮小瘦弱，叶片发黄，有的叶脉呈淡棕色，你认为应该施加（　　）。

A. 氯化钾　　　B. 过磷酸钾　　　C. 硫酸钾　　　D. 尿素

7. 下列说法错误的是（　　）。

A. 干冰不是冰　　B. 纯碱不是碱　　C. 食盐不是盐　　D. 铅笔不含铅

8. 农村有句谚语"雷雨发庄稼"，这是由于在放电条件下，空气中的氧气和氮气化合生成了氮的氧化物，氮的氧化物再经过各种复杂的变化，最后生成了易被农作物吸收的硝酸铵。雷雨给庄稼施加了（　　）。

A. 钾肥　　　　B. 磷肥　　　　C. 氮肥　　　　D. 复合肥

9. 自来水生产过程中，通常加入适量的氯气进行消毒、杀菌。氯气与水的反应物之一是盐酸。市场上的不法商贩为牟取暴利，用自来水冒充蒸馏水卖给一些单位。为辨别真假，可选用的化学试剂是（　　）。

A. 酚酞试液　　　　　　　　　B. 氢氧化钠溶液

C. 硝酸银溶液　　　　　　　　D. 氯化钡溶液

10. 下列各组物质中酸都是过量的，反应完全后无沉淀存在的是（　　）。

A. 氢氧化钙、碳酸钠、盐酸　　　　B. 硝酸银、硝酸钠、盐酸

C. 硝酸钡、硝酸钾、硫酸　　　　　D. 硫酸钾、氢氧化钡、硝酸

11. 能一次性鉴别 NaCl、$BaCl_2$、Na_2CO_3 三种无色溶液的试剂是（　　）。

A. 稀硫酸　　　B. 盐酸　　　C. 石灰水　　　D. 硝酸银溶液

化学与生活

为了维持生命与健康，我们每天必须摄取一定量的食物。粮食、蔬菜、水果、肉类、豆制品等食物是我们日常营养的主要来源。各种食物看起来千差万别，但从营养的角度看，这些食物的成分主要有蛋白质、糖类、油脂、维生素、无机盐和水六大类，它们通常被称为六大基本营养素。

一、蛋白质

蛋白质是组成人体一切细胞、组织的重要成分。机体所有重要的组成部分都需要有蛋白质的参与，蛋白质是生命活动的主要承担者，没有蛋白质就没有生命。一般来说，蛋白质约占人体全部质量的18%。

动物肌肉、皮肤、毛发、蹄、角以及蛋清等的主要成分都是蛋白质，许多植物（如大豆、花生）的种子里也含有丰富的蛋白质。

蛋白质是由多种氨基酸（如甘氨酸、丙氨酸等）以"脱水缩合"的方式组成的极为复杂的有机化合物，相对分子质量从几万到几百万。蛋白质是人体重要的营养物质，保证优质蛋白质的补给是关系到身体健康的重要问题，一般地讲，成年人每天摄取蛋白质的量为60～70g，处于生长发育期的青少年需要量则更大。人体通过食物获得的蛋白质，在胃肠道里经过消化，生成氨基酸，一部分氨基酸再重新组成人体所需的各种蛋白质，维持人体的生长发育和组织更新；另一部分氨基酸则被氧化，生成尿素、二氧化碳和水等排出体外，同时放出能量供人体活动需要。每克蛋白质完全氧化放出约18kj的能量。

机体中的蛋白质具有多种功能，如血液中的血红蛋白在吸入氧气和呼出二氧化碳的过程中起到载体的作用。血红蛋白是由蛋白质和血红素构成的。在肺部，血红蛋白中血红素的 Fe^{2+} 与氧结合成为氧合血红蛋白，随血液流到机体的各个组织器官，放出氧气，供体内氧化用。同时血红蛋白结合血液中的二氧化碳，携带到肺部呼出。人的呼吸作用就是这样反复进行的过程。

血红蛋白也能与一氧化碳结合，而且结合能力很强，大约是氧气的200～300倍，一旦结合便不容易分离，且不能再与氧气结合，人就会缺氧窒息死亡，这就是煤气中毒的原因。香烟的烟气中含有几百种有毒物质，其中就有一氧化碳。

有些物质如甲醛等会与蛋白质发生反应，破坏蛋白质的结构，使其变质，因此甲醛对人体健康有严重危害。但是，利用甲醛这个性质，可用甲醛水溶液（福尔马林）浸泡动物标本，使标本能长期保存。

二、糖类

糖类是由 C、H、O 三种元素组成的化合物，是人类食物的重要成分。在人类生命活动过程中，糖类物质起着重要的作用，它是一切生物体维持生命活动所需热能的主要来源。在我国人民的膳食中，由糖类供给的能量约占人体所需总热量的 60% ~70%。常见的糖类有葡萄糖、淀粉、蔗糖等。

葡萄糖的化学式为 $C_6H_{12}O_6$。葡萄糖经过肠壁吸收进入血液成为血糖，为人体组织提供营养。在人体组织里，葡萄糖在酶的催化作用下缓慢氧化转变成二氧化碳和水，同时放出能量，供机体活动和维持恒定体温的需要。

$$C_6H_{12}O_6 +6O_2 \xrightarrow{\text{酶}} 6CO_2 +6H_2O$$

在上述反应中，每克葡萄糖放出约 16kj 的能量。

淀粉的化学式为 $(C_6H_{10}O_5)n$，随着 n 值的不同，相对分子质量从几万到几十万。淀粉在人体内经酶的催化作用，与水发生一系列反应，最终变成葡萄糖。

蔗糖是储藏在某些植物（如甘蔗、甜菜等）中的糖，它的化学式为 $C_{12}H_{22}O_{11}$。日常生活中食用的白糖、冰糖和红糖的主要成分就是蔗糖，它是食品中常用的甜味剂。

三、油脂

油脂是重要的营养物质。常见的油脂有花生油、豆油、菜籽油、牛油和奶油等。在常温下，植物油脂呈液态，称为油；动物油脂呈固态，称为脂肪，二者合称油脂。

每克油脂在人体内完全氧化时放出约 39kj 的能量，比糖类多一倍以上，它是重要的供能物质。在正常情况下，人每日需摄入 50 ~ 60g 油脂，它供给人体日需能量的 20% ~25%。

一般成人体内储存约占人体质量 10% ~20% 的脂肪，它是维持生命活动的备用能源。当人进食量小、摄入食物的能量不足以支付机体消耗的能量时，就要消耗自身的脂肪来满足机体的需要，此时人就会消瘦。而当人体摄入过多的油脂后，容易引发肥胖和心脑血管疾病。

油脂类食品

食物金字塔

四、维生素

维生素有 20 多种，它们多数在人体内不能合成，需要从食物中摄取。维生素在人体内需要量很小，但它们可以起到调节新陈代谢、预防疾病、维持身体健康的重要作用。缺乏某种维生素会使人患病，如缺乏维生素 A，会引起夜盲症；缺乏维生素 C，会引起坏血病。蔬菜、水果、种子食物、动物肝脏、蛋类、牛奶、鱼类、鱼肝油等是人体获取维生素的主要来源。

第二节　化学元素与人体健康

我们在商场的货架经常会看到"补钙"、"补铁"、"补锌"、"补碘"等字样的食品和保健品，由此可见，化学元素与我们的身体健康密切相关。人类目前发现的元素有 100 多种，哪些是我们人体必需的？哪些对我们人体是有害的呢？

几种营养强化食品

人体中含有 50 多种元素，其中含量较多的元素有 11 种，它们约占人体质量的 99.95%。在人体中含量超过 0.01% 的元素，称为常量元素；含量在 0.01% 以下的元素，称为微量元素。一些微量元素在人体中含量很小，却是维持正常生命活动所必需的。在人体中，含量较多的四种元素是氧、碳、氢、氮，其余的元素主要以无机盐的形式存在于水溶液中。它们有些是构成人体组织的重要材料；有些能够调节人体的新陈代谢，促进身体健康。

钙是人体中含量最高的金属元素，是构成人体的重要组分。成人体内约含钙 1.2kg，其中 99% 存在于骨骼和牙齿中，主要以羟基磷酸钙 $[Ca(PO_4)_6(OH)_2]$ 晶体的形式存在，它使得骨骼和牙齿具有坚硬的结构支架。幼儿及青少年缺钙会患佝偻病和发育不良，老年人缺钙会发生骨质疏松，容易骨折。因此，人体每日必需摄入足够量的钙。未成年人正处于生长发育阶段，需要摄入比成年人更多的钙。奶、奶制品、豆类、虾皮等食物中含钙丰富，是日常饮食中钙的较好来源。因缺钙而导致骨质疏松、佝偻病等患者应在医生的指导下服用钙片等补钙药品。

钠元素和钾元素对人体健康也有着重要的作用。人体内含钠 80～120g，其中一半以 Na^+ 的形式存在于细胞外液中，而人体中的钾主要以 K^+ 的形式存在于细胞内液中。细胞外液和细胞内液中的 Na^+ 和 K^+ 各自保持一定的浓度，对于维持人体内的水分和维持体液恒定的 pH（如血浆的 pH 为 7.35～7.45）起重要的作用，而这是人体维持正常生命活动的必要条件。

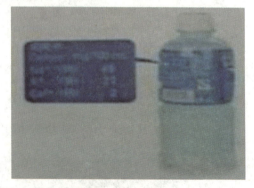

运动饮料中含有钠、钾、钙等元素

 讨论

运动员在剧烈运动、大量出汗之后，常会饮用一些含无机盐的运动饮料。为什么？

除了常量元素以外，不少微量元素也是人体必需的。微量元素摄入不足或摄入过量均不利于人体健康。此外，一些微量元素是人体的非必需元素，如铝、钡（Ba）、钛（Ti）等；另一些则为有害元素，如汞（Hg）、铅（Pb）、镉（Cd）等。

几种必需微量元素对人体的作用及 14～18 岁人群每天的适宜摄入量（或推荐摄入量）

元素	人体内含量	对人体的作用	适宜摄入量 （或推荐摄入量）	摄入量过高、过低对人体健康的影响
铁	4～5g	是血红蛋白的成分，能帮助氧气的运输	20～25mg	缺铁会引起贫血
锌	2.5g	影响人体发育	15.5～19mg	缺锌会引起食欲不振，生长迟缓，发育不良
硒	14～21mg	有防癌、抗癌作用	50ug	缺硒可能引起表皮角质化和癌症。如摄入量过高，会使人中毒
碘	25～50mg	是甲状腺激素的重要成分	150ug	缺碘会引起甲状腺肿大，幼儿缺碘会影响生长发育，造成思维迟钝。过量也会引起甲状腺肿大
氟	2.6g	能防治龋齿	1.4mg	缺氟易产生龋齿，过量会引起氟斑牙和氟骨病

练习

选择题

1. 小明每天早上都要喝一杯豆浆，这为他补充的营养素是（　　）。

A. 蛋白质　　　　　B. 油脂　　　　　C. 维生素　　　　　D. 无机盐

2. 下列富含蛋白质的是（　　）。

A. 大米　　　　　B. 青菜　　　　　C. 牛肉　　　　　D. 苹果

3. 食品安全问题与人类生活息息相关，下列做法不会危害人体健康的是（　　）。

A. 牛奶中加入适量乳酸钙补充钙元素

B. 香肠中加入过量亚硝酸钠防腐

C. 用硫酸铜溶液泡粽叶，使粽叶变得鲜绿

D. 大量添加面粉增白剂使面粉更白

4. 合理搭配饮食是我们的健康理念。妈妈为小明提供的一份午餐是：米饭、炒牛肉、馒头、鸡蛋汤，这份午餐搭配中缺少的营养素是（　　）。

A. 油脂　　　　　B. 维生素　　　　　C. 蛋白质　　　　　D. 糖类

5. 下列做法不会危及食品安全的是（　　）。

A. 用霉变花生压榨食用油　　　　　B. 用"地沟油"加工食品

C. 在薯片包装中充入氮气　　　　　D. 用硫黄熏蒸干辣椒

6. 下列做法中，会威胁食品安全的是（　　）。

A. 科学合理地使用化肥

B. 使用加碘食盐

C. 将被重金属污染的食品加工成牲畜饲料

D. 严格执行食品生产和加工的国家标准

7. 不少化学元素与我们的身体健康密切相关，在元素周期表的 100 多种元素中，有些元素是身体必需的，有些元素对健康是有害的。下列叙述中不正确的是（　　）。

A. 缺锌会引起食欲不振，生长迟缓，发育不良

B. 缺碘易产生龋齿

C. 缺铁会引起贫血

D. 缺硒可能引起表皮角质化和癌症

8. 掌握化学知识能帮助人们提高自我保护意识，下列做法不会危害人体健康的是（   ）。

A. 在面食中添加工业甲醛

B. 霉变的大米淘净后食用

C. 用含碳酸氢钠的发酵粉焙制糕点

D. 为防止缺钙，大量服用含钙的保健药剂

9. 下列说法正确的是   （   ）。

A. $CO(NH_2)_2$ 属于复合化肥

B. 青少年正在长身体，应多吃富含蛋白质的肉类，不吃蔬菜

C. 葡萄糖在人体内缓慢氧化，同时放出能量

D. 为了促进农作物的生长，可以大量施用化肥

10. 人体必需的元素有 20 多种。下列属于人体必需的微量元素是（   ）。

A. Cu   B. C   C. H   D. O

11. 下列说法中正确的是（   ）。

A. 食用"地沟油"对人体有害

B. 煤、石油、天然气都属于可再生能源

C. 为保障食品安全，杜绝使用任何食品添加剂

D. 为提高农作物产量，应大量使用化肥